W0353017

BASTEI
LÜBBE
TASCHENBUCH

Titel auch als E-Book erhältlich

Über die Autorin:

Tanja Janz, geboren 1974, studierte Anglistik, Germanistik und Erziehungswissenschaften auf Lehramt in Essen. Sie unterrichtete als freie Dozentin für die VHS und verschiedene Nachhilfeanbieter, begleitete Sprachreisen, arbeitete als Sozialpädagogin an einer Grundschule und führte eine Nachhilfeschule.

Tanja Janz

DER IST JA NICHT DOOF, NUR IRGENDWIE HOCHBEGABT

Unkorrigierte Geschichten
aus der Nachhilfestunde

BASTEI LÜBBE
TASCHENBUCH

BASTEI LÜBBE TASCHENBUCH
Band 60750

1. Auflage: September 2013

MIX
Papier aus verantwortungsvollen Quellen
FSC® C006701
www.fsc.org

Dieser Titel ist auch als E-Book erschienen

Originalausgabe

Das vorliegende Buch beruht auf Tatsachen. Zum Schutz der Rechte der Personen wurden Namen, Orte und Details verändert.

Dieses Werk wurde vermittelt durch die
Michael Meller Agency GmbH, München.

Copyright © 2013 by Bastei Lübbe AG, Köln
Textredaktion: Lisa Bitzer, Landau
Titelillustration: © Martina Kiesel, Berlin
Umschlaggestaltung: © Martina Kiesel, Berlin
Satz: hanseatenSatz-bremen, Bremen
Gesetzt aus der Serifa
Druck und Verarbeitung: CPI – Ebner & Spiegel GmbH, Ulm
Printed in Germany
ISBN 978-3-404-60750-1

Sie finden uns im Internet unter
www.luebbe.de
Bitte beachten Sie auch: www.lesejury.de

Für meine Eltern.

Inhalt

»Also lautet ein Beschluß:
Daß der Mensch was lernen muß.
Nicht allein das ABC
Bringt den Menschen in die Höh,
Nicht allein im Schreiben, Lesen
Übt sich ein vernünftig Wesen;
Nicht allein in Rechnungssachen
Soll der Mensch sich Mühe machen;
Sondern auch der Weisheit Lehren
Muß man mit Vergnügen hören.«

(Wilhelm Busch, aus *Max und Moritz*, 4. Streich)

1

Am Arsch hängt der Hammer

»Rekruten! Jetzt kann euch nur noch der Tod vor dem Abitur bewahren!«

Oberst Stahl stand breitbeinig vor unserem Mathe-Grundkurs und stemmte die Hände in die Hüften. Eine grau-braune Strähne seines lichten Haars lag kunstvoll drapiert über seinem kahlen Haupt, der Hemdkragen war frisch gestärkt, und die beigefarbene Bundfaltenhose passte ihm scheinbar noch genauso gut wie zum Amtsantritt von Willy Brandt.

Es war der erste Tag im neuen Schuljahr. Mittlerweile regierte der dicke Mann aus Oggersheim die deutschen Lande. Ich war endlich, und ohne dass ich mir erklären konnte wie, in der elften Klasse angekommen, nachdem ich zwei unfreiwillige Ehrenrunden am Schalker-Gymnasium gedreht hatte – mit einer glatten Sechs in Mathe und Physik war einfach nichts mehr gegangen, nicht mal mehr die Nachprüfung in den Sommerferien. Und nun stand ausgerechnet der leibhaftige Grund für meine zweimalige Nachspielzeit in der siebten und neunten Klasse vor mir und verkündete, dass ich mit dem Erreichen der Stufe elf nicht mehr an der Allgemeinen Hochschulreife vorbeikäme.

Ich, die in Naturwissenschaften ungefähr so begabt war wie ein Pferd beim Stepptanz. Die ich die binomischen Formeln nicht von einer zufällig zusammengewürfelten Abfolge ägyptischer Hieroglyphen unterscheiden konnte. Die nicht kapierte, was dieses »Punkt vor Strich« jenseits des Kunstunterrichts zu suchen hatte, und die vor allem selbst nach dreizehn Jahren Schulbank nicht begriff, wieso ein auf dem Boden liegendes Objekt weniger potenzielle Lageenergie besaß als ein ähnliches Objekt dreißig Zentimeter höher.

Ich war – und da gab es kein Schönreden – eine absolute Niete in Mathe und Physik. Das unterste Ende der naturwissenschaftlichen Nahrungskette. Ich war die sprichwörtliche Amöbe in der Ursuppe, die ihren höherentwickelten Artgenossen, die langsam an Land krochen, nur neidisch hinterhersehen konnte.

Dass ich in der Mittelstufe überhaupt irgendetwas gebacken bekommen hatte, war meinem Nachhilfelehrer Robert zu verdanken, den meine Mutter an der Universität Duisburg-Essen aufgetrieben hatte. Bis Robert kam, hatte ich schon drei engagierte Nachhilfelehrer gnadenlos verschlissen, ohne dass dabei eine wirklich bessere Note herausgekommen war. Mir fehlte, wie ich glaubte, schlicht und ergreifend das Mathe-Gen. An Engagement und Geduld hatte es den jeweiligen Tutoren nämlich ganz und gar nicht gemangelt. Im Gegenteil. Es war überaus bewundernswert, mit welcher Selbstverständlichkeit und Ruhe sie ihr Nachhilfelehrer-Schicksal ertrugen, um in jeder Stunde das Feld wieder von vorne, bei Adam und Eva, aufzurollen. Denn: Zu meiner amtlichen Mathe-Schwäche gesellte sich auch noch ein mathematisches Kurzzeitgedächtnis, das nach einer Woche sämtliche Formeln und Regeln wieder verdrängt hatte. Außerdem war es ungemein praktisch zu wissen, dass ich mich auf meine Nachhilfelehrer verlassen konnte, die nicht müde wurden, mir den jeweiligen Mathe- und Physikstoff zum x-ten Mal zu erklären – natürlich ohne dass dieses ehrenhafte Bemühen von irgendwelchen Erfolgen gekrönt wurde, denn immerhin saß ich in den Klausuren, und nicht meine Nachhilfelehrer. Leider.

Die paradiesischen Zustände fanden ein jähes Ende, als er kam: Robert. Ein verpickelter Mathematikstudent, der vermutlich über zehn Ecken mit Oberst Stahl verwandt war und es durch seine autistische Empathie schon nach fünf Minuten geschafft hatte, meine optimistische Grundeinstellung, mich von meinem Nachhilfelehrer parasitär aushalten zu lassen, im Keim zu ersticken. Neben dem nicht enden wollenden Bearbeiten von selbst entworfenen Aufgabenblättern musste ich Formeln und Beispielaufgaben auswendig lernen, die er zu Beginn jeder Stunde stoisch abfragte und sich dabei Notizen machte. Meine Sympathien für Robert rangierten im selben Bereich wie meine Noten in Mathematik und Physik, und ich hoffte jede Woche aufs Neue, dass er mal wegen eines Schnupfens absagen würde. Doch den Gefallen tat er mir nicht.

Irritierenderweise zeigte der Drill von Robert schon bald Wirkung. Nach nur wenigen Monaten saß ich nicht mehr vollkommen planlos in Mathe herum und glotzte Löcher in die Luft. Auch wenn ich nach wie vor den Eindruck nicht loswurde, meine gesamte Klasse unterhalte sich im Mathematikunterricht in einer fremden Klick-Sprache aus Zentralafrika, so war ich seit Neustem in der Lage, ein bisschen mitzuklicken – wenn auch immer noch auf primitivstem Niveau. Und trotzdem: Ich verstand erste Vokabeln, hatte ein Gespür für die Grammatik dieser seltsamen Naturwissenschaftssprache entwickelt, und nach und nach empfand ich sogar Stolz, wenn ich eine Gleichung richtig auflöste oder beim einfachen Multiplizieren nicht den Rechenschieber betätigen musste.

Natürlich hasste ich den Nachhilfeunterricht mit Robert immer noch genauso leidenschaftlich wie am ersten Tag. Er besaß keinen Funken Unterhaltsamkeit, und seine Fähigkeit, bei seinen Schülern Begeisterung auszulösen, lag eindeutig im negativen Zahlenraum. Aber obwohl sein Nachhilfeunterricht meinen persönlichen Vorstellungen von Spiel, Spaß und Schokolade nicht entsprach: Irgendwie, das wusste ich, würde er mich durchs Abi kriegen. Selbst wenn Oberst Stahl mein Mathelehrer war. Selbst wenn wir mit Zahlen und Buchstaben rechnen würden. Selbst wenn es das Letzte war, was ich tun würde!

Als Oberst Stahls Worte durch den Klassenraum hallten, wurde ich von einem feierlichen Gefühl ergriffen. In Gedanken hörte ich das ferne Glockengeläut aus *»High Hopes«* von Pink Floyd und schaute versonnen durch das dreckige, von ockergelben Vorhängen eingerahmte Fenster. Ich ließ meinen Blick über den betonierten Schulhof schweifen, auf dem eine einsame Plastiktüte leise vom Wind davongeweht wurde. Dieser Moment war es wert, sich für immer in mein Gedächtnis einzubrennen. Es war pure Magie. Ich guckte rüber zu Sandra, meiner Tischnachbarin, die ebenfalls leicht verklärt ins Nichts starrte. Uns schien schon jetzt die große weite Welt zu Füßen zu liegen. *The sky was the limit!*

Wie ich zu dieser wahnwitzigen Einschätzung kam? Zuversichtliche Bekundungen jeglicher Art hatte es nie zuvor beim Oberst gegeben. Sein Unterricht war purer Formeldrill, Sprüche wie »Leistung ist Arbeit DURCH Zeit, nicht MAL Zeit, Herrschaften!« waren sein Stil. Und natürlich versorgte er uns regelmäßig mit Geschichten über sein hartes Lehramtsstudium bei der Bundeswehr, das ihn zu einem Universalgenie gemacht hatte, das aus einem Kugelschreiber und einer Rolle Klopapier eine Autobombe basteln und die Quantenfeldtheorie in sechsundvierzig unterschiedlichen antiken Sprachen herunterbeten konnte. Nebenher sparte er in seinem Unterricht nicht an Weisheiten, die uns auf das wahre Leben vorbereiten sollten, nicht auf den »Pipifax«, von dem wir glaubten, dass er auf uns wartete.

Nichtsdestotrotz: Wenn Oberst Stahl an diesem Punkt meiner Schulkarriere behauptete, dass ich das Abitur sicher in der Tasche hätte, war das ein gigantischer Entwicklungssprung im Vergleich zu dem, was er mir in der siebten Klasse prophezeit hatte: »Tanja, du wirst in Mathe niemals auf einen grünen Zweig kommen. Genau genommen müssen wir sogar froh sein, wenn das Kultusministerium für dich keine Note 8 einführt. Und selbst dann wirst du denken, dass es eine 0 mit schickem Gürtel ist!«

Motivation sah irgendwie anders aus. Aber zum Glück blieb Oberst Stahl seinen alten Grundsätzen treu. »Und wenn ihr dann am Ende der dreizehnten Klasse euer Abiturzeugnis in den Händen halten werdet«, fuhr er jetzt fort und riss mich aus meinen Gedanken, »dann könnt ihr euch damit den Arsch abwischen!«

Rums! Meine Kinnlade klappte herunter, und abrupt erstarb das Gedudel von Pink Floyd in meinem Kopf.

Totenstille. Wir verharrten in einer Art Schockstarre auf den maroden Holzstühlen und hielten den Atem an. Unsere ausdruckslosen Blicke klebten an den zu einem fiesen Lächeln verkniffenen Lippen unseres Mathelehrers. Er hielt unserem Glotzen stand. Das war seine liebste Pose, wenn er uns mal wieder eine Aufgabe stellte, die niemand lösen konnte.

»Tja, ihr Bankschläfer, wenn ich mich schon wie im Zoo begaffen lasse, dann müsst ihr auch wenigstens mit Erdnüsschen werfen!«, kommentierte er die Reglosigkeit in der Klasse, die er immerhin selbst ausgelöst hatte.

Meine Klassenkameraden und ich warfen uns statt Erdnüssen unsichere Blicke zu, bis auf einmal Guido lauthals loslachte: »Hey, guter Witz, Herr Stahl! Und ich wäre fast drauf reingefallen.«

Erleichtert atmeten alle auf. Beinahe wären wir unserem Oberst auf den Leim gegangen! Wer konnte auch ahnen, dass sich hinter der Fassade unseres sonst so humorlosen, ja sadistisch veranlagten Mathelehrers ein kleiner Komödiant verbarg? Wahrscheinlich wollte er uns mit dieser uns noch unbekannten Seite an ihm zum neuen Schuljahr überraschen und in der Oberstufe willkommen heißen. Hier, wo wir uns auf Augenhöhe unterhalten konnten.

»Ach, der Herr Döllke glaubt, ich beliebe zu scherzen?« Oberst Stahls Stimme wurde eiskalt, und er zog die Augenbrauen hoch. »Keineswegs. Das ist die knallharte Realität, mein Lieber! Die Mädchen können später, wenn sie ganz viel Glück haben, bei Karstadt putzen gehen, und die Jungs werden dort als Pförtner arbeiten.«

Und noch mal: Rums! Wir guckten uns abermals irritiert an. Was sollten wir von Stahls Ansprache zum neuen Schuljahr halten?

Zum Glück klingelte in diesem Moment die Pausenglocke, und unser Mathelehrer verabschiedete sich mit den Worten: »Also, Rekruten – wenn ihr dachtet, ihr habt das Schlimmste hinter euch, dann muss ich euch leider enttäuschen! Jetzt fängt der Spaß erst richtig an!«

Dann schlug er die Hacken zusammen und beförderte einen Stapel Blätter aus seiner Tasche auf das Pult.

Eingeschüchtert schlichen die Schüler an ihm vorbei in Richtung großer Pause, natürlich nicht ohne sich eines der Papiere abzuholen. Darauf stand: »Herzlich willkommen in der Stufe 11. Viel Spaß mit den Hausaufgaben!« Und als Nachsatz am unteren Ende von Blatt zwei war zu lesen: »PS Am Arsch hängt der Hammer, und da hängt er gut!«

Nach wenigen Tagen in der elften Klasse lag mir der Mathegrundkurs schon wieder wie ein Pflasterstein im Magen. Ich verstand, gelinde gesagt, gar nichts. Und dabei hatte mir Robert, den ich natürlich auch in diesem Schuljahr verpflichtet hatte, versprochen, dass Stochastik doch soooo leicht sei. Dass das selbst die absoluten Idioten verstünden. Sogar ich, die Amöbe.

Pustekuchen. Ich konnte weder dem Unterricht folgen noch die Hausaufgaben lösen. Es war mir ein Rätsel, wie ich mich bis zum Ende der zwölften Klasse durchschummeln und mir meinen Gnadenpunkt bei Oberst Stahl sichern sollte. Zwar hatte ich das Glück, Mathe nach Stufe 12 abwählen zu können, wenn ich dafür Biologie als Leistungskurs belegte. Doch da musste ich erst mal hinkommen! Zumal mir Biologie auch nicht unbedingt leichtfiel, immerhin gehörte es im weitesten Sinne zu den Naturwissenschaften und stand somit umgekehrt proportional zu seiner Erwünschtheit in meinem Stundenplan.

Meine Talente lagen eindeutig im sprachlichen Bereich. Obwohl ich für Deutsch- und Englisch-Klausuren nie lernte, bekam ich jedes Mal gute Zensuren. Auch war ich stets die Erste, die nach ungefähr der Hälfte der vorgegebenen Zeit mit der Klausur fertig war, dann aber aus Höflichkeit der Lehrkraft und aus schlechtem Gewissen den anderen gegenüber noch bis zum Ende der Stunde am Platz sitzen blieb und das Blatt hypnotisierte. Ich war also eine Art Teilbegabte, wie so viele, und leider keiner dieser Universalisten, die perfekt für das System Schule geeignet sind. Doch mit den Naturwissenschaften und speziell der Mathematik und der Physik blieb ich weiterhin per Sie. Obwohl Oberst Stahl in unserem Kurs seine letzte Runde machte und mit dem Ende der zwölften Klasse in Rente gehen würde, war ich mir sicher, bei ihm nicht auf Altersmilde hoffen zu können. Strammstehen, sobald er den Kursraum betrat, war nach wie vor an der Tagesordnung. Und wenn im Winter in der ersten Stunde, um 7:45 Uhr, Mathe auf dem Stundenplan stand, ordnete der Oberst jedes Mal an, sämtliche Fenster zu öffnen, um frische Luft hineinzulassen, damit unsere pubertierend trägen Hirne anliefen. Dass wir bei Temperaturen weit unter dem Gefrierpunkt blau anliefen und zitterten wie Muhammad Ali, interessierte ihn wenig. Er kommentierte unser Bibbern lediglich mit einem emotionslosen: »So, ihr Weicheier, wenn euch kalt ist, müsst ihr vor der Schule eben einen kleinen Dauerlauf einrichten!«

Und dann kam jener Tag, von dem ich die ganze Mittelstufe über immer gedacht hatte, ich würde mich auf ihn freuen: Robert hatte sein Studium mit Bravour bestanden und erhielt ein Job-Angebot. In München. Siebenhundert Kilometer von Gelsenkirchen entfernt.

Aber statt mich innerlichen Jubelstürmen hinzugeben, überkam mich eine spontane Panikattacke: Wie sollte ich ohne ihn die restlichen zwei Jahre der Oberstufe überstehen? Wer sollte mir jetzt die Algebra-Vokabeln übersetzen? Und verdammt: Was hatte es mit dieser Kurvendiskussion auf sich? Das klang kompliziert! Ich hatte nach drei Jahren Nachhilfe bei Robert gerade mal das kleine Einmaleins, die Grundrechenarten und einige primitive Formeln auf dem Kasten – wie sollte ich mich da an die höhere Mathematik heranwagen?

Mir blieb nichts anderes übrig: Ich pfuschte mich so durch, und ohne Bine, die im Gegenzug dafür von mir immer die englischen Interpretationen bekam, wäre es wohl gar nicht gegangen. Die Grundausstattung, die Robert mir verpasst hatte, hatte mir aber immerhin quasi den Freischwimmer in Mathe ermöglicht, und so erhielt ich am Ende der elften Klassenstufe sogar ein ganz besonderes Lob von Oberst Stahl: »An der Tanja könnt ihr euch mal eine Scheibe abschneiden. Die ist in Mathe zwar vollkommen talentfrei, aber die gibt sich wenigstens Mühe!«

Wie ich später noch dutzende Male erleben sollte, ging es genau darum bei der Nachhilfe: eine pragmatische Lösung für eine eigentlich ausweglose Situation finden. Nachhilfe bedeutet nicht, dass man aus einem ohnehin schon guten Schüler einen sehr guten, aus einem durchschnittlich Begabten einen Einstein macht. Nachhilfe bedeutet, dass man am Bodensatz der Schülerschaft herumkratzt und versucht, die müden Hirne der anwesenden Nachhilfeschüler zu einer minimalen geistigen Leistung zu bewegen.

Ich bekam ihn dann aber tatsächlich. Den Gnadenpunkt. Und zwar jedes Mal, in jeder Arbeit, in jedem Test und jeder mündlichen Note – bis zum Ganzjahreszeugnis der zwölften Klasse, als nicht nur die Ära des Obersts zu Ende ging, sondern ich das Fach endlich für immer und ewig von meinem Stundenplan verbannen konnte.

Im Rückblick, knapp zwanzig Jahre und einige persönliche Erfahrungen als Pädagogin später, war Oberst Stahl zweifelsfrei ein Universalgenie. Denn er beherrschte nicht nur die hohe Kunst der Mathematik, er war tatsächlich unterhaltsam – wenn auch auf seine ganz eigene Art, und zweifelsohne ganz und gar unbeabsichtigt. Im Gegensatz zu vielen anderen seiner Kollegen war sein Umgangston mit den Schülern zwar rau, seine Aufopferung, was die dreihundertfünfundachtzigste Erklärung der einfachen Bruchrechengesetze anging, jedoch vorbildlich. Darüber hinaus sorgte er mit seinem losen Mundwerk dafür, dass uns niemals langweilig wurde. Wäre er mit seinen Geberqualitäten statt am Gymnasium beim Fernsehen gelandet, wäre er vermutlich nicht nur in Nullkommanichts Millionär geworden, sondern würde heute anstelle von Thomas Gottschalk Werbung für bunte Weingummis machen. Auch das ZDF hätte sich den ganzen »Wetten, dass …?«-Nachfolger-Schnickschnack schenken können, denn Oberst Stahl hätte nicht hingeschmissen, sondern die Sendung pflichtbewusst bis zum letzten Tag durchgezogen. Und das, was Gottschalk einmal im Monat verkrampft und in der Tradition des Altherrenwitzes für drei Stunden ablieferte, schoss mein Mathelehrer zuverlässig von Montag bis Freitag und jeden zweiten Samstag (ja, ich musste noch samstags in die Schule) mit lockerer Selbstverständlichkeit und auf hohem Niveau mal eben aus der Hüfte, ohne dass er auch nur einen Gag-Schreiber dafür verpflichtet hätte. Und selbst Dieter Bohlens geistige Ergüsse bei DSDS hätten gegen die scharfzüngigen und zum Teil despektierlichen Kommentare meines Mathelehrers wie watteweiche Sympathiebekundungen geklungen.

Erst Jahre nach meinem Abitur wurde mir das bewusst, welches Entertainment-Talent in meinem Mathelehrer geschlummert hatte. Aber da war Oberst Stahl schon längst in Rente, und ich steckte selbst knietief in der didaktischen Scheiße.

2

Beim ersten Mal tat's noch weh

Meine erste Erfahrung als Nachhilfelehrerin machte ich im zweiten Halbjahr der elften Klasse. Nach frustrierenden Nebenjobs in einschlägigen Fast-Food-Restaurants, einer Papierfabrik und als Promoterin konnte ich mein Glück kaum fassen, als mir meine Englischlehrerin eine Nachhilfeschülerin vermittelte.

Ich nahm mir vor, alles ganz anders zu machen als Robert, mein Mathe-Nachhilfelehrer, und all die anderen Gurken, die sich an mir versucht hatten – denn obwohl Roberts Masche einige Erfolge im Promillebereich hatte einfahren können, so war sie doch eine Qual für mich gewesen. Und Lernen sollte Spaß machen, das war ja vollkommen klar! Ich wollte auf meine Schüler eingehen, sie motivieren und loben. Meine Nachhilfe sollte den Schülern ein ewig sprudelnder Quell der Freude sein. Bei mir sollten die Schüler die Liebe zur englischen Sprache entdecken, um am Ende locker mit Native Speakers parlieren zu können! Ich wollte von meinen Schülern gemocht werden, war hoch motiviert und bereitete mich mithilfe des Englischbuchs perfekt auf meine neue Aufgabe vor. Ich löste die gesamten Aufgaben aller Units, erstellte kleine Karteikärtchen mit den neunhundertdreiundachtzig Vokabeln der ersten fünfzig Seiten und nahm alle Texte des Englischbuchs mithilfe eines tragbaren Rekorders auf Kassette auf, damit sich meine Nachhilfeschülerin direkt die richtige Aussprache einprägen konnte.

Ich hatte nicht vor, nur das mit ihr zu wiederholen, was sie bereits in der Klasse durchgenommen hatte, oh nein: Ich würde mit meiner ersten Nachhilfeschülerin dem Wort Nachhilfe eine ganz neue Bedeutung verleihen. Nach mir würden Lehrbücher benannt und Statuen errichtet werden! Die Latte der Erwartungen hing hoch, und meine naiven Vorstellungen schafften es mit einem eleganten Sprung locker darüber.

Vor der ersten Stunde war ich trotzdem ziemlich nervös. Was würde mich das Mädchen fragen? Würde ich antworten können? Konnte ich überhaupt gut erklären? Ich beruhigte mich damit, dass die Schülerin die sechste Klasse besuchte und mit allergrößter Wahrscheinlichkeit viel schlechter Englisch sprach als ich. Ansonsten hätte sie ja keine Nachhilfe gebraucht. Außerdem hatte meine Englischlehrerin mich als Nachhilfelehrerin empfohlen – deswegen war davon auszugehen, dass sie mir das Ganze grundsätzlich zutraute und mich weder fachlich noch pädagogisch für eine Nullnummer hielt.

Davon abgesehen spielte ich schon länger mit dem Gedanken, nach dem Abitur Anglistik und Germanistik auf Lehramt zu studieren. Meine Leidenschaft für die englische und deutsche Sprache, die krisensichere Verbeamtung und, na gut, auch die langen Ferien ließen den Job in einem rosarot verklärten Licht erscheinen. Nur die nicht ganz nebensächliche Frage, ob ich überhaupt unterrichten *konnte*, hatte ich bislang noch nicht beantworten können – gut, allzu oft ergab sich im Leben einer Abiturientin dafür auch nicht die Gelegenheit. Grund genug, dem bislang nur vage formulierten Berufswunsch endlich ein solides Fundament zu geben und mit dem Unterrichten zu beginnen. Wenn es mir nicht gefiel, konnte ich ja wieder zurück zum Fast-Food-Restaurant gehen und dort Burger einpacken.

Trotzdem zitterte ich vor Aufregung, als es an einem verregneten Mittwochnachmittag im März an der Tür klingelte. Meine erste Nachhilfestunde in neuer Rolle fand in der Küche meines Elternhauses statt. Zehn Mark bekam ich für neunzig Minuten Nachhilfe. Das war für damalige Verhältnisse kein schlechter Kurs. Heute würde ein Nachhilfelehrer vermutlich wegen Lohndumpings vor dem Bundesgerichtshof klagen, wenn man ihm fünf Euro für anderthalb Stunden Unterricht anbieten würde.

Die Schülerin hieß Birte und hatte in der letzten Englischarbeit eine Vier minus geschrieben. Sie war ein kleines schüchternes Mädchen und wurde von ihrer Mutter zu mir begleitet. Ich zeigte Birte und ihrer Mutter unsere Küche, wo wir künftig einmal in der Woche Englisch üben würden. Auf dem Küchentisch hatte ich zwei Gläser, eine Flasche Mineralwasser, Schokoladenkekse und eine Schale mit Gummibärchen gestellt. Nervennahrung. Für mich, nicht für Birte.

»Ach, guck mal, Schatz. Gummibärchen gibt es auch«, bemerkte Birtes Mutter und lächelte ihrer Tochter aufmunternd zu. Ich verbuchte das als Pluspunkt für mich. Meine Schülerin würde zumindest nicht verhungern, selbst wenn sie genauso doof das Haus verlassen würde, wie sie gekommen war.

Als Birtes Mutter weg war, saßen Birte und ich uns erst einmal schweigend gegenüber.

»Ich bin ein wenig nervös«, gab ich schließlich zu und versteckte meine zitternden Hände unter der Tischplatte.

»Ich auch«, fiepste Birte und lächelte mich zahnlückig an.

Unser gegenseitiges Geständnis brach das Eis zwischen uns, und nachdem wir die Schüssel mit den Gummibärchen schwesterlich geteilt hatten, ließ ich mir von meiner Nachhilfeschülerin zeigen, an welcher Stelle im Buch ihre Klasse war und welche Hausaufgabe sie aufbekommen hatten.

Nach einer Viertelstunde war meine Nervosität völlig verflogen. Glücklicherweise stellte sich heraus, dass Birte tatsächlich viel schlechter in Englisch war als ich und ich jede ihrer Fragen beantworten konnte. Als sie am Ende der Stunde nicht nur sämtliche Schokoladenkekse aufgefuttert, sondern sogar verstanden hatte, was es mit dem gemeinen *Past Tense* auf sich hatte, und dass es neben den regelmäßigen Formen auch unregelmäßige gab, war ich erleichtert und außerdem sicher, dass der Lehrerjob genau mein Ding war – auch wenn ich die Nachhilfekärtchen und die Kassette mit meinen eingelesenen Unit-Texten ganz unauffällig verschwinden ließ und nie wieder erwähnte. Ich war ja so unendlich naiv gewesen … *Native Speaker*. Flüssiges Parlieren. Freies Vokabeltraining! Ha! Ich konnte mich glücklich schätzen, wenn ich Birte irgendwann dazu bringen konnte, das *Present Progressive* und das *Past Perfect* auseinanderzuhalten und nicht an jedes Verb ein s dranzukleben!

»Na, das hat sich dann ja schon richtig gelohnt«, stellte Birtes Mutter zufrieden fest, als ich ihr stolz von dem bescheidenen Etappensieg berichtete, und drückte mir wohlwollend einen Zehnmarkschein in die Hand.

»Das ist auch gar nicht so schwer gewesen wie in der Schule!«, krähte Birte dazwischen. Sie war in den vergangenen neunzig Minuten wirklich aufgetaut. »Da hat die Lehrerin das nicht so gut erklärt. Die Tanja kann das viel besser!«

»Hauptsache, du hast es jetzt verstanden!« Ich bemühte mich, den Stolz in meiner Stimme zu unterdrücken, obwohl mir Birtes Lob natürlich runterging wie Öl, und verabschiedete mich von Mutter und Tochter.

Ich gewöhnte mich schnell ans Nachhilfegeben, und schon bald darauf sprach sich mein neuer Nebenjob herum. Nach ein paar Wochen kamen Nachhilfeschüler auf Empfehlung zu mir. Einige blieben mir mehr als ein Schuljahr erhalten, andere kriegten schon nach wenigen Monaten die

Kurve und konnten ruhigen Gewissens wieder entlassen werden. Und mit jedem Nachhilfeschüler wurde mein Beschluss bestärkt: Ich möchte Lehrerin werden!

Die Zeit in der Oberstufe verging wie im Flug. Neben der Paukerei für Klausuren, Partys am Wochenende und Nachhilfestunden hatte sich das Abitur unbemerkt herangeschlichen. Die Vorbereitungs- und die Klausurphase sowie die Wochen der mündlichen Prüfungen flogen an mir, übernächtigt, gestresst und am Ende meiner seelischen und körperlichen Kräfte, vorbei, und eines Tages war es plötzlich überstanden. Einfach so.

Ich wartete nervös vor dem Lehrerzimmer, um zu erfahren, ob ich es gepackt hatte oder nicht. In der mündlichen Prüfung in Religion hatte ich einen totalen Blackout gehabt. In Religion! Dem Fach, in dem man eigentlich über keine besonderen Fähigkeiten außer rhetorischen verfügen musste! Und dabei waren die Laberfächer doch eigentlich meine Stärke … Aber besondere Situationen erfordern besondere Maßnahmen, stellte ich konsterniert fest, denn in meiner Prüfung war ich zum allgemeinen Entsetzen aller Anwesenden (mich inbegriffen) nicht mehr in der Lage gewesen, logische Zusammenhänge zu erkennen, geschweige denn Lösungen herzuleiten. Das Einzige, was ich in meiner Verzweiflung wahrnahm, war das entsetzte Gesicht meiner Religionslehrerin, die mich irgendwann in der Prüfung fragte: »Was ist denn los mit dir? So kenne ich dich ja gar nicht!« Und sie musste es wissen, denn sie unterrichtete mich seit der fünften Klasse.

Dementsprechend unruhig saß ich nun auf einem der wackligen Stühle vor dem Büro des Direktors und harrte der Dinge, die da kommen würden. Ich wusste genau: Wenn ich Religion versaut hatte, dann musste ich in die mündliche Nachprüfung, und das wollte ich um jeden Preis vermeiden. Geschichte – mündlich! Nur über meine Leiche! Das war die Höchststrafe … na ja, bis auf Mathe vielleicht. Aber wer wusste schon, ob es mit Geschichte klappen würde? Und was passierte, wenn es nicht hinhaute? Was sollte ich dann machen? Ein Fachabitur reichte für das Lehramtsstudium nicht aus, und einen alternativen Berufswunsch hatte ich nicht in petto. Ich hatte mich schließlich die letzten zwei Jahre minutiös darauf vorbereitet, Lehrerin zu werden!

Als mein Name aufgerufen wurde, ging ich mit zittrigen Beinen in das Zimmer des Direktors.

»Dann setz dich mal«, sagte er, deutete auf den Platz gegenüber seinem Schreibtisch und überflog den Zettel, auf dem meine Ergebnisse standen. »Tja, du hast es wohl geschafft. Wer hätte das gedacht?«

Er zupfte ein Taschentuch aus der bereitstehenden Box, die er für alle Fälle dort aufgestellt hatte, und reichte es mir über die Tischplatte.

Ich hatte bestanden? Ich hatte BESTANDEN!!!

In diesem Moment löste sich die Anspannung der letzten Wochen, und Freudentränen liefen unkontrolliert über meine Wangen.

»Wow«, schniefte ich gerührt. »Dann kann ich ja jetzt Lehrerin werden!«

Mein Direktor lehnte sich schmunzelnd in seinem Stuhl zurück. »Du lässt dich wirklich durch gar nichts abschrecken, was?«, bemerkte er kopfschüttelnd. »Noch nicht mal durch elf Jahre Schalker-Gymnasium.«

»Nee, so leicht lasse ich mich nicht vom Weg abbringen. Und mein Schulpraktikum werde ich auch hier machen!«

Mein Direktor grinste. »Ist das ein Versprechen?«

»Nein«, sagte ich mit einem Lächeln, stand auf und drückte fest seine Hand. »Eine Drohung.«

3

Lehrer im Schnelldurchlauf

Vier Monate später begann das Lehramtsstudium an der Universität in Essen. Meine romantischen Vorstellungen vom Studentenleben erwiesen sich bereits am ersten Tag als völlig realitätsfremd. Von wegen lange ausschlafen, kleine Lerngruppen und persönliche Ansprache der Dozenten!

Der Grundkurs Linguistik fand um acht Uhr morgens im größten Saal eines Multiplexkinos statt, der bis auf den letzten Platz besetzt war. Ich quetschte mich in eine Lücke auf der obersten Loge, in der Hoffnung, überhaupt etwas sehen beziehungsweise hören zu können. Unten auf der Bühne vor der Leinwand erspähte ich einen kleinen Mann im grauen Jackett, der um den Hals ein Mikro trug und von einem Kinomitarbeiter verkabelt wurde. Das musste der Professor sein, schlussfolgerte ich blitzgescheit.

»Gu … gen nd … rzl … kom … n … m … ndku … isti«, sagte der kleine Mann ins Mikro, und ich konnte nur erahnen, dass er uns gerade eben im Grundkurs Linguistik willkommen geheißen hatte. Nicht nur, dass das Mikro einen Wackelkontakt hatte und ich trotz konzentrierten Zuhörens nur die abgehackte Version des Vortrages mitbekam; die Stimme des Dozenten erinnerte mich zu allem Überfluss an Willi, den besten Freund von Biene Maja, der am liebsten den ganzen Tag in einer fetten Blüte herumlungern und von den süßen Pollenklößchen naschen wollte.

Das Bild der phlegmatischen Biene vor meinem inneren Auge, die schummrige Stimmung im Kinosaal und die katastrophale technische Umsetzung sorgten dafür, dass ich nach und nach wegdämmerte und erst wieder ins Hier und Jetzt zurückkehrte, als um mich herum der Tumult losbrach. Das Ende der Veranstaltung war erreicht, und die Zuhörer machten sich auf zum Ausgang des Kinosaals, wo Handouts mit einer Zusammenfassung der Vorlesung verteilt wurden. Ich nahm dankbar einen der Zettel entgegen, hatte ich doch so die Chance, mir wenigstens einen groben Überblick über den Inhalt des eben »Gehörten« zu verschaffen.

Meine Hoffnung, dass diese überfüllte Pflichtveranstaltung eine Ausnahme war, bestätigte sich leider nicht. Vielmehr war es so, dass sich für die meisten Proseminare doppelt so viele Studenten eingeschrieben hatten, als die Kursräume überhaupt fassen konnten. Schon bald resignierte ich, trug mich in die Anwesenheitslisten ein und begnügte mich meist mit einem Platz auf dem dreckigen Flurboden vor dem Seminarraum, von wo aus nicht die geringste Möglichkeit bestand, am Unterricht teilzunehmen. Stattdessen machte ich mir darüber Gedanken, wie ich unter diesen Bedingungen das Studium überhaupt erfolgreich absolvieren konnte. Am besten machte ich mich gleich auf das Schlimmste gefasst und suchte mir einen nach Möglichkeit anständig bezahlten Nebenjob. Denn mir war vollkommen schleierhaft, wie ich mit dem hier vermittelten Wissen jemals eine echte Anstellung als Lehrerin antreten sollte.

»Gibt's hier so was wie 'ne Jobbörse?«, raunte ich meiner Sitznachbarin auf dem Boden zu, die gelangweilt eine ihrer blonden Dreadlocks um den Finger wickelte.

»Unten bei den Schließfächern ist ein Schwarzes Brett. Da wollte ich nachher auch noch gucken«, nickte sie. »Ich bin übrigens Karen.«

Nach dem Seminar gingen Karen und ich zum Schwarzen Brett, das genau genommen eine Säule war. Aber Schwarze Säule klingt irgendwie nicht. Neben WG-Zimmer-Gesuchen, Kaufe-und-Verkaufe-Zetteln sowie diversen Kontaktanzeigen fanden sich dort auch etliche Jobangebote. Mein Blick blieb an einem Flugzettel mit der Überschrift »NACHHILFELEHRER GESUCHT« hängen. Ein Essener Nachhilfeinstitut suchte demzufolge mehrere Studenten für die Gruppennachhilfe in den Fächern Englisch, Deutsch, Mathe, Französisch und Latein, sämtlichen Klassikern des Schulversagens also.

»Cool, die Nummer schreibe ich mir auf. Nachhilfe habe ich schon gegeben«, sagte ich und kritzelte die Telefonnummer auf einen Collegeblock.

»Für mich wäre das nix – da kellnere ich lieber weiter im Cafe Nord. Ich hätte keine Geduld, den kleinen Kröten was zu erklären«, bemerkte Karen. »Deswegen studiere ich auch nicht auf Lehramt, sondern auf Magister. Lieber arbeitslos als Schuldienst!«

Am gleichen Nachmittag rief ich bei der Nachhilfeschule an.

»Der Lernzirkel in Essen, Remmel am Apparat, was kann ich für Sie tun?«, meldete sich eine dynamische Frauenstimme am anderen Ende der Leitung.

»Guten Tag, Frau Remmel, mein Name ist Tanja Janz. Ich habe am Schwarzen Brett der Universität Essen Ihren Aushang gelesen. Sie suchen Nachhilfelehrer für die Gruppennachhilfe – ist das noch aktuell?«

»Ja, auf jeden Fall! Welche Fächer können Sie denn unterrichten?«

Ich war baff. Frau Remmel wollte nicht von mir wissen, welche Ausbildung ich mitbrachte, welche Erfahrungen ich bislang gesammelt hatte oder wer ich überhaupt war. Nur meine Fächer waren hier offensichtlich von Belang. Alles andere wurde allem Anschein nach vorausgesetzt. Vermutlich hörte ich mich aber auch schon ziemlich erfahren an, mindestens aber so abgebrüht, dass sie mir zutraute, Nachhilfe zu geben. Zum ersten Mal fühlte ich mich fast wie eine richtige Lehrerin. Aber ob meine bisherigen Erlebnisse bei der Nachhilfe mit Birte und den anderen ausreichen würden, um für ein richtiges Institut zu arbeiten? Na, besser etwas zu dick als etwas zu dünn auftragen!

»Ich habe Nachhilfeerfahrung in Englisch und Deutsch. Während der Oberstufe hatte ich regelmäßig Nachhilfeschüler.«

Und sie haben mich alle gemocht und sich auch fast alle um eine Note verbessert, wollte ich hinzufügen, verkniff es mir aber im letzten Moment. Lieber die geheimnisvolle Fremde bleiben …

»Prima«, seufzte Frau Remmel erleichtert in den Hörer.

»Französisch und Sozialkunde könnte ich aber auch unterrichten«, fügte ich hastig hinzu. Von wegen, geheimnisvolle Fremde! Immerhin hatte ich ihr im Freudentaumel nicht auch noch Mathe oder Physik als Nachhilfefächer angeboten.

»Das hört sich toll an. Sie schickt der Himmel! Wann könnten Sie denn vorbeikommen?«

Vorbeikommen? Äh …

»Von mir aus gleich!«

Das ging ja flott. Anscheinend reichten meine Vorkenntnisse tatsächlich aus, um professionell unterrichten zu können – oder zumindest, um professionell genug zu wirken. Und dabei hatte ich gerade erst mit dem Studium begonnen … wie würde es mir wohl nach zwanzig Jahren im aktiven Schuldienst ergehen? Würden mir die Nachhilfeinstitute der Republik dann die Bude einrennen?

»Gerade heute ist ein Lehrer für eine Englisch-Gruppe

krank geworden. Könnten Sie seinen Unterricht heute Nachmittag direkt übernehmen?«

Die Seifenblasen meiner rosaroten beruflichen Zukunft zerplatzten vor meinem inneren Auge. Jetzt begann ich zu schwitzen. Darauf war ich überhaupt nicht vorbereitet! Ich hatte doch nur mal anrufen, nur mal vorfühlen wollen … Und ich hatte auch noch nie eine Gruppe von Schülern unterrichtet, immer nur Einzelstunden gehalten! Aber nun gut, wenn ich den Job haben wollte, musste ich jetzt unbedingt die Nerven behalten. Und man soll ein Pflaster ja bekanntlich schnell abreißen.

»Kein Problem«, erwiderte ich möglichst lässig. »Wann soll ich da sein?«

Eine Dreiviertelstunde später betrat ich die Räumlichkeiten des Lernzirkels in Essen. Die Büroleiterin saß an einem Schreibtisch, auf dem ein Haufen Karteikarten lagen, die mich an Patientenakten beim Arzt erinnerten. An der Wand hinter ihr hing eine riesige weiße Magnettafel, aus der die Aufteilung der Schüler in die verschiedenen Nachhilfekurse hervorging.

Frau Remmel war eine große resolute Frau, die mich live und in Farbe genauso energiegeladen begrüßte wie zuvor am Telefon. Auf der Fahrt zum Nachhilfeinstitut hatte ich mir ein paar Antworten zurechtgelegt, die ich für das Bewerbungsgespräch eventuell brauchen konnte. Was meine Stärken, was meine Schwächen waren. Welche didaktischen Konzepte ich bei meinen Nachhilfestunden verfolgte. Welche Ergebnisse ich bislang mit meinen Schülern hatte erreichen können. Wie ich mir eine verbesserte Schulpolitik vorstellte. Und welche mahnenden Worte ich in meiner Dankesrede bei der Wahl zur Kultusministerin von Nordrhein-Westfalen an meine Kolleginnen und Kollegen entsenden würde.

Doch das erwartete Vorstellungsgespräch blieb aus. Stattdessen schritt Frau Remmel gleich zur Tat, kopierte meinen Personalausweis und legte mir einen Standardvertrag vor, den ich ausfüllen und dann unterschreiben sollte.

»Herzlich willkommen im Team des Lernzirkels!«

Ich war verwirrt. Dass ich als Abiturientin im privaten Rahmen und gegen ein geringes Entgelt Nachhilfe gegeben hatte, war eine Sache – aber bei dem Job, den ich innerhalb von einer knappen Stunde ergattert hatte, handelte es sich um eine richtige Festanstellung mit Sozialabgaben! Gab es kein Bewerbungsgespräch? Wollte niemand ein Zeugnis meines letzten Arbeitgebers sehen? Zumindest aber meine Zulassung fürs Studium? Sollte ich vielleicht eine Kopie meines Abiturzeugnisses vorbeibringen, wenigstens der Vollständigkeit halber? Oder hatte Oberst Stahl am Ende – schluck! – recht behalten, und der Wisch war nicht mehr als ein besserer Klopapierersatz? Wer prüfte meine grundsätzliche Tauglichkeit, als Nachhilfelehrerin arbeiten zu können? Wenn es schon keine Aufnahmeprüfung vor Studienantritt gegeben hatte …

Für einen kurzen Moment hielt ich inne: War es wirklich so leicht, einen Job im pädagogischen Bereich zu ergattern, ganz ohne Vorkenntnisse und ausgewiesene Erfahrung, von ein paar Vokabel- und Grammatiktrainings mit ein paar Sechstklässlern mal abgesehen?

Frau Remmel schüttelte eifrig meine Hand, während die Tinte meiner Unterschrift auf dem Vertrag trocknete, und holte mich wieder in die Jetztzeit zurück.

»Ich bin die Doro, die Büroleitung. Manchmal gebe ich aber auch Nachhilfe in Latein, ursprünglich habe ich nämlich Geschichte und Latein studiert.«

»Hallo, Doro. Ich bin Tanja«, sagte ich und wunderte mich.

Doro bemerkte meinen nachdenklichen Gesichtsausdruck.

»Du siehst aus, als hättest du noch Fragen«, bemerkte sie.

»Eigentlich nur eine«, druckste ich rum.

»Dann raus damit!«

»Ich frage mich, warum du trotz deines abgeschlossenen Studiums eine Nachhilfeschule leitest, anstatt die Fächer an einer Schule zu unterrichten.«

»Ganz ehrlich? Ich habe festgestellt, dass der Job einer verbeamteten Lehrerin nichts für mich ist. Ich hätte viele Freiheiten aufgeben und mich den bildungspolitischen Entscheidungen von denen da oben bedingungslos unterwerfen müssen. Das wollte ich nicht, und deswegen leite ich eine Nachhilfeschule, wo ich wenigstens im kleinen Rahmen etwas bewirken kann«, erklärte Doro mit einem breiten Lächeln.

Ich nickte stumm. So war das also. Vom Schulleben gezeichnetes, frustriertes und ausgemustertes Lehrpersonal wurde in unserer Gesellschaft in die Nachhilfekaste abgeschoben. Oder marschierte sogar freiwillig dorthin. War unser Bildungssystem wirklich so schlimm? Oder war Doro einfach nur ein bisschen empfindlich? Ich musste an meine alte Kunstlehrerin Frau Rübenbauer denken, die immer so schrecklich müde und ausgelaugt ausgesehen hatte und von der man wusste, dass sie den Lärmpegel, der während ihres Unterrichts unweigerlich entstand, nicht mal mit mehrmaligem Auf-den-Tisch-Donnern des Klassenbuchs kontrollieren konnte. Ganz zu schweigen von ihrem heiseren und flehenden Bitten, die Schüler mögen doch bitte und endlich still sein. Ohne Zweifel: Frau Rübenbauer wäre in einer musikalischen oder künstlerischen Früherziehung, in der die Kinder auf Xylofonen das »La Le Lu« übten oder aus eingesammelten Kastanien kleine Männchen bastelten, sicher besser aufgehoben gewesen.

»Tanja, ich bin so was von begeistert, dass du angerufen hast und die Gruppe übernimmst. Du rettest mir damit den Tag«, sagte Doro und beendete damit die kleine Reise in ihre Vergangenheit. »Oh, da fällt mir ein, dass du noch eine gesonderte Erklärung unterschreiben musst, bevor du mit dem Unterricht beginnst.«

Doro zog einen Aktenordner aus dem Regal und reichte mir ein Blatt Papier. »Erklärung zu Strafbeständen & Sektenzugehörigkeit«, las ich als Überschrift.

»Das ist nur pro forma«, erklärte sie. »Wir müssen uns rechtlich absichern, damit wir keine Lehrkräfte beschäftigen, die aus solchen ... na ja, Kreisen kommen. Lies dir das in Ruhe durch, und dann kannst du unten unterschreiben. Also: hoffentlich.«

Sie lächelte mich an, und ich nickte. Dann widmete ich mich dem Text. Mit meiner Unterschrift erklärte ich, zu keinem Zeitpunkt Mitglied bei Scientology gewesen zu sein und nicht nach den Ideen von L. Ron Hubbard zu leben. Auch schloss ich bei Unterzeichnung aus, dass ich es in Erwägung zog, mich diesem ominösen Verein oder einer anderen Sekte anzuschließen. Außerdem bestätigte ich durch meine Unterschrift, dass ich weder vorbestraft war noch einer verfassungswidrigen Partei angehörte. Da ich weder vorhatte, einer Sekte beizutreten, deren männliche Mitglieder der Legende nach die Plazenta ihrer frisch entbundenen Frau aßen, keine nennenswerten Vorstrafen vorweisen konnte (sah man von meinem tatsächlich recht hohen Punktekonto in Flensburg einmal ab, was meines Wissens an dieser Stelle jedoch nicht in die Waagschale geworfen wurde) noch dem nationalsozialistischen Gedankengut und all seinen Auswüchsen zugetan war, setzte ich einen schwungvollen Schnörkel unter das Papier und schob Doro die Erklärung über den Tisch.

»Schon komisch, so etwas zu unterschreiben. Hätte nie gedacht, dass man als Nachhilfelehrer solche Erklärungen abgeben muss!«

Und in Gedanken fügte ich hinzu: Und dass es so leicht sein könnte, richtiger Nachhilfelehrer zu werden, hätte ich auch nicht für möglich gehalten.

»Ist eine reine Vorsichtmaßnahme«, erwiderte Doro ausweichend.

Das war mir zu wenig. »Gab es denn schon mal den Fall, dass ein Sektenmitglied als Nachhilfelehrer unterrichtet hat?«

Doro räusperte sich. Dann sagte sie verlegen: »Leider ja. Deswegen darf auch niemand bei uns arbeiten, bevor er die Erklärung unterschrieben hat.«

»Verstehe«, sagte ich nachdenklich, und dachte an meinen alten Erdkundelehrer Dr. Fleck, der immer diese furchtbaren Polyester-Pullover mit den schrecklichen Mustern getragen hatte. In seinem Unterricht war es immer besonders hoch hergegangen, bis er eines Tages auf sein Lehrerpult gestiegen war, die Arme ausgebreitet und sehr laut »Erwachet!« gebrüllt hatte. Das war der letzte Tag gewesen, an dem uns Dr. Fleck in Geografie unterrichtet hatte …

»Aber darüber brauchst du dir ja keine Gedanken zu machen«, wischte Doro meine Überlegungen beiseite.

Zu diesem Zeitpunkt meines Lebens war ich naiv genug, ihr zu glauben.

4

Friss oder stirb

»Hier sind die Karteikarten der vier Schüler aus deiner ersten Englisch-Gruppe. Die Schüler sind in den Klassenstufen 8 bis 10.« Doro drückte mir vier Kartons in die Hand, auf denen jeweils ein Name und einige handschriftliche Notizen standen.

Sollte ich die Anmerkungen lesen und mich, wenn ich schon ansonsten keine nennenswerten Pläne für die bevorstehende Nachhilfestunde hatte, zumindest auf die Schüler vorbereiten? Oder wollte ich frei von allen Vorurteilen und vor allem: *Vorverurteilungen* in den Nachhilfeunterricht starten?

In meiner Einführungswoche an der Universität hatte ich in einem pädagogischen Seminar an einem erschreckenden Experiment teilgenommen. Die anwesenden Studenten waren in zwei Gruppen eingeteilt worden. Beiden Gruppen wurde ein und derselbe Aufsatz aus der siebten Klasse vorgelegt, die erste Gruppe bekam außerdem einige handschriftliche Notizen der Lehrkraft zu dem Schüler, der den Aufsatz angeblich verfasst hatte: *Philipp, zwölf Jahre, Vater Chefredakteur einer überregionalen Zeitung, Mutter Lehrerin. Eine kleinere Schwester, intakte Familie. Eltern nehmen regelmäßig an Elternabenden und Schulprojekten teil. Philipp liebt das Lesen und möchte später wie sein Vater Journalist werden.*

Die zweite Gruppe erhielt ebenfalls handschriftliche Anmerkungen über den Verfasser des Aufsatzes, allerdings klangen die so: *Jason-Jeremy, vierzehn Jahre, Sitzenbleiber. Eltern arbeitslos bzw. Frührentner. Bildungsferner Haushalt, Mutter ist Alkoholikerin. Sechs Geschwister, davon einige im besonderen Förderunterricht. Sozial auffällig, weil latent aggressiv und lernunwillig.*

Nun ging es in dem Versuch darum, die Arbeiten zu korrigieren und zu bewerten. Die Ergebnisse waren ernüchternd. Die Gruppe, die die vermeintliche Arbeit von Philipp korrigierte, bewertete durchweg positiver und ließ dem Verfasser mehrere kleine Flüchtigkeitsfehler durchgehen. Jason-Jeremys Arbeit wimmelte im Vergleich dazu vor korrigierten Rechtschreibfehlern und wurde im Schnitt um drei Noten schlechter bewertet als die von Philipp. Das heißt: Während Philipps Arbeit stets im oberen Abschnitt des Notenraums rangierte, öfter sogar mit einer Eins belohnt wurde, kam Jason-Jeremy mit exakt derselben Arbeit und denselben Rechtschreibfehlern fast nie über eine Vier hinaus und kassierte sogar dreimal die Note Sechs. So gern sich Lehrer also einreden, unvoreingenommen und immerzu fair zu sein: Das Unterbewusstsein beeinflusst unser Handeln offensichtlich viel mehr, als wir uns eingestehen wollen.

Wieder einmal war es Doro, die mich aus meinen Gedanken riss. »Guck mal, Tanja, da ist auch schon dein erster Schüler!«

Ich drehte mich um. Im Türrahmen zum Büro lehnte ein betont obercooler Rucksackträger und verdrehte zur Begrüßung die Augen. Seine Jeans hingen trendy auf halb acht, seitlich baumelte eine Silberkette bis zum Knie, und in seinem rechten Ohr steckte ein Stöpsel, aus dem laute Hip-Hop-Beats wummerten.

»Hallo, Patrick«, flötete Doro. »Das ist die Frau Janz. Sie macht heute den Englischunterricht.«

»Haaai.« Patrick hob gequält den Zeigefinger, als wenn

diese Bewegung ihn ungeheuerlich anstrengen würde, und ließ mich links liegen.

»Ihr könnt ja schon mal in den Unterrichtsraum gehen, dann kannst du der Frau Janz alles zeigen«, schlug Doro vor und schob uns in Richtung eines kahlen Zimmers, dessen Einrichtung aus einer Wandtafel sowie einem Tisch mit sechs Stühlen bestand.

Patrick ließ sich auf einen Stuhl plumpsen und fischte als erste Amtshandlung eine Cola-Dose aus seinem Rucksack, die er innerhalb weniger Sekunden leerte und danach ausgiebig rülpste.

»Was machen wir denn heute?«, ignorierte ich sein Verhalten und probierte, mit ihm ins Gespräch zu kommen.

Patrick zuckte desinteressiert mit den Schultern. »Keine Ahnung.«

So ein Verhalten kannte ich von meinen bisherigen Nachhilfeschülern nicht. Sie hatten immer ganz genau gewusst, was sie üben mussten, und waren stets gewillt, dies auch zu tun. Irgendwie hatten es ihre Eltern geschafft, ihren Sprösslingen einzubläuen, dass die Nachhilfe keine gehobene Freizeitunterhaltung war und es demnach um etwas ging – um die Versetzung, die letzte Fünf in Englisch oder wenigstens um ein bisschen Durchblick. Die Klientel des Lernzirkels schien mir allerdings ein anderes Kaliber zu sein.

Widerwillig griff ich also doch nach den Karteikarten und las mir die Notizen durch, die die verschiedenen Nachhilfelehrer des Lernzirkels zu Patrick gemacht hatten. Patricks Lernverhalten wurde mit einem zweifachen Minus und folgenden Zusätzen ergänzt: *unmotiviert, kann sich nicht konzentrieren, seit Klasse 7 rasante Notenverschlechterung, keine Lust auf Schule, keinen Respekt vor Lehrern, interessiert sich vorwiegend für Skateboard fahren und Rap.*

Na, das konnte ja heiter werden.

Patrick starrte aus dem Fenster und nickte mit dem Kopf im Takt der Musik.

Ich blätterte weiter durch die Notizen, bis ich zur Rubrik Lerninhalte kam. In der letzten Stunde hatte sich Patrick mit dem Text *»The boy who predicted earthquakes«* beschäftigt. Das schien mir ein guter Ansatzpunkt zu sein. Erdbeben, geheimnisvolle Prophezeiungen, Action, Drama, Roland Emmerich. Das *musste* doch gut bei jemandem wie Patrick ankommen!

»Schlag mal die Seite 32 in deinem Buch auf. Und mach bitte die Musik aus, wir fangen jetzt an.«

Patrick drückte genervt auf den Off-Knopf seines Diskmans und tat so, als könne er das Buch in seinem Rucksack nicht finden.

»Soll ich dir helfen, oder schaffst du es alleine?«

»Boah ey, ich such ja schon«, erwiderte Patrick aufmüpfig.

»Aber heute noch, wenn's recht ist! Und deinen Stöpsel kannst du auch mal aus dem Ohr nehmen«, trieb ich ihn an.

Hier waren klare Ansagen gefragt. Schließlich zahlten seine Eltern eine Menge Geld für Nachhilfestunden, und Patrick brauchte nicht zu denken, dass ich mich nicht durchsetzen und er bei mir Zeit schinden konnte, nur weil ich neu war. Vielleicht war das ja seine übliche Masche bei den anderen Nachhilfelehrern, aber bei mir, das wollte ich hier und heute klarmachen, konnte er sich ein solches Verhalten abschminken!

»Alles, was wir heute nicht schaffen, kriegst du übrigens als Hausaufgabe auf.«

Hihi!

»Nee, das können Sie nicht machen!«, rief er und schmiss sein Englischbuch auf den Tisch, das sich wohl ganz unerwartet in seinem Rucksack materialisiert hatte.

»Klar kann ich. Und plötzlich haste ja auch dein Buch gefunden. Prima, dann legen wir gleich los.«

Unter lautstarkem Gemaule ließ ich Mr. Obercool, der plötzlich gar nicht mehr so abgeklärt war, sondern eher verkrampft, den gesamten Erdbeben-Text schriftlich ins Deutsche übersetzen. In der Zwischenzeit trudelten die restlichen Schüler der Lerngruppe ein. Jedenfalls der größte Teil davon, denn ein Mädchen, Estelle, fehlte unentschuldigt, was ich auf ihrer Karteikarte vermerkte. Nicht mit mir, Fräulein!

Nancy und Tim besuchten die gleiche Klasse einer Realschule. Obwohl bei ihnen in der nächsten Woche eine Englischarbeit anstand, waren beide ähnlich motiviert wie Patrick.

»Können wir nicht lieber ein Mandala ausmalen oder *Stadt, Land, Fluss* spielen?«, fragte mich Nancy, als ich vom Kopierer wiederkam, und machte eine rosa Blase mit ihrem Kaugummi.

Ich hatte mal gelesen, dass Kaugummi kauen die Konzentration fördert, deswegen ließ ich sie in der optimistischen Erwartung, dass das noch was werden würde mit der Konzentration, weiterkauen.

»Nein, wir haben hier eine Menge zu tun, um die anstehende Klassenarbeit vorzubereiten. Da können wir die Zeit nicht mit Malen oder Spielen verplempern«, entgegnete ich und teilte die Kopien mit den Übungen aus.

»Dann *Hangman?* Das ist doch Englisch. Sie können sich dann auch die Wörter ausdenken!«

»Nein, Nancy. Du hast außerdem schon was zu tun, oder?«

»Bitte!«

»Nein.«

»Bitte!«

»Nein.«

»Jetzt sag doch auch mal was, Tim«, wandte sich Nancy in ihrer Verzweiflung an ihren Klassenkameraden. »Oder haste

Lust, das hier zu machen?« Sie zeigte erst vorwurfsvoll auf das Blatt Papier vor ihrer Nase und schaute dann griesgrämig in meine Richtung.

»Bringt eh nix«, zuckte Tim mit den Schultern. »Und wenn ich dieses Mal nicht mindestens eine Vier plus schreibe, kassieren meine Eltern meinen Fernseher ein.«

»Boah, bist voll der Streber, ey! Aber Patrick, du hast doch bestimmt keinen Bock auf Englisch!«

»Ich muss das hier fertig kriegen, sonst darf ich den Rest zu Hause machen, also sei still«, zischte Patrick und arbeitete weiter hochkonzentriert an seiner Übersetzung, ohne auch nur den Blick zu heben.

»Aber ...«

»Das Gleiche gilt übrigens auch für dich«, unterbrach ich Nancys Einwand freundlich. »Die beiden Zettel sind am Ende der Stunde fertig, oder du machst die fehlenden Aufgaben zu Hause, damit sie in der nächsten Nachhilfestunde kontrolliert werden können.«

»Hoffentlich kommt der Carsten bald wieder!«, fing Nancy nun zu motzen an. »Bei dem ist das viel lockerer! Da dürfen wir immer Mandalas ausmalen und ...«

»... und die Quasselstunde ist jetzt für dich vorbei, Nancy. Oder willst du nächste Woche wieder eine Fünf schreiben und dann statt zweimal in der Woche dreimal hier vorbeikommen?«

Ein Totschlagargument. Nancy starrte mich fassungslos an. »Nee«, knurrte sie dann und hielt für die verbleibende Zeit die Klappe.

Am Ende der Nachhilfestunde hatten Tim und Nancy tatsächlich beide Übungsblätter fertig, und sogar Patricks Übersetzung war fertig.

»Dann bis zum nächsten Mal«, verabschiedete ich die drei Grazien, die daraufhin nur gequält aufstöhnten und den Unterrichtsraum verließen.

»Und, wie war es heute?«, hörte ich Doro im Flur fragen, während ich den aktuellen Unterrichtsstoff in die Karteikarten eintrug.

»Die Frau Janz ist voll streng, ey«, hörte ich Nancys anklagende Stimme. »Wir mussten voll viel machen!«

»Dafür seid ihr ja auch hier«, erklärte Doro. »Schließlich soll die nächste Klassenarbeit besser werden.«

»Ja, aber was ist mit den Mandalas?«, maulte Nancy weiter, doch zum Glück gab ihr Doro darauf keine Antwort.

Als ich Doros Büro mit den Karteikarten in der Hand betrat, waren die drei Musketiere bereits gegangen.

»Und, wie ist es gelaufen?«, wollte Doro wissen.

»Ganz gut. Eigentlich wollte ich gar nicht so streng zu den Kids sein, aber es ließ sich nicht vermeiden. Zumal Nancy und Tim in der nächsten Woche eine Arbeit schreiben.«

»Das war genau das Richtige! Die Gruppe ist schwierig, das weiß ich aus eigener Erfahrung. Die Schüler stecken mitten in der Pubertät, und mit netten Worten allein kriegt man sie nicht zum Arbeiten. Ich wusste gleich, dass du für den Job wirklich gut geeignet bist!«

Das Lob saugte ich natürlich auf wie ein trockener Schwamm das Regenwasser. Und mir hatte die Nachhilfestunde auch Spaß gemacht, obwohl es im Gruppenunterricht deutlich anstrengender und schwieriger war, jedem Schüler gerecht zu werden und optimal auf ihn einzugehen. Zumal nicht jeder Schüler den gleichen Stoff behandelte beziehungsweise auf einem Leistungsniveau mit den Mitstreitern war. Im Vergleich zum exklusiven Einzeltraining fühlte sich der Gruppenunterricht für mich eher wie Nachhilfe zweiter Klasse an. Auch weil sich Patrick, Tim und Nancy nicht unbedingt wie die Musterschüler präsentiert hatten, die ich aus meinen bisherigen Erfahrungen in der Nachhilfe kannte. Die drei blieben mir übrigens, sehr zu deren Missfallen, erhalten, da der ursprüngliche Lehrer eine Grundschulgruppe übernahm und den Kurs an mich abtrat. Sie fügten sich aber schnell ihrem Schicksal, und schon nach wenigen Wochen zeigte sich, dass die harte Tour bei allen dreien zu weitaus besseren Ergebnissen führte als das Ausmalen von Mandalas.

Nur die Vierte im Bunde war zunächst beratungsresistent. Geht es darum, einer lästigen Nachhilfestunde zu entgehen, werden Schüler überaus kreativ und wahnsinnig vergesslich. Und da junge Menschen normalerweise nicht an Alzheimer leiden, ging ich folgerichtig davon aus, dass es sich auch im Fall von Estelle Schnitzler ebenfalls nur um ganz normales Drückebergertum handelte. Nach dem unentschuldigten Fehlen von Estelle an meinem ersten Arbeitstag im Lernzirkel verliefen die kommenden Unterrichtseinheiten ohne nennenswerte Zwischenfälle. Sie kam und verhielt sich weitestgehend unauffällig. Das heißt, sie maulte, motzte und knurrte mich nicht an. Mir fiel allerdings auf, dass sich Estelle, ihrem Seufzen und Stöhnen nach zu urteilen, die Nachhilfestunden wesentlich einfacher vorgestellt hatte. Und dann blieb Estelle einfach weg.

Ich fragte die anderen, ob sie wüssten, wo sie sei, aber die zuckten nur die Achseln. Weil es nun schon das zweite Mal war, dass Estelle unentschuldigt fehlte, rief ich auf ihrem Handy an. Beim vierten Versuch erreichte ich sie, und es stellte sich heraus, dass sie angeblich noch einen Collegeblock und Tintenpatronen für die Nachhilfestunde besorgen musste. Na ja … Im Endeffekt verspätete sie sich um eine gute Stunde.

In der darauffolgenden Woche wiederholte sich das Spiel: Alle erschienen pünktlich, aber Estelle war nicht da. Ich erreichte sie erst wieder nach mehrmaligen Versuchen auf dem Mobiltelefon und fragte nach ihrem Verbleib.

»Ich stehe am Busbahnhof und warte auf den nächsten Bus, weil mein Bus nämlich eine Panne hatte«, erklärte Estelle. Wieder traf sie mit einer einstündigen Verspätung im Lernzirkel ein, wieder versprach sie mir, in Zukunft beizeiten da zu sein, da ich ansonsten ihre Mutter kontaktieren würde.

Erstaunlicherweise funktionierte es bei der nächsten Nachhilfestunde mit der Uhrzeit einwandfrei. Estelle traf pünktlich im Institut ein und hatte es sogar noch geschafft, vor der Nachhilfe Mittag zu essen, musste es also nicht während der Stunde tun. Ein bemerkenswerter Doppelerfolg. Ich verbuchte ihre Verspätungen als Startschwierigkeiten, und damit war das Thema für mich erledigt.

»Dann pack mal deine Schulsachen aus.«

Ich war bereit und motiviert, mit dem Unterricht loszulegen und gespannt, welche Themen ihre Klasse in der letzten Woche durchgenommen hatte.

Estelle kramte umständlich in ihrer kunstledernen Riesentasche herum. »Mann, so ein Mist!«

»Gibt's Probleme?«

»Ich habe meine Sachen nicht eingepackt.«

»Und wo sind sie jetzt?«

»Im Schulspind.«

Da lagen sie gut! Selbst Patrick, Tim und Nancy bedachten Estelle mit einem mitleidigen Blick. Das war die mieseste Ausrede, die ich seit langer Zeit gehört hatte – und das wollte etwas heißen, immerhin kannte ich Estelle nun schon eine Weile.

»Oh. Das ist schlecht.«

Meine Lust, Estelle etwas beizubringen, was auch nur entfernt mit Englisch zu tun hatte, sank auf den Gefrierpunkt. Offensichtlich hatte sie ihre Lern-Verzögerungstaktik bewusst geplant. Aber so leicht ließ ich mich nicht ins Bockshorn jagen.

»Sag mal, Patrick – du bist doch in derselben Stufe wie

Estelle – habt ihr nicht vielleicht sogar dieselben Schulbücher?«

Mit einem fiesen Grinsen zog Patrick sein Englischbuch aus dem Rucksack (diesmal fand er es überraschenderweise sofort) und legte es vor Estelle auf den Tisch. »Sie kann es heute benutzen, ich arbeite eh im Workbook.«

Estelle gab sich größte Mühe, Patrick mit einem einzigen Blick in Eis zu verwandeln, ihre Bemühungen blieben jedoch erfolglos, und sie musste sich wohl oder übel dem Englischbuch widmen.

Nach der Stunde rief ich Estelles Mutter an und erzählte ihr von den Vorfällen.

»Nächstes Mal hole ich Estelle von der Schule ab und kontrolliere ihre Tasche, ob sie alles dabeihat«, versprach Frau Schnitzler, die mein Missfallen über den Verlauf der bisherigen Nachhilfetermine teilte. Theoretisch konnte jetzt nichts mehr schiefgehen, wenn Mutter Schnitzler die Ausredenkönigin von der Schule bis zum Lernzirkel eskortierte. Es würde nun endlich Ruhe einkehren, und alles würde sich normalisieren. Dachte ich.

Eine Woche später, ich war gerade dabei, meine Unterlagen für den bevorstehenden Nachhilfeunterricht einzupacken, klingelte das Telefon im Lernzirkel.

»Schnitzler. Hallo, Frau Janz«, meldete sich die gehetzte Stimme von Estelles Mutter. »Ich kann Estelle nicht finden. Ich habe schon das ganze Schulgebäude abgesucht.« Frau Schnitzlers Schritte hallten durch ein Treppenhaus. »Dabei wusste sie ganz genau, dass ich sie wegen der Nachhilfe abholen wollte. Und im Lehrerzimmer weiß auch keiner, wo sie hingegangen ist!«

Es wäre zu schön gewesen, wenn alles glattgelaufen wäre. Aber da hatte ich meine Rechnung wohl ohne Estelle gemacht.

»Haben Sie es schon auf ihrem Handy versucht?«

»Sie geht nicht dran.«

»Hm ... vielleicht hat sie sich im Tag vertan und ist bereits mit dem Bus auf dem Weg nach Hause?«, überlegte ich laut, auch wenn ich die Vermutung für mehr als unwahrscheinlich hielt. Realistisch war, dass Estelle einfach mal wieder keinen Bock gehabt hatte.

»Wie auch immer«, sagte Frau Schnitzler, »mir ist das extrem peinlich. Aber das wird Konsequenzen haben. Die Nachhilfestunde bezahlt sie von ihrem Taschengeld!«

Wie üblich verspätete sich Estelle um die obligatorische Stunde. Praktischerweise war ihre Mutter nach der Schule direkt in den Lernzirkel gekommen und saß nun mit verschränkten Armen und entnervter Miene auf dem Platz, auf dem eigentlich ihre Tochter sitzen sollte. Estelle wurde bleich, als sie ihre Mutter sah. Als Ausrede für ihre Verspätung präsentierte sie uns einen Schwung Bücher, die sie sich nach der Schule für ein Bio-Referat in der Stadtbücherei ausgeliehen hatte. »Das musste ich heute machen, denn morgen muss ich schon das Referat halten«, behauptete sie stockend. Eine glatte Lüge. Kein Lehrer gab Referate von einem auf den anderen Tag auf. Frau Schnitzler glaubte ihrer Tochter ebenso wenig wie ich und gab mit einem süffisanten Lächeln im Gesicht das Strafmaß bekannt.

»Aber deswegen kannst du mir doch nicht gleich mein Taschengeld kürzen. Das ist voll fies, Mama!«

Das beeindruckte Estelles Mutter kaum. »Die Stunde bezahlst du, und die nächsten Stunden ebenfalls – so lange, bis du regelmäßig und pünktlich zu deinen Nachhilfeterminen erscheinst.«

Estelle riss entsetzt die Augen auf. »Woah, Mama! Nein! Das kannst du nicht machen!«

»Darüber diskutiere ich nicht mit dir. Es ist beschlossene Sache.«

Das Verrückte daran: Es funktionierte. Estelle kam von diesem Tag an nicht nur pünktlich, sondern auch immer mit erledigten Hausaufgaben und bestens vorbereitet zur Nachhilfe. Sehr zur Freude ihrer Schulnoten, die sich automatisch verbesserten. Manchmal muss man Schüler eben wirklich zu ihrem Glück zwingen.

5

Wie, du kannst das Alphabet nicht?

Innerhalb kürzester Zeit verbrachte ich regelmäßig meine Nachmittage im Lernzirkel. Doro versorgte mich von Montag bis Freitag mit zwei bis drei Lerngruppen oder Einzelnachhilfestunden pro Tag. Dabei stellte ich fest, dass es völlig überflüssig war, Nachhilfestunden vorzubereiten, denn das, was ich vorab geplant hatte, war eigentlich immer für die Katz. Erstaunlicherweise ist das bis heute so geblieben. Statt irgendwelche noch so profanen pädagogischen Ziele zu erreichen, geht es bei der Nachhilfe um kreative Improvisation, wobei ich normalerweise wie die Feuerwehr agiere und unkontrollierte Brandherde so gut wie möglich lösche, bevor sich an einer anderen Stelle ein neues Feuer entfacht. Das hat nichts mit der Darreichungsform der Nachhilfe im Gruppenunterricht oder dem angeblich schlechteren Niveau der Nachhilfeinstitute zu tun, sondern ist ein Merkmal jeder Nachhilfe. Während des Unterrichts wiederhole ich eigentlich nur den aktuellen Schulstoff, betreue die Hausaufgaben oder lerne mit den Schülern für bevorstehende Klassenarbeiten. Mein naiver Anspruch, in der Nachhilfestunde einen pädagogischen Auftrag zu erfüllen, erwies sich jedenfalls schon in der ersten Stunde im Lernzirkel als Fehleinschätzung. Zu Recht, ist dies ja auch eigentlich die Aufgabe des Lehrers in der Schule. Doch warum gibt es überhaupt Nachhilfe, wenn unser Lehrpersonal doch angeblich so gut ausgebildet wird und unser Bildungssystem zu einem der besten gehört? Werden die Pädagogen von damals und heute dem Anspruch von Schülern, Eltern und schließlich auch sich selbst gerecht – oder scheitern sie? Oder hat das am Ende gar nichts mit den Pädagogen zu tun? Sollte Nachhilfe in einem funktionierenden Bildungssystem nicht eigentlich überflüssig sein, sich zumindest aber nur um die wirklich »harten Fälle« kümmern?

Auffällig ist jedenfalls, dass ich in den seltensten Fällen, wenn ich Nachhilfe gebe, etwas tue, was die Eltern meiner Nachhilfeschüler nicht auch tun könnten: Vokabeln abfragen, Aufgaben in Schulbüchern lösen, einfache Texte aus dem Französischen oder Englischen übersetzen. Warum kümmern sich Eltern eigentlich kaum noch um die Hausaufgaben ihrer Kinder, sondern engagieren stattdessen ab der ersten Klasse einen Nachhilfelehrer? Nicht, dass ich mich wirklich über das Vorgehen beklagen würde, denn die fehlende Motivation oder Fähigkeit oder schlicht Bereitschaft einiger Lehrer, Mütter und Väter sichert mir schließlich nach wie vor meinen Lebensunterhalt. Aber es stimmt mich schon nachdenklich und auch etwas traurig, weil durch das Zwischenschalten eines Nachhilfelehrers nicht die unzureichende Kommunikation zwischen Schüler, Eltern und Lehrer behoben wird.

Es ist erstaunlich, wie schnell sich eine Routine im Umgang mit Schülern herstellt. Schon kurz nachdem ich im Lernzirkel angefangen hatte, fühlte ich mich wirklich wie eine routinierte Nachhilfelehrerin. Ich lernte, mich bei den verschiedensten Schülern durchzusetzen, und konnte die Inhalte aus meinen Seminaren an der Uni quasi am lebenden Objekt testen. Meine Lerngruppen avancierten recht bald zu meinem persönlichen Versuchslabor, in dem ich mich didaktisch austobte. Mein Vorgehen war so einfach wie bedenkenlos: Wenn ich in der Vorlesung von einem pädagogischen Ansatz, einem methodischen Allheilmittel oder einer neuen Form des Auswendiglernens hörte, beachtete ich die theoretische Diskussion über das Für und das Wider gar nicht weiter, sondern probierte die neuen Erkenntnisse direkt an meinen Nachhilfeschülern aus. Besser, so dachte ich, ich testete mich an den bereits »verkorksten« Schülern aus, wo Hopfen und Malz bereits (fast) verloren waren, als später an den unverbrauchten in der echten Schule. Mein Vorgehen zahlte sich aus, und mein didaktischer Werkzeugkoffer füllte sich zusehends, auch wenn am Ende eine ganz andere Strategie bei meinen Nachhilfeschülern die erfolgversprechendste war. Ich merkte schon bald, dass jenseits aller pädagogischen Superansätze die »Friss-oder-Stirb«-Taktik so gut wie immer auf fruchtbaren Boden fiel. Da dachte ich manchmal an Oberst Stahl, der mir, wenn auch alles Inhaltliche seines Unterrichts an mir abgeperlt war wie ein Wassertropfen auf einer Lotosblüte, wenigstens Disziplin und Durchhaltevermögen beigebracht hatte. Genau da setzte ich an. Und tatsächlich, mein unerbittliches System von Zuckerbrot und Peitsche funktionierte, denn die meisten Schüler hatten keine Lust, die Aufgaben für mich zu Hause zu erledigen, und so schafften sie ihr Arbeitspensum meist in der vorgegebenen Zeit und verbesserten sich nach und nach sogar in der Schule. Das war zwar nicht unbedingt der pädagogische Weg, den ich zu Beginn meiner Karriere als Nachhilfelehrerin hatte einschlagen wollen, aber wenigstens stimmte das Ergebnis.

Nur bei manchen, da biss ich einfach auf Granit. Wie bei Jason. Er war ein typischer Null-Bock-Schüler, der bereits eine Ehrenrunde hinter sich hatte. Und ein Arschloch-Kind. Ich weiß, dass man so etwas eigentlich nicht sagen sollte. Der Begriff ist nicht nur politisch vollkommen inkorrekt, sondern auch gemein und verletzend. Aber es gibt einfach Schüler, die sind einem unsympathisch – seltsamerweise darf man das aber nicht zugeben. Es ist komisch: Finde ich einen Erwachsenen doof, dann ist das okay, aber ein Kind doof zu finden, macht aus mir eine fiese Kinderhasserin. Obwohl Kinder ja eigentlich auch Menschen sind und deswegen genauso sympathisch und unsympathisch sein können wie ihre Eltern. Ich glaube, man darf ausgewachsene, aber keine im Wachstum begriffenen Menschen doof finden, weil Erwachsene schon einen ausgebildeten Charakter haben, sich also angeblich dazu entschieden haben, ein Arschloch oder eben kein Arschloch zu sein. Kinder können das noch nicht. Deswegen darf man nicht sagen, dass man ein Kind nicht mag, selbst wenn es ein Arschloch ist.

Jason, das kann man drehen und wenden, wie man will, war auf jeden Fall eines.

»Auf Schule habe ich keine Böcke, und auf dich erst recht nicht«, eröffnete er mir zu Beginn der ersten Nachhilfestunde und zog wie zur Bestätigung seiner Aussage eine Softair-Pistole aus seinem Rucksack. Zuerst hielt ich das Ganze für einen Scherz, als mir jedoch die Plastikgeschosse um die Ohren flogen und nur knapp meine Augen verfehlten, war ich mit meiner Geduld am Ende: Ich hatte die Nase gestrichen voll und setzte Jason kurzerhand vor die Tür des Lernzirkels.

Ein paar Stunden später rief Jasons Mutter an und wollte wissen, warum ich ihren Sohn »einfach so« hatte gehen lassen. Logisch, Jason hatte natürlich nichts von der Softair-Attacke erzählt. Nachdem ich ihr den Vorfall aus meiner Sicht geschildert hatte, versprach Jasons Mutter, ihren Sprössling zur Rede zu stellen, fragte aber im gleichen Atemzug, wann er das nächste Mal kommen solle. Als handelte es sich bei seinem gemeingefährlichen Angriff um eine Lappalie, die zum Berufsrisiko einer Nachhilfelehrerin gehörte.

»Ehrlich gesagt möchte ich Jason überhaupt nicht mehr unterrichten, wenn er sich so verhält. Das hätte sprichwörtlich auch ins Auge gehen können. Und was wäre dann gewesen?«

Darauf hatte Jasons Mutter keine Antwort. Am Ende ließ ich mich von ihr breitschlagen, dass ich ihren Sohn weiterhin unterrichtete, wenn er mich anriefe und sich bei mir entschuldigte. Ich betete, dass er es nicht täte, und mein Wunsch wurde erhört.

Aber es gab auch andere Schüler, die mir schnell ans Herz wuchsen und mit denen ich gern lernte. Viele von ihnen fassten Vertrauen zu mir und erzählten mir bald schon von ihren großen und kleinen Problemen. Wie zum Beispiel Sven: Nachdem er mit meiner Hilfe entdeckt hatte, dass sein Englischbuch über ein Vokabelregister verfügte, und er sich ausgiebig darüber gewundert hatte, dass ihm das vorher nie aufgefallen war, ging es ans Eingemachte: das Arbeiten mit besagtem Register. Sven war in der Siebten und wirklich kein großer Vokabelkenner, vielmehr waren ihm die meisten englischen Wörter gänzlich unbekannt, obwohl er bereits seit der Fünften Englisch hatte. Aber es kam noch besser: Ich, das lebendige Deutsch-Englisch/Englisch-Deutsch-Wörterbuch, sollte ihm die Bedeutung der Vokabeln vorsagen. Das sah ich jedoch überhaupt nicht ein, weil davon erfahrungsgemäß nichts hängen blieb.

»Alle Vokabeln, die du nicht kennst, schlägst du am besten selbst hinten im Vokabelregister nach«, sagte ich stattdessen.

»Ja, sicher«, grinste Sven, der meine Ansage für einen Scherz hielt.

»Worauf wartest du?«

»Wie jetzt? Ich soll jede fucking Vokabel nachschlagen, oder was?!«

»Richtiiiig!«

Sven knurrte und murrte, doch es half nichts, und so

schlug er schließlich widerwillig das Register auf, um das Wort »pavement« zu übersetzen. Er begann mit seiner Recherche bei den Vokabeln mit dem Anfangsbuchstaben A, und ich hoffte, dass ihm irgendwann auffallen würde, dass »pavement« überhaupt nicht mit A anfing. Obwohl es mich in den Fingern juckte, hielt ich mich zurück, um ihm die Chance zu geben, selbst draufzukommen.

»Ich find das nicht«, jammerte Sven, der mittlerweile bei G angekommen war.

»Natürlich findest du das«, ermutigte ich ihn. »Mit welchem Buchstaben fängt das gesuchte Wort denn an?«

»Mit P.«

»Korrekt. Und wo bist du gerade?«, half ich ihm auf die Sprünge.

»Bei G.«

»Also?«

»Wie jetzt?«

»Was kommt denn nach G?«

Keine Antwort. Stattdessen begann Sven plötzlich, wahllos im Buch zu blättern.

»Stopp! Was machst du denn da? Ich wollte nur von dir wissen, welcher Buchstabe nach G kommt.«

Sven schien angestrengt zu überlegen. Mir kam es komisch vor, als er nach einer Weile immer noch zu keinem Ergebnis kam.

»Sag mal, willst du mich eigentlich veräppeln?«

Sven schüttelte den Kopf und wurde knallrot. »Ich weiß es nicht«, flüsterte er.

»Wie jetzt, du kannst doch das Alphabet! Du bist in der siebten Klasse!«

Sven zuckte hilflos mit den Schultern. »Ja, ich weiß, aber irgendwie habe ich das nie gelernt!«

Auf einmal tat er mir leid, wie er so dasaß, mit hängenden Schultern und schuldbewusstem Blick. Als ich meinen ersten Schock überwunden hatte, dass in Deutschland in der siebten Klasse einer Realschule ein Dreizehnjähriger sitzt, der das Alphabet nicht kennt, überlegte ich, wie ich ihm in der Situation am besten helfen konnte.

»Weißt du was? Wir malen jetzt das Alphabet mit bunten Buchstaben auf ein großes weißes Papier und machen daraus ein Poster«, schlug ich vor. »Das hängst du dir dann über dein Bett, damit du es immer sehen kannst und es dir automatisch einprägst.«

Ich rechnete fest mit einer Protestaktion, doch Sven, dem die ganze Angelegenheit wirklich peinlich war, erklärte sich einverstanden, und so kam das Alphabet-Poster an seine Zimmerwand. Ein halbes Jahr später war es vollbracht: Sven konnte flüssig von A bis Z denken! Und ich hatte meine Feuertaufe in Sachen Nachhilfe bestanden.

Aller Freude zum Trotz stellte sich mir jedoch die Frage, warum sich Schüler eher mir, dem Nachhilfelehrer, und nicht dem jeweiligen Schullehrer, den Freunden oder gar den eigenen Eltern anvertrauten. Vielleicht liegt es daran, dass der Nachhilfelehrer einen besseren Draht zum Schüler hat, ihn unterstützt, versucht zu verstehen, und natürlich keine Noten verteilt. Möglicherweise kann ein Schüler dem Nachhilfelehrer ein größeres Vertrauen entgegenbringen, weil er angstfrei ist. Er weiß, dass der Nachhilfelehrer helfen und nicht verurteilen soll – und dass von ihm nur in bescheidenem Maße Sanktionen zu erwarten sind.

Doch was bedeutet dies für unsere Gesellschaft? Ist die Liebe von Eltern für ihre Kinder von der Leistung abhängig, die die Zöglinge bringen? Werden in Familien zu wenige Gespräche geführt, und entsteht dadurch die Angst vor Liebesentzug bei Versagen? Und selbst wenn es im Elternhaus manchmal nicht so funktioniert, wie man sich das wünscht: Warum sind Lehrer nicht die Vertrauensperson, die sie sein könnten? Die Angst vor schlechten Noten und Versagen führt offensichtlich dazu, dass sich viele Schüler niemandem anvertrauen, sich stattdessen irgendwie durchwurschteln – so wie Sven. Wann wäre wohl einem der Lehrer aufgefallen, dass Sven nicht buchstabieren konnte?

Vermutlich nie.

6

Dr. Sommer war auch schon da

Als Nachhilfelehrer, das stellte ich schnell fest, ist man der Missing Link zwischen Eltern, guter Freundin, Geschwister und Lehrer. Man kümmert sich darum, dass die Schüler ihre Hausaufgaben machen, fragt sie Vokabeln ab und hat immer ein offenes Ohr für ihren Kummer und ihre Sorgen. Und manchmal ist man sogar erster Ansprechpartner, wenn es um Liebe, Sex und Zärtlichkeit geht.

Franziska war zehn Jahre alt. Sie besuchte seit September die fünfte Klasse einer Gesamtschule. Seitdem hatte sie ein Problem: Franziska hatte sich verliebt. Zum ersten Mal in ihrem jungen Leben, und das gleich für immer und ewig, wie sie mir beteuerte. Luis hieß der Angebetete, und er ging in die 6b derselben Schule. Und als wäre das allein nicht schon aufregend genug gewesen, erwiderte er Franziskas Interesse und wollte sie nun im Jugendklub treffen.

»Ich hab irgendwie voll die Panik«, offenbarte sie mir an einem Dienstagnachmittag, als wir uns eigentlich trafen, um Satzglieder im Fach Deutsch für die kommende Arbeit zu üben. »Was mache ich denn, wenn der mir einen Zungenkuss geben will?«

Ich war froh, dass ich in den Achtzigerjahren zehn sein durfte und mir damals über Zungenküsse noch keine Gedanken machen musste, weil ich Pferde viel spannender fand und mich Jungs nicht die Bohne interessierten. Die waren damals doch eh alle voll doof.

»Tja, keine Ahnung. Willst du denn, dass er dir einen Zungenkuss gibt?«

»Mir würde schon ein Lippenkuss reichen. Ohne Zunge in den Mund stecken. Vielleicht hat der ja Mundgeruch oder sabbert ganz schlimm.« Franziska schüttelte sich und verzog dabei angewidert ihr Gesicht. »Aber wenn ich wüsste, wie man einen Zungenkuss macht, dann würde ich das mal ausprobieren. Weil das macht ja jeder!«

»Eigentlich brauchst du das vorher gar nicht so genau zu wissen, wie so ein Zungenkuss funktioniert, denn das kommt ganz automatisch beim Küssen«, versuchte ich Franziska zu beruhigen.

»Ach nee, ich würde das lieber vorher irgendwie üben, damit ich nichts falsch mache. Gibt es denn da nicht so was wie 'ne Anleitung für?«

Zur Beruhigung meiner Schülerin googelten wir die Stichwörter »Zungenkuss + Anleitung« und landeten (Überraschung!) auf der Internetseite des Dr.-Sommer-Teams. Dort fanden wir in der kuriosen Rubrik »Kuss-Rezepte« tatsächlich eine sogenannte Zungenkuss-Anleitung. Anscheinend gab es in diesem Gebiet feste Regeln: Als Erstes sollte man die Zunge in die Mundhöhle des anderen eintauchen, um dann mit der Zungenspitze über die Zähne und den Gaumen des Partners zu fahren. (Ach, so ging das! Sehr interessant. Das hatte ich bisher immer falsch gemacht.) Danach sollte an der gegnerischen Zunge gesaugt, geleckt und geknabbert werden. (Erst Zähne, dann Gaumen, dann saugen, okay …) Am Ende umschlossen sich knabbernd und lutschend die Lippen. Aber Vorsicht: Nicht beißen! (Aha.)

Mir schwirrte der Kopf, dabei hatte ich bislang nur die Anleitung für Zungenküsse und nicht etwa für die Missionars-Stellung gelesen.

»Puh, das ist voll schwer. Das krieg ich nie im Leben richtig hin!«, stöhnte Franziska.

»So ein Quatsch. Du schaffst das schon. Mach dir einfach nicht so viele Gedanken, okay?«

»Kannst du es mir nicht … vormachen?« Franziska schenkte mir ihren schönsten Kleinmädchen-Blick und klimperte mit den Wimpern.

»Wie meinst du das – vormachen?« Die Vorstellung, dass ich einer Zehnjährigen und zu allem Überfluss auch noch meiner eigenen Nachhilfeschülerin das Küssen mit Zunge beibrachte, war einfach zu absurd.

»Du bist doch meine Nachhilfelehrerin!«

»Ja, aber doch für Deutsch! Und vielleicht für Englisch, aber doch nicht für … Sexualdings!«

Franziska schob die Unterlippe nach vorne und schmollte. »Aber so lerne ich das nie! Und dann wird Luis mich auslachen, und alle werden über mich reden!«

Ich war entsetzt. Vor mir saß ein Mädchen, das gerade mal die Grundschule hinter sich gelassen hatte, und zerbrach sich den Kopf über erste sexuelle Erfahrungen und den sozialen Druck in der Schule.

Ich sah Franziska fest in die Augen und sagte: »Franziska, hör mir mal gut zu. Es gibt für Zungenküsse keine Bedienungsanleitung. Und es gibt auch niemanden, der dir sagen kann, wie man es richtig und wie man es falsch macht. Du solltest dich von niemandem jemals dazu überreden lassen, irgendetwas zu tun, was du nicht willst. Hast du das verstanden? Wenn du nicht bereit bist, diesen Luis zu küssen, dann wirst du das auch nicht tun!«

Franziska nickte andächtig. Ich wurde schwach bei dem Gedanken, dass ich vielleicht die erste Person war, die mit ihr über Sexualität sprach.

»Und außerdem«, fuhr ich fort, »wenn es nach diesem Kuss-Rezept ginge, hätte ich noch nie richtig geküsst und theoretisch alles falsch gemacht. Aber bis jetzt hat sich noch niemand bei mir beschwert.«

Das beruhigte Franziska. Wenn selbst die dusselige Nachhilfelehrerin nicht küssen konnte wie in der BRAVO beschrieben, musste sie das auch nicht können.

Dass die Liebe manchmal eine Herausforderung an die Toleranz ist, musste auch der vierzehnjährige Niklas sehr früh und auf schmerzliche Weise erfahren.

»... und dann hab ich meine Freundin zusammen mit meinem allerbesten Freund beim Sex in der Gartenlaube erwischt! Ist das nicht unglaublich?«, berichtete er mir während einer Nachhilfestunde.

»Wie alt ist denn deine Freundin?«, wollte ich wissen.

»Zwölf.«

»Ja! Unglaublich!« Ich schaute zu Niklas, der einen überaus kindlichen Eindruck auf mich machte. Aber noch unglaublicher erschien mir die Tatsache, dass bereits zwölfjährige Mädchen völlig selbstverständlich Sex in irgendwelchen Gartenlauben hatten. Und dann noch mit dem besten Freund des Freundes. Waren die Kids nicht eigentlich viel zu jung für solche Beziehungsverstrickungen? Oder war ich zu spießig?

Glücklicherweise verdaute Niklas den ersten Schock über den Vertrauensbruch ziemlich schnell, nachdem er seinen ehemals besten Freund samt der einstigen Freundin in die Wüste geschickt hatte. In den Sommerferien verliebte er sich dann in ein Mädchen aus dem Freibad. Jahre später habe ich Niklas mit einer jungen Frau in einem Café zufällig wiedergetroffen, die er mir als seine Verlobte vorstellte. Es war das Mädchen aus dem Freibad. Das klang ja wiederum geradezu traditionell!

Aber manchmal steckten meine Schüler in derart komplizierten hormonellen Zwickmühlen fest, dass selbst ich mit meinem Latein am Ende war. So wie bei Rouven.

Rouven war ein Stammschüler von mir. Ich begleitete

ihn seit nunmehr einem Jahr. Er war zu Beginn ein Spaßvogel gewesen, gut gelaunt und motiviert bei der Sache. Ein Traum von einem Nachhilfeschüler! Aber das kippte irgendwann. Von einem Tag auf den anderen wirkte er niedergeschlagen, machte keine witzigen Bemerkungen mehr, und auch notentechnisch ging es bergab. Und das ausgerechnet in der zwölften Klasse, wo jeder Punkt fürs Abi zählte! Ich nahm mir vor, ihn auf seinen Gemütswandel anzusprechen. Vielleicht konnte ich ja herausfinden, was los war, und ihm meine Hilfe anbieten.

»Dabei kann mir keiner helfen«, sagte Rouven ausweichend. »Da muss ich irgendwie durch.«

Ich wollte mich nicht einfach abwimmeln lassen. Dafür kannte ich meinen Pappenheimer bereits zu gut. »Aber es gibt bestimmt irgendetwas, das ich für dich tun kann. Sag mir doch erst mal, um was es geht.«

Rouven schlug sich die Hände vors Gesicht. »Oh Mann! Das ist alles so megakompliziert. Meine Eltern rasten aus.«

Ich konnte mir nicht vorstellen, dass es irgendetwas gab, das Rouvens Eltern zum Ausraten bringen sollten – sie waren überhaupt nicht die Typen dafür. Im Gegenteil! Es handelte sich bei Herrn und Frau Bürger um verständnisvolle, fröhliche und warmherzige Menschen, die ihren Sohn unterstützten, wo es nur ging. Rouvens Reaktion konnte nur eines bedeuten: Er hatte etwas ausgefressen. Etwas ziemlich Schlimmes! Etwas, wofür noch nicht mal seine Eltern Verständnis aufbringen würden.

»Ist was passiert?«, tastete ich mich langsam vor.

»Ja. Und nein.«

»Hast du irgendwas … angestellt?«

Rouven schaute mich entgeistert an. »Quatsch! Ich hab nichts angestellt.«

»Dann verstehe ich das Theater nicht.«

»Keiner versteht das!«

Ich zuckte mit den Schultern. »Vielleicht schon. Klär mich auf.«

»Ich weiß nicht …«

»Jetzt spuck's endlich aus!«

Rouven schloss zuerst das gekippte Fenster, spähte auf den Flur vor dem Raum, in dem wir Unterricht hatten, und zog dann die Tür hinter sich zu. Na, der machte es vielleicht spannend!

»Aber du musst mir versprechen, dass du nichts meinen Eltern sagst«, sagte er leise.

»Keine Sorge. Das verspreche ich dir.«

»Also gut: Ich hab mich verliebt«, ließ er die Bombe platzen.

»Ja, und? Du wirst bald achtzehn. Da kann das passieren. Wer ist denn die Glückliche?«

»*Der* Glückliche.«

»Bitte?«

»DER Glückliche«, wiederholte Rouven.

»Ach so. Ein Er.«

»Hm, hm.«

»Wie heißt er denn?«

»Danny.«

»Und du und Danny … also, seid ihr denn zusammen?«

»Ja. Seit fast zwei Monaten.«

Das passte. Zu der Zeit waren mir erste Veränderungen an Rouvens Verhalten aufgefallen. Jetzt verstand ich sein Dilemma. »Ist Danny denn dein erster Freund?« Rouven nickte. »Und vorher standest du auf Mädchen und wusstest nicht, dass du …?«

»Dass ich schwul bin? Nee, das weiß ich erst, seitdem ich Danny kenne. Und vorher lief auch nie wirklich was mit Mädchen.«

»Aha.«

»Ich möchte mich an meinem achtzehnten Geburtstag

outen. Vor meinen Eltern, meine ich. Ich hab aber Angst, dass ich damit alles kaputtmache. Dass die das nicht verstehen können, dass ich auf Männer stehe und nicht auf Frauen. Meine Mutter wünscht sich ja mal Enkelkinder. Wie soll ich ihr erklären, dass das nix wird?«

Unter diesen Umständen sah es für die Bürgers natürlich schlecht aus. Rouven war Einzelkind.

»Und vielleicht werfen sie mich sogar raus!«

Das hielt ich für vollkommen ausgeschlossen, und das sagte ich Rouven auch. Wirkliche Tipps konnte ich ihm allerdings nicht geben. Er war mein erster Schüler, der sich wegen seiner Homosexualität outen wollte. Das Einzige, was ich ihm riet, war, dass er nicht so lange warten, sondern möglichst bald mit seinen Eltern reden sollte.

Rouven outete sich noch vor seinem achtzehnten Geburtstag, und seine Eltern fielen anfangs tatsächlich aus allen Wolken, hatten sie sich gedanklich doch auf mindestens drei Enkel eingestellt und nie im Leben damit gerechnet, dass ihr Sohn homosexuell sein könnte. Dennoch wollten sie Danny kennenlernen, und das stellte sich für alle Beteiligten als die beste Idee überhaupt heraus. Die Chemie stimmte nicht nur zwischen Danny und Rouven, sondern auch zwischen Danny und Rouvens Eltern, die mit ihrem Schwiegersohn in spe sofort auf einer Wellenlänge lagen und ihn kurzerhand zu ihrer Silberhochzeit einluden.

»Mich hat das dann gar nicht so sehr gestört, dass der Rouven einen Freund hat. Der Danny ist wirklich ein lustiges Kerlchen. Woran ich aber wirklich noch zu knabbern habe, ist vielmehr, dass mein Sohn so große Ängste und Zweifel hatte, bevor er sich uns anvertraut hat. Das hätte er nicht zu haben brauchen. Egal was kommt, wir werden immer zu unserem Sohn halten«, erzählte mir Rouvens Mutter ein paar Wochen, nachdem ich aus Rouven die Wahrheit herausgekitzelt hatte. »Auch wenn ich immer gedacht habe,

Rouven ist ein Spätzünder, mit den Mädchen wird es schon noch werden, und ich jetzt vielleicht nie Enkelkinder haben werde: Was soll's?! Deswegen liebe ich mein Kind nicht weniger! Hauptsache, Rouven ist mit seinem Leben glücklich und zufrieden, dann sind wir das auch. Das ist mir lieber als sechs Enkel mit einem depressiven Vater.«

Es war das erste Mal, dass mir bei einem Gespräch mit den Eltern eines Nachhilfeschülers fast die Tränen kamen.

7

Jugend forscht

Rouven sollte nicht der einzige Schüler bleiben, der sich mir in der Stunde der Not anvertraute. Immer häufiger kam es vor, dass Jugendliche das Gespräch mit mir suchten, mich ins Vertrauen zogen, wenn sie Probleme in der Schule, mit ihren Eltern oder Gleichaltrigen hatten.

Warum ist das so, fragte ich mich? Denn schließlich war ich doch »nur« die Nachhilfelehrerin, deren Job sich eigentlich um schulische Belange drehte. Aber meine Schüler schienen mich anders wahrzunehmen als eine Nachhilfelehrerin, die ausschließlich Werte wie Ehrgeiz, Fleiß und Disziplin vermittelte. Vielmehr hatte ich häufig das Gefühl, die Funktion einer großen Schwester einzunehmen und dass die Nachhilfe für meine Schüler bedeutete, endlich mal Zeit mit einem Erwachsenen zu verbringen, der sie ernst nahm, ihnen half, unsere verwirrende Welt zu verstehen, ihnen die nötigen Hilfestellungen und Zuspruch in vielen alltäglichen Situationen vermittelte, weil das sonst niemand tat.

Carsten riss die Haustür auf, bevor ich meinen Wagen richtig in die Parklücke manövrieren konnte. »Boah, da bist du ja endlich!«, krakeelte er über die Straße.

Ich sah auf die Uhr neben dem Tacho. »Ich weiß, ich habe mich um acht Minuten verspätet! Ich stand im Stau!«, blökte ich zurück und wunderte mich gleichzeitig. Carsten konnte es scheinbar kaum erwarten, dass die Nachhilfe endlich losging, obwohl er sich sonst über Verzögerungen jedweder Art diebisch freute.

»Komm mal ganz schnell mit nach oben«, empfing er mich, und in seinen Augen flackerte Panik. »Du musst mir unbedingt helfen! Da ist was einfach so passiert. Ich hab da echt nix gemacht! Das war da auf einmal so.«

Ich hatte keinen blassen Schimmer, was Carsten da faselte, aber dass Dinge *einfach so* und ohne sein Zutun passierten, kam bei ihm häufig vor. Dass er mich aber auf dem Handy angerufen und gebeten hatte, den Einzelunterricht heute ausnahmsweise bei ihm zu Hause und nicht im Nachhilfeinstitut abzuhalten, hatte mich neugierig gemacht. »Du sprichst in Rätseln. Geht's vielleicht ein bisschen konkreter?«

Im Arbeitszimmer seines Vaters zeigte Carsten anklagend auf den Computer. »Da!«

»Was genau?«

»Da hat sich was installiert. Aber ich war das nicht! Das ist ganz von selbst gekommen. Ich hab nur die Sportseiten von der BILD-Zeitung gelesen. Echt!«, quatschte sich Carsten um Kopf und Kragen, während sich hektische rote Flecken auf seinem Gesicht ausbreiteten. »Scheiße ey, mein Vater bringt mich um!«

Ich warf erneut einen Blick auf den Monitor. Und dann entdeckte ich den Ursprung allen Übels: Auf dem Bildschirm befand sich eine kleine Eieruhr, ein Traffic-Zähler, der die Verbindungszeit für den Zugriff auf eine gebührenpflichtige Seite ermittelte, um dann eine Summe X mit der nächsten Telefonrechnung abzurechnen. Doch das war bei Weitem nicht das Brisanteste. Diese Software rechnete nämlich nicht die Verbindung zu einer Sportseite oder Ähnlichem ab, sondern gehörte zu einem einschlägigen Internetportal, das ausschließlich Sex-Filmchen anbot.

»So, so, das hat sich also einfach installiert«, schmunzelte ich. Böses Internet, böses!

»Ja!«, bestand Carsten hartnäckig auf seiner Version. Genau wie damals bei der geplanten Klassenfahrt, als Carsten auf die heilige Muttergottes geschworen hatte, dass angeblich die komplette Stufe mit dem Bus nach Beirut fahren sollte, was sich dann allerdings nach einem Anruf bei der Klassenlehrerin zu »Bayreuth« verkleinerte und seitdem vermutlich der Running Gag im Lehrerzimmer war.

»Sehr interessant. Und du bist sicher, dass du dir keine nackten Frauen angucken wolltest?!«

»Nein, Mann! Echt nicht!« Carstens Kopf hatte in der Zwischenzeit die Leuchtkraft einer intergalaktischen Supernova angenommen. »Kannst du das wegmachen? Bitte!«, bettelte er.

»Ich werde sehen, was ich tun kann«, sagte ich generös und machte mich ans Werk.

Es dauerte eine Weile, bis ich herausfand, wo sich der Zähler eingenistet hatte, um die Software löschen zu können. Es hätte nicht viel gefehlt, und Carsten hätte mir vor Erleichterung die Füße geküsst.

»Ich mache das auch nie, nie mehr«, beschwor er. »Aber du darfst das auf keinen Fall meinen Eltern sagen! Die flippen sonst aus.«

Ich hatte den Vorfall längst vergessen, als Friednagels ihre Telefonrechnung erhielten, auf der auch Carstens abenteuerliche Reise ins Land der Lüste aufgeführt war.

»Zu Hause ist richtig Theater! Meine Mutter hat sich mit meinem Vater voll in der Wolle. Die schreien sich nur noch an«, berichtete Carsten ein paar Wochen später im Nachhilfeunterricht.

»Oje. Ist die Rechnung so hoch?«

»Es geht gar nicht um die Rechnung. Meine Mutter denkt, dass sich mein Vater Porno-Seiten anguckt. Die hat sogar schon von Scheidung und so Zeugs gesprochen! Was soll ich denn jetzt machen? Mein Vater hat doch keine Pornos geguckt.«

Erstaunlicherweise schienen Carstens Eltern überhaupt nicht auf die Idee zu kommen, dass ihr vierzehnjähriger Sohn dahinterstecken könnte. »Na ja, am besten sagst du deinen Eltern einfach, dass du es warst«, schlug ich vor.

Carsten schüttelte empört den Kopf. »Nein! Auf keinen Fall! Voll die Blamage! Was sollen die denn dann von mir denken?«

Ach, du liebe Zeit. Sich als Minderjähriger erst auf Erotikseiten herumtreiben und nun moralische Bedenken bekommen, es den Eltern zu beichten, die vor einer möglichen Scheidung standen ... Das sind die Richtigen!

»Hm«, brummte ich. »Ich glaube, es ist besser, du lässt die Hosen runter und blamierst dich vor deinen Eltern, als wenn sie sich am Ende wegen so einer Lappalie trennen.«

»Was 'n Lappalie?«

»Kleinigkeit, Unwichtigkeit.«

»Ach so. Sag das doch.«

»Kannst du mir die Telefonrechnung mal zeigen? Eventuell fällt mir noch was anderes ein.«

Carsten holte die Rechnung von der Korkwand in der Küche, wo sie wie ein stilles Mahnmal hing, und gab sie mir. Ich überflog den detaillierten Einzelverbindungsnachweis.

»Guck mal, hier sind neben dem Betrag das Datum und der Zeitraum angegeben. Deiner Mutter hätte eigentlich auffallen müssen, dass es dein Vater nicht gewesen sein kann, weil er doch zu dem Zeitpunkt nicht zu Hause war.«

»Stimmt. Der war in der Firma«, kombinierte Carsten.

»Aber du warst zu Hause. Und deine Eltern sind ja nicht doof. Wenn sie sich die Rechnung mal genauer anschauen, werden sie eins und eins zusammenzählen und ohnehin auf dich kommen, Carsten. Du kannst es ihnen ruhig schon vorher sagen.«

»Pffft! Wie soll ich das gewesen sein? Ich hatte zu der Zeit doch bei dir Nachhilfe im Lernzirkel, und du bist mein Zeuge, dass ich dort war.«

»Du warst aber nicht im Lernzirkel, sondern zu Hause!«

»Ich kann es ihnen nicht sagen, Tanja!«

»Wer sollte es sonst gewesen sein? Ich etwa?«, argumentierte ich.

»Ein Hacker, natürlich!«

»Ein Hacker.«

»Logo. Der hat sich in unseren PC gehackt, während wir Nachhilfe gemacht haben. Und hat dann den Zähler installiert.«

Eine äußerst fragwürdige und kühne Geschichte, wie ich fand. »Ich weiß nicht …«

»Die Idee ist der Burner! Ich schwöre! Meine Eltern glauben das sofort. Die kennen sich doch überhaupt nicht mit dem Internet aus.« Carsten lehnte sich sichtlich zufrieden zurück und verschränkte die Hände hinter dem Kopf.

»Na ja, ich drücke dir für deinen kühnen Plan auf jeden Fall die Daumen«, sagte ich, zweifelte jedoch daran, dass seine Eltern dieses Märchen schlucken würden.

Aber wie man weiß, ist das Glück mit den Dummen. Und Carsten hatte Glück. Mehr Glück als Verstand, wie sich herausstellte, denn seine Eltern glaubten ihm seine Schauergeschichte und vertrugen sich wieder. Auf das fachmännische Anraten ihres Sohnes hin änderten sie das Passwort in eine komplizierte Aneinanderreihung von Buchstaben und Zahlen. Damit der Computer zukünftig vor Hackerangriffen sicher war – und damit auch vor Carstens Forschungstrieb.

8

Plötzlich Büroleitung

In meinem dritten Semester in Essen, ich war seit etwas mehr als einem Jahr im Lernzirkel beschäftigt, bestellte mich Doro eine halbe Stunde früher ins Büro als sonst, um mit mir etwas zu besprechen. Ich hatte keinen blassen Schimmer, worum es ging und war gespannt, was mich erwartete.

Zu meiner Überraschung empfing mich die Büroleiterin nicht allein im Büro. An ihrem Schreibtisch hatte es sich ein Mann bequem gemacht, der mich in seiner äußeren Erscheinung an Dr. Müller-Wohlfahrt, den Vereinsarzt des FC Bayern München, erinnerte.

»Das ist Herr Seidel, der Chef des Lernzirkels. Und das ist Tanja Janz, eine sehr engagierte Lehrkraft«, stellte Doro uns vor.

Herr Seidel schüttelte bei der Begrüßung meine Hand. »Hallo, Frau Janz, schön, Sie mal persönlich kennenzulernen. Ich habe von Frau Remmel schon viel Positives über Sie gehört. Ich komme am besten direkt zur Sache: Wir eröffnen im nächsten Monat eine neue Niederlassung in der Stadt, und dafür suche ich eine Büroleitung, die engagiert und zielstrebig die neue Schule aufbaut und etabliert. Ich habe Frau Remmel gefragt, ob sie für diesen verantwortungsvollen Posten jemanden wüsste, und da hat sie sofort Ihren Namen genannt.«

»Ach«, sagte ich perplex. Mehr fiel mir in dieser Situation nicht ein. Nicht im Traum hatte ich damit gerechnet, dass es sich bei dem Gespräch um ein Jobangebot handeln würde.

»Ich verliere dich natürlich nur sehr ungern als Lehrkraft. Aber ich bin mir sicher, dass du genau die Richtige für die Stelle bist, Tanja. Deswegen habe ich dich auch vorgeschlagen«, erklärte Doro.

»Könnten Sie sich denn überhaupt vorstellen, die Leitung der neuen Niederlassung zu übernehmen?«

Ich konnte. Obwohl mir die Nachhilfestunden nach wie vor Spaß machten, reizte mich die Position. Ich hatte als Nachhilfelehrerin schon viel gelernt – außerdem wusste ich, dass Vokabeltraining und Übungen zum Hörverstehen nicht allein den Alltag eines Lehrers bestimmten. Mir stand eine knapp vierzigjährige Karriere als Pauker bevor, wenn ich erst mal verbeamtet und auf Lebenszeit in der Penne verankert war – und dazu gehörte mehr als nur der Dienst am Schüler. Als Büroleiterin hatte ich die Möglichkeit, über den Tellerrand zu schauen, konnte viel über Elternarbeit lernen – jenen oft unterschätzten Anteil in der Jobbeschreibung eines Lehrers! – und hatte einen direkten Kontakt zu Fachlehrern an den jeweiligen Schulen, mit denen ich mich regelmäßig über die schulische Entwicklung der Schüler austauschen würde. Ich konnte also nur an Erfahrung gewinnen. Und obwohl ich mir eigentlich schon sicher war, dass ich mich der neuen Herausforderung stellen wollte, erbat ich mir eine Nacht, um darüber zu schlafen, und sagte am nächsten Tag zu. Herr Seidel meldete mich daraufhin für ein eintägiges Seminar für angehende Büroleiter/-innen in der Zentrale des Lernzirkels an.

Ich war gespannt, wie ich innerhalb eines Tages fit für einen Leitungsposten werden sollte, und fand mich am vereinbarten Tag pünktlich um acht Uhr in der Zentrale in Bochum ein. Mit mir nahmen noch sieben weitere Frauen an dem Lehrgang teil, die ebenfalls zukünftige Büroleitungen sein würden. Geführt wurde die Fortbildung von einer perfekt geschminkten schlanken Blondine namens Frau Reimann, die in ihrem dunkelblauen Kostüm ohne Probleme als Stewardess für eine bekannte deutsche Fluggesellschaft hätte durchgehen können.

Die erste Aufgabe der Teilnehmer bestand darin, sich namentlich vorzustellen und zu erzählen, was man bisher beruflich gemacht hatte und warum man Büroleitung beim Lernzirkel werden wollte. Schnell stellte sich heraus, dass ich mit Anfang zwanzig nicht nur die mit Abstand jüngste Teilnehmerin war, sondern auch die einzige mit einem universitären Hintergrund – und selbst der war ja bei Weitem noch nicht abgeschlossen! Die übrigen Mitstreiterinnen waren durch die Bank Hausfrauen und hatten ein Durchschnittsalter von vielleicht neununddreißig Jahren. Insgeheim fragte ich mich, wie die Damen erfolgreich eine Nachhilfeschule führen wollten, wenn sie keinen Schimmer von den fachlichen Inhalten hatten. »Ich bin selbst Mutter« schien das Hauptargument der Frauen für ihre neue Tätigkeit als Büroleitung des Nachhilfeinstituts zu sein. Das machte mich nachdenklich: Ginge es nach diesem Prinzip, könnte ich zum Beispiel auch als Kfz-Mechanikerin arbeiten. Schließlich bin ich Autofahrerin.

»Mein Name ist Tanja Janz. Ich habe keine Kinder und bin auch keine Hausfrau. Ich bin zweiundzwanzig Jahre alt, wohne noch bei meinen Eltern und studiere Englisch und Deutsch auf Lehramt. Seit vierzehn Monaten unterrichte ich in einem Lernzirkel in Essen«, stellte ich mich als Letzte vor.

An den Gesichtern der zukünftigen Büroleiterinnen konnte ich deutlich das Missfallen ablesen: eine Exotin! Meine Biografie fiel doch allzu sehr aus dem gegebenen Rahmen.

»Warum wollen Sie denn Büroleitung eines Lernzirkels

werden, wenn Sie doch auf Lehramt studieren?«, wollte eine aus der Frauentruppe wissen, die sich zuvor als Birgit vorgestellt hatte und offensichtlich das nicht vorhandene Haar in der Suppe suchte.

»Weil ich einfach Lust darauf habe.«

Die Hausfrauen warfen sich bedeutungsvolle Blicke zu. Meine schlichte Antwort wurde offenkundig belächelt, frei nach dem Motto: Das geht doch nie gut! Das wird die nicht lange machen! Das weiß ich jetzt schon!

»Und ein hoher Grad an Motivation ist schließlich die Grundvoraussetzung für einen langfristigen Erfolg«, sprang mir Frau Reimann unerwartet zur Seite und befreite mich damit aus den Klauen der Bestien.

Die Inhalte des Seminars waren hauptsächlich kaufmännischer (und damit: pfui! mathematischer) Natur und beschränkten sich neben Buchhaltung darauf, wie die Verträge des Nachhilfeinstituts aufgebaut waren, welche Standardformulare es beim Lernzirkel gab und mit welchen Verkaufsstrategien möglichst viele Eltern zum Abschluss eines Vertrags animiert werden konnten. Der pädagogische Nährwert dieser Veranstaltung ging leider gegen null. Na ja, tröstete ich mich nach langen acht Stunden und drei Tassen schlechtem Filterkaffee, immerhin war ich diejenige mit dem vollgepackten pädagogischen Rucksack auf dem Rücken.

Mein erster Arbeitstag in der Funktion als Büroleitung fand bereits zehn Tage später statt. Die neue Filiale war in einer maroden Altbauwohnung an einer stark frequentierten Einkaufsstraße untergebracht. Bevor Herr Seidel als Franchise-Partner die Niederlassung übernommen hatte, gehörte sie zu den sogenannten Stammschulen des Lernzirkels. Das waren Filialen, die direkt von der Zentrale geführt wurden. Diesem Umstand war es auch geschuldet, dass es bereits einunddreißig angemeldete Schüler gab und ich nicht bei null startete. Allerdings brauchte ich laut Schulung mindestens sechzig Schüler, damit die Nachhilfeschule sich finanziell tragen konnte. Drei Kursräume standen im neuen Lernzirkel zur Verfügung. Die galt es von Montag bis Freitag in der Zeit von 14:00 bis 18:30 Uhr mit Gruppen von jeweils bis zu vier Schülern oder mit dem etwas teureren Einzelunterricht zu besetzen. Würde jeder Schüler zweimal wöchentlich zur Nachhilfe kommen, wären die Räumlichkeiten bei neunzig Schülern ausgelastet, überschlug ich im Kopf. Das müsste doch machbar sein, dachte ich und nahm mir fest vor, für die Schüler eine angenehme Lernatmosphäre zu schaffen, damit sie sich wohlfühlten und den Lernzirkel ihren Klassenkameraden weiterempfehlen würden. Wieder einmal hehre Vorstellungen …

Zu meinen Aufgaben gehörte neben kaufmännischen Arbeiten auch die Erweiterung des Lehrerteams. Herr Seidel schaltete einmal wöchentlich in einem kostenlosen Stadtanzeiger eine Werbung für den Lernzirkel samt einem Jobangebot für Nachhilfelehrer. Parallel dazu pinnte ich einen Aushang ans Schwarze Brett der Uni. Zu meiner Freude ließ mir Herr Seidel bei den Lehrkräften völlig freie Hand. Bei der Auswahl der passenden Kandidaten achtete ich neben dem fachlichen Hintergrund vor allem darauf, dass der Bewerber gut ins Team passte und ob *ich* als Schüler gerne bei diesem Lehrer Nachhilfe gehabt hätte. Die Noten, die der potenzielle Kollege in der Uni hatte, interessierten mich weniger. Erfahrungsgemäß ist pädagogisches Geschick im Umgang mit den Schülern das A und O, damit überhaupt guter Unterricht stattfinden kann – was anschließend fachlich vermittelt wird, kann sich jeder Mensch mit einem grundsätzlichen Interesse an Lerninhalten selbst aneignen. Natürlich ist es eine feine Sache, wenn ein Deutschlehrer während seines Studiums auch einige mittelhochdeutsche Passagen des Nibelungenlieds auswendig gelernt hat und vielleicht sogar weiß, was eine obligatorische Adverbialbestimmung ist. Leider hilft ihm das kein Stück, wenn er seinem Nachhilfeschüler das Prinzip der freien Erörterung verständlich machen soll. Ich pfiff also auf den Standesdünkel, den einige Geisteswissenschaftler mit Abschluss des Grundstudiums erhalten, und sah mich nach jungen dynamischen Lehrkräften um, die mein sympathisches Team des Lernzirkels komplettierten. Und um die neue Gangart gleich an alle zu kommunizieren, führte ich ein, dass mich alle Schüler und Lehrer duzten, was zur lockeren Stimmung in der Niederlassung beitrug. Nur die Eltern sprachen mich mit meinem Nachnamen an – was manchmal gar nicht so schlecht war.

Mittwochs, wenn der kostenlose Stadtanzeiger mit der Lernzirkel-Anzeige an die Essener Haushalte verteilt wurde, klingelte das Telefon im Büro pausenlos.

»Der Lernzirkel, Sie sprechen mit Tanja Janz. Was kann ich für Sie tun?«

»Krause am Apparat. Ich habe gerade Ihre Anzeige in der Zeitung gelesen und wollte mal fragen, wie teuer das bei Ihnen ist.«

»Hallo, Frau Krause, schön, dass Sie anrufen. So pauschal kann ich Ihnen das gar nicht sagen, das richtet sich nämlich unter anderem danach, in welcher Klasse der Schüler ist und wie oft in der Woche Nachhilfe benötigt wird. Wie heißt denn Ihr Kind?«

»Lukas heißt der. Und da können Sie mir jetzt gar nichts Genaues sagen?«

»Nein, leider nicht. Aber was halten Sie denn davon, wenn Sie einfach mal mit Lukas und seiner letzten Klassenarbeit bei mir vorbeikommen? Wir schauen uns das dann ganz in Ruhe zusammen an, und Lukas kann gleich gucken, ob ihm der Lernzirkel überhaupt gefällt. Heute um 16 Uhr hätte ich noch einen Termin frei. Passt das bei Ihnen?«

So ging das. Natürlich konnte ich Frau Krause überzeugen, dass Lukas bei uns gut aufgehoben war, und Lukas gefiel es auch. Zumal jedes dieser Gespräche stark zielorientiert verläuft, denn alle Beteiligten wollen vor allem eins: eine Lösung! Die Eltern brauchen das Gefühl, ihrem Kind mit der Investition in die Nachhilfe den Weg zu freier Leistungsentfaltung geebnet zu haben. Und die Schüler wollen dringend raus aus der beklemmenden Situation, in der sie ihren Eltern mit schlechten Noten die Laune verderben, Angst um die eigene Zukunft einflößen oder andere existenzielle Sorgen verursachen.

Ich glaubte natürlich fest daran, das Ziel von sechzig Schülern erreichen zu können, hätte aber nie damit gerechnet, dass meine zugegebenermaßen rein theoretische Strategie, die vor allem auf Empfehlungen beruhte, tatsächlich so gut funktionieren würde. Schüler, die von einem anderen Schüler von uns gehört hatten, unterschrieben der Erfahrung nach ganz schnell einen Vertrag und brachten weitere Schulfreunde, Nachbarn, Vereinskollegen, Cousinen und Geschwister mit. Es gab Tage, an denen ich im halbstündigen Rhythmus Verträge an meinen Chef weiterleitete, der das Grinsen nicht mehr aus dem Gesicht bekam. Halbe Schulklassen meldeten sich an, sodass nach gerade mal fünf Monaten die drei Kursräume ausgelastet waren und es einen vorläufigen Anmeldestopp gab. Herr Seidel mietete daraufhin eine weitere Etage mit zwei Räumen an, und nach neun Monaten hatte ich 122 zahlende Schüler in meiner Kartei. Bei McDonald's wäre ich mit dem Schnitt wahrscheinlich Mitarbeiter des Monats geworden. Beim Lernzirkel gab es immerhin zehn Mark Provision bei jedem abgeschlossenen Vertrag für mich, was ebenfalls nicht zu verachten war. Das Traumschiff Schulsystem wäre ohne institutionelle Nachhilfe eh schon längst auf Grund gelaufen. Plant es doch regelrecht die bezahlten Privatstunden ein, indem es ständig mit neuen bildungspolitischen Neuerungen aufwartet, die besonders eins bewirken: einen enormen Druck für Schüler und Eltern und eine sprudelnde Quelle an überforderten und schlecht unterrichteten Schülern. Letzter Rettungsanker: Nachhilfe.

Betriebswirtschaftlich gesehen war ich also ein Naturtalent, eine andere Seite meiner neuen Position waren die Telefonate mit den Lehrern. Oftmals stimmten die Beobachtungen meiner Lehrkräfte bis ins Detail mit den Einschätzungen der Lehrer an den öffentlichen Schulen überein, und wir konnten problemlos zusammenarbeiten. Allerdings gestalteten sich manche Gespräche unerwartet skurril, wobei sich der betreffende Pädagoge vermutlich nie dem Lehrstuhl für Didaktik auf 100 Kilometer genähert hätte.

»Der Lernzirkel, Sie sprechen mit Tanja Janz. Was kann ich für Sie tun?«

»Hallo, Frau Janz, Kinner meine Name. Ich bin die Deutsch-Lehrerin von Saskia Süder. Frau Süder hat mir Ihre Telefonnummer gegeben, damit ich mich mit Ihnen in Verbindung setze«, meldete sich eine mürrische Frauenstimme am anderen Ende der Leitung.

Es ist immer schade, wenn Lehrer die Gespräche mit Nachhilfeschulen eher als Belästigung denn als Bereicherung empfinden. Der Schulerfolg des Nachhilfeschülers hängt immer auch von einer guten und nachhaltigen Kommunikation zwischen Eltern, Lehrern und dem jeweiligen Nachhilfeinstitut ab. Wusste der Lernzirkel über die Vorgehensweise des Fachlehrers Bescheid, konnte der Nachhilfelehrer die Lerninhalte effektiver aufgreifen und ein gezielteres Coaching anbieten. Der Vorteil dabei war, dass die Nachhilfeschule so den Lehrer entlasten konnte, sich schneller Lernerfolge beim Schüler einstellten und dadurch meist die Harmonie in der Familie wiederhergestellt wurde.

Eine Win-win-win-Situation, wenn alle Beteiligten mitspielten.

Doch Frau Kinner gehörte offensichtlich zu der Kategorie Lehrer, die sich vom Nachhilfelehrer beziehungsweise dem Nachhilfeinstitut permanent auf die Füße getreten fühlte, wohl aus Angst, dass da jemand auch einmal etwas Kritisches sagen könnte. Transparenz ist einfach nicht jedermanns – und vor allem jeden Lehrers! – Sache. Das hielt mich jedoch nicht davon ab, sie von einer Zusammenarbeit mit uns überzeugen zu wollen. Ich zog Saskias Karteikarte aus dem Kasten und entnahm den Notizen, dass sie in der letzten Deutsch-Arbeit eine Fünf plus geschrieben hatte. Mangelhaft mit Hoffnungsschimmer.

»So, Frau Kinner. Schön, dass Sie sich die Zeit für das Gespräch nehmen. Saskias letzte Arbeit war ja leider nicht so erfolgreich.«

»Kein Wunder! Das Mädchen unterhält sich auch lieber die ganze Zeit mit ihrer Banknachbarin, anstatt am Unterricht teilzunehmen. Und wenn ich sie drannehme, weiß sie nicht, wo wir sind.«

»Ah, okay. Ich notiere mir das gleich mal unter Bemerkungen. Vielleicht besteht ja die Möglichkeit, dass Saskia von ihrer Tischnachbarin weggesetzt wird?«

»Nein, das würde nichts bringen. Dann schreiben sich die beiden Briefchen und werfen sie quer durch die Klasse«, murrte Frau Kinner, offensichtlich ein wenig angesäuert ob meines naiven Vorschlags, den sie anscheinend schon vor Ewigkeiten in Erwägung gezogen, ausprobiert und wieder verworfen hatte.

»Haben Sie das Problem schon mal bei den Eltern angesprochen?«, versuchte ich es mit Diplomatie. »Ich weiß, dass Frau Süder eine engagierte Mutter ist, die ihrer Tochter bestimmt ins Gewissen reden würde.«

»Das Thema ist längst durch! Was meinen Sie, wie oft ich

Saskia Bemerkungen mit der Bitte um Unterschrift der Eltern ins Heft geschrieben habe? X-mal! Und was hat sich geändert? Nichts! Aber ich bin nicht dafür da, die falsche Erziehung der Eltern wieder auszubügeln. Den Schuh ziehe ich mir nicht an.« Frau Kinner redete sich in Rage. »Saskia ist außerdem so was von unverschämt im Unterricht, das können Sie sich gar nicht vorstellen.«

Das konnte ich mir in der Tat nicht vorstellen, da sich Saskia im Lernzirkel gut benahm und mir bisher keine Klagen zu Ohren gekommen waren.

»Sie hat absolut keinen Respekt vor Lehrern. Statt dass sie die Chance ergreift, wenn ich sie aufrufe, bekomme ich patzige Antworten. Ich frage mich sowieso, was das Mädchen auf einem Gymnasium verloren hat.«

Langsam machte mich Frau Kinner mit ihrer motzigen Art wütend, und wenn sie so auch mit den Schülern sprach, konnte ich Saskias patzige Antworten ihr gegenüber durchaus nachvollziehen.

»Was meinen Sie damit? Soweit ich weiß, sind die anderen Fächer doch im grünen Bereich«, stellte ich betont sachlich fest.

»Saskia hat keinen Ehrgeiz, ihre Hefte sind schluderig geführt, und die Intelligenteste ist sie beileibe nicht«, resümierte Frau Kinner mit kalter Stimme.

Mittlerweile kochte ich innerlich vor Wut und wollte das Gespräch nur noch beenden. Was für eine Zicke! Ungeheuerlich, was eine sogenannte Pädagogin hier über ihre Schülerin vom Stapel ließ.

»Gibt es denn auch irgendetwas Positives, was ich mir von Ihrer Seite notieren kann? Kleine Fortschritte vielleicht?«

Frau Kinner überlegte angestrengt und blätterte dabei hörbar in einem Notizbuch. »Saskia hatte in der letzten Woche ihre Hausaufgaben«, sagte Frau Kinner knapp.

»Dann danke ich Ihnen für das Gespräch«, sagte ich ebenfalls kurz angebunden, verabschiedete mich und legte auf.

Während ich mir einen starken Kaffee machte, versuchte ich meine Empörung über Frau Kinners Verhalten zu verarbeiten. Wie in aller Welt konnte jemand Lehrer werden, der nicht den Hauch von pädagogischer Befähigung besaß und den Job offensichtlich als unzumutbare Belastung empfand? Hätte Frau Kinner nicht spätestens im Referendariat merken müssen, dass sie nicht die geborene Lehrerin war und ihr ein Bürojob vielleicht besser zu Gesicht stand? Beim Finanzamt, so hatte ich gehört, wurde man auch auf Lebenszeit verbeamtet!

Ich saß in der Zwickmühle und zermarterte mir den Kopf, wie ich Saskias Mutter dieses Gespräch wahrheitsgemäß verkaufen sollte, ohne der Lehrer-Schüler-Eltern-Beziehung den endgültigen Todesstoß zu verpassen.

Am nächsten Tag erschienen Saskia und Mutter Süder pünktlich um halb vier im Institut. Während Saskia in den Deutschkurs marschierte, nahm Frau Süder mir gegenüber Platz.

»Ich bin schon sehr gespannt, was Frau Kinner Ihnen über meine Saskia gesagt hat. Für mich schreibt sie ja häufig Mitteilungen in Saskias Heft.«

»Ja, davon hat Frau Kinner mir erzählt. Die Platzsituation mit Saskias Tischnachbarin scheint nicht ideal zu sein. Laut Frau Kinner lenken sich die zwei vom Unterricht ab und bekommen deswegen nicht alles mit«, tastete ich mich vorsichtig vor.

»Das verstehe ich nicht. Was soll das mit Saskias Nachbarin zu tun haben? In den anderen Fächern klappt es schließlich auch.«

Nun war ich irritiert. Hatte Frau Kinner nicht gesagt, dass sie Saskias Mutter deswegen regelmäßig Mitteilungen schrieb, und hatte Frau Süder diese Mitteilungen nicht gerade erwähnt? Frau Süder müsste dann doch über die Problematik informiert sein.

»Mit dem Argument habe ich Frau Kinner auch konfrontiert. Vielleicht liegt es daran, dass die Chemie zwischen Saskia und der Lehrerin nicht stimmt?«, wagte ich einen erneuten Vorstoß.

»Das wäre mir neu. Hat Frau Kinner so was zu Ihnen gesagt?«

»Sie hat es angedeutet«, erklärte ich vorsichtig. »Ich bin davon ausgegangen, dass sie Ihnen das in den Mitteilungen geschrieben hat.«

Nun war ich ratlos. Ich war davon ausgegangen, dass Frau Süder über den Zwist zwischen Frau Kinner und ihrer Tochter im Bilde war.

»Nein. In den Mitteilungen steht nur, wann Saskia ohne Hausaufgaben zum Unterricht erschienen ist.«

»Ach so. Frau Kinner hat übrigens positiv angemerkt, dass Saskias Hausaufgaben in der letzten Zeit regelmäßig vorlagen.«

Nach dem Gespräch mit Frau Süder blieb ich mit etlichen Fragen zurück, auf die ich mir keinen Reim machen konnte. Hatten Frau Kinner und ich etwa am Thema vorbeigeredet? Nein, eigentlich nicht. Hatte sie sich nicht lauthals bei mir über Saskia beschwert? Aber warum wusste Frau Süder scheinbar nichts davon, wenn Frau Kinner doch fleißig Mitteilungen verfasste? Vielleicht musste ich nicht alles verstehen und sollte die Sache einfach abhaken? Doch mein Bauchgefühl funkte mich an und gab mir zu verstehen, dass die Angelegenheit längst nicht ausgestanden war. Das dicke Ende sollte noch kommen.

Zwei Tage später hatte ich eine aufgebrachte Frau Süder an der Strippe: »Frau Janz, ich habe gestern mit Frau Kinner telefoniert, um Ihren vagen Andeutungen auf den Grund zu gehen, dass es ein mögliches Problem zwischen Saskia und ihrer Lehrerin gibt.«

Vage Andeutungen. Na ja. »Und was hat Frau Kinner dazu gesagt?«, wollte ich wissen.

»Die war ganz überrascht und konnte sich gar nicht erklären, wie Sie so etwas behaupten können! Das einzige Problem waren in der Vergangenheit die vergessenen Hausaufgaben, worüber sie uns jedes Mal schriftlich informiert hat.«

Nachtigall, ick hör dir trapsen! Ich biss mir auf die Zunge, um nichts Unüberlegtes zu sagen. »Dann kam das wohl falsch bei mir an«, lenkte ich ein. Die klügere Zahnbürste gab bekanntlich nach. War es möglich, dass Frau Kinner Saskias Verhalten gar nicht an die Eltern weitergeleitet und ihren Frust lediglich bei mir abgeladen hatte?

»Ich glaube nicht, dass es falsch bei Ihnen angekommen ist, und Frau Kinner denkt das übrigens auch nicht«, sagte Frau Süder energisch.

Jetzt verstand ich gar nichts mehr. »Äh ...?«

»Können wir uns das Theater nicht ersparen, Frau Janz?«

Ich lehnte mich im Bürostuhl zurück und wünschte mir, mein Bauchgefühl hätte dieses Mal falsch gelegen. »Anscheinend nicht.«

»Ich weiß von Frau Kinner, dass Sie gesagt haben, Saskia wäre unverschämt und nicht gut erzogen. Außerdem haben Sie zu Frau Kinner gesagt, dass meine Tochter nicht intelligent genug für das Gymnasium wäre und Sie nicht verstehen, was sie dort zu suchen hat.«

Das schlug dem Fass den Boden aus! Mit offenem Mund starrte ich auf die Gesprächsnotizen, die ich mir während des Telefonats mit Frau Kinner gemacht hatte. »Frau Süder, davon habe ich wirklich nichts gesagt. Das müssen Sie mir glauben.«

»Welchen Grund hätte Frau Kinner, mich anzulügen? Wenn sie wirklich über meine Tochter denken würde, dass sie nicht für das Gymnasium geeignet ist oder Saskia sich im Unterricht danebenbenehmen würde, dann hätte sie mir doch schon längst darüber eine Mitteilung geschrieben und mich zum persönlichen Gespräch gebeten.«

Der Punkt ging an Frau Süder beziehungsweise Frau Kinner. Vielleicht hätte ich das Gespräch mitschneiden und Frau Süder vorspielen sollen. Dann hätte ich wenigstens beweisen können, dass die Lehrerin die Dinge tatsächlich so gesagt hatte, die nun mir in die Schuhe geschoben wurden, und sie gleichzeitig als feige entlarven können.

Da kam mir ein rettender Einfall. Saskia!

»Was sagt denn Saskia zu ihrem Verhältnis zu Frau Kinner?«

»Sie hat mir ebenfalls bestätigt, dass sie keinerlei Schwierigkeiten mit Frau Kinner hat!«

Na toll. Klar, dass Saskia die Angelegenheit so lange für sich behielt, wie es Frau Kinner auch tat. Ich musste einsehen, gegen die vorgebrachten Argumente keine Chance zu haben, obwohl ich die Wahrheit gesagt hatte.

Frau Süder kündigte noch in der gleichen Woche fristlos den Nachhilfevertrag ihrer Tochter und meldete sie bei der Konkurrenz an. Ihrer Kündigung legte sie außerdem einen bitterbösen Brief an meinen Chef bei, in dem sie sich ausgiebig über mich beschwerte.

Diese Episode mit Saskia und Frau Süder rief mir in Erinnerung, dass der Lernzirkel eben »nur« eine Nachhilfeschule war, ein wirtschaftliches Unternehmen, das sich vor allem durch teure Privatstunden finanzierte und nach dem Wieso oder Warum nicht fragte. Auf der Prioritätenliste der Führungsetage standen die Eltern und deren Forderungen ganz weit oben – logisch, denn das waren diejenigen, die das Fortbestehen des Lernzirkels überhaupt erst ermöglichten. Auf sie folgten die »richtigen« Lehrer, die im Auftrag des Staates arbeiteten und damit eine gottgleiche Position einnahmen. Ihre Aussagen wurden normalerweise nie infrage gestellt. Und selbst das Wort des Schülers hatte in einigen Fällen mehr Gewicht als das des Nachhilfelehrers, der im Vergleich zu Schüler, Eltern oder den Lehrern recht schnell aussortiert werden konnte.

9

Glaube, Liebe, Hoffnung

Der gute Draht zu meinen Lernzirkel-Lehrkräften war mir wichtig, und jedes Mal, wenn ein Lehrer aufgrund von bestandenen Prüfungen, einer Jobzusage oder eines Umzugs in eine andere Stadt aus dem Team ausschied, tat es mir unendlich leid. Besonders ins Schwitzen brachte mich die unverhoffte Schwangerschaft einer Kollegin, die sämtliche Lateinkurse gab. Ausgerechnet Latein! Ein Fach, für das man Lehrkräfte suchen musste wie die berühmte Nadel im Heuhaufen. Ich machte wieder einmal Aushänge an der Uni und schaltete eine Anzeige im Stadtanzeiger. Ohne Erfolg. Nach drei Wochen hatte ich eine lange Liste mit interessierten Lehrkräften für Englisch, Deutsch und Mathe, aber weit und breit war kein geeigneter Lateinlehrer in Sicht.

Bis zu jenem Tag, als ein älterer Herr in Anzug und Fliege in meinem Büro auftauchte und sich als Dietrich Wolf vorstellte. »In der Zeitung steht, dass Sie Lehrer suchen. Ich könnte Ihnen Latein anbieten, falls Sie noch Bedarf haben.«

Mir fiel ein Stein vom Herzen. Fast hätte ich ein »Sie schickt der Himmel!« ausgestoßen, wie Doro damals, als ich bei ihrem Institut angerufen hatte. Glücklicherweise rief ich das nicht, obwohl ich wirklich froh war, Herrn Wolf kennenzulernen. Zum damaligen Zeitpunkt konnte ich aber auch noch nicht ahnen, welche Ironie sich dahinter verbergen sollte.

Zwar passte Herr Wolf vom Alter und seinem Erscheinungsbild überhaupt nicht in das bestehende Lehrerteam, und auch meine Intuition meldete leise Zweifel an, ob das eine kluge Wahl war. Doch Herr Wolf war Lehrer für Alte Sprachen im Ruhestand und konnte sofort alle Lateinkurse übernehmen – ein unschlagbares Argument. Etwas Besseres konnte mir gar nicht passieren!

Herr Wolf fing bereits am nächsten Tag mit dem Unterricht an und brachte einen Karton Lehrmaterialien mit, die er in ein Regal des Kursraums einräumte. Er unterrichtete engagiert, und schon bald verbesserten sich die Lateinnoten seiner Schüler. Herr Wolf wurde trotz seines Alters und seines konservativen Äußeren von den Kids akzeptiert.

»Den kann man alles fragen. Ich glaub, der weiß noch mehr als mein Lehrer in der Schule. Der ist voll schlau«, sagte einmal Konstantin ehrfurchtsvoll, als er mir seine Drei in der Lateinarbeit präsentierte.

Nach ein paar Monaten kippte allerdings die Stimmung. Es begann mit dem plötzlichen Tod von Herrn Wolfs Frau, woraufhin sich der Lateinlehrer für unbestimmte Zeit krankmeldete, nicht ohne sich mehrmals für die Umstände zu entschuldigen. Ich versicherte ihm jedoch, dass seine Trauer selbstverständlich oberste Priorität habe und er sich die Zeit nehmen solle, die er brauchte. Glücklicherweise hatte die Kollegin, die er zu Beginn vertreten hatte, bereits entbunden und konnte Herrn Wolfs Lateinkurse sporadisch übernehmen. Das half mir und den Schülern zumindest über die erste Zeit hinweg. Zweieinhalb Monate später meldete sich Herr Wolf wieder zum Dienst an der Nachhilfefront zurück. Doch als er in den Lernzirkel zurückkehrte, schien er verändert. Es war nichts Äußerliches. Eher ein Gefühl. Er trug weiterhin seinen grauen Anzug, war gepflegt und zuvorkommend wie immer. Es war seine Ausstrahlung, die sich gewandelt zu haben schien. Jedenfalls kam mir es so vor. Na ja, dachte ich mir, er hat auch gerade erst seine Ehefrau verloren, und dass ihn das belastet, kann man sich ja vorstellen. Das wird sich bestimmt mit der Zeit wieder einpendeln, war ich mir sicher und nahm mir vor, besonders freundlich zu Herrn Wolf zu sein.

Jedoch ließ mich mein Bauchgefühl nicht zur Ruhe kommen. Irgendetwas war nicht in Ordnung! Die Schüler schienen nur noch unwillig am Lateinunterricht von Herrn Wolf teilzunehmen und stürmten am Ende der Nachhilfestunde förmlich aus dem Büro, als seien sie auf der Flucht. War es vorher auch schon so gewesen und mir nur nicht aufgefallen? Vielleicht nahm ich das Verhalten der Schüler nur wegen meiner inneren Habtachtstellung so wahr und reagierte viel zu empfindlich auf jede Kleinigkeit? Vermutlich war es das, beruhigte ich mich, und nicht mehr.

Als ich ein paar Tage später mittags auf den Eingang des Lernzirkels zumarschierte, erwartete mich dort schon Frau Schröder.

»Hallo, Frau Schröder. Was machen Sie denn hier? Haben wir einen Termin?«, wunderte ich mich.

»Nein, Frau Janz, nicht direkt. Aber ich muss mal ganz vertraulich mit Ihnen reden.«

Das hörte sich wichtig an. Ihr Sohn hatte, soweit ich mich erinnern konnte, gute Noten in den letzten Arbeiten geschrieben.

»Was haben Sie denn auf dem Herzen?«, fragte ich Frau Schröder, als wir oben im Büro angekommen waren.

»Ich weiß gar nicht, wie ich es sagen soll, ohne eventuell komisch zu klingen«, druckste Frau Schröder herum. »Es ist auch nicht so, dass ich Vorurteile hätte oder so. Aber wenn sich mein Sohn bei der Nachhilfe nicht mehr wohlfühlt, muss ich was sagen, oder?«

»In welchem Kurs denn? Mathe oder Latein?«

»In Latein.«

Oha. Mein Magen machte einen Purzelbaum. Vermutlich

waren meine Beobachtungen doch nicht völlig aus der Luft gegriffen. »Kommt Tom denn nicht mehr mit Herrn Wolf zurecht? Das hat doch sonst reibungslos geklappt.«

»Na gut, ich werde es einfach so sagen, wie es ist. Ich habe Herrn Wolf vor ungefähr drei oder vier Wochen vor der Sparkasse mit dem ›Wachturm‹ stehen sehen.«

Das haute mich tatsächlich um.

»Ach du lieber Gott!«, rief ich entsetzt, nur um mir direkt im Anschluss die Hand vor den Mund zu schlagen. »Verzeihung – ich meine: Das wusste ich nicht.«

»Ich hätte eigentlich auch überhaupt nichts gesagt, denn ich möchte dem Mann bestimmt nicht schaden, aber gestern hat Tom das hier mit nach Hause gebracht.« Frau Schröder legte eine Ausgabe des besagten Heftchens auf den Schreibtisch. »Und das kann ich natürlich nicht gutheißen, wenn Herr Wolf während des Unterrichts versucht, Kinder für seine religiöse Weltanschauung anzuwerben.«

Damit hatte ich in meinen kühnsten Träumen nicht gerechnet. Mein Verdacht hatte sich auf eine akute depressive Phase beschränkt. Vermutlich hatte er die nach dem Tod seiner Frau auch gehabt, und unter Umständen war dies der Auslöser gewesen, warum er sich diesem ominösen Klub angeschlossen hatte.

»Das geht natürlich nicht«, pflichtete ich Frau Schröder bei. »Ich wusste nicht, dass Herr Wolf Mitglied bei den Zeugen Jehovas ist. Und genau genommen darf mich das auch nichts angehen, denn die Zeugen Jehovas sind keine Sekte, sondern eine anerkannte Glaubensgemeinschaft.«

»Ich habe auch nichts gegen die Zeugen Jehovas, wirklich«, sagte Frau Schröder mit Nachdruck. »Von mir aus kann jeder tun und lassen, was er will. Und wenn der Nachhilfelehrer an fliegende Untertassen glauben würde, wäre mir das auch egal. Solange mein Sohn hier Latein lernt und ihm nichts aufgedrängt wird, ist alles in Ordnung.«

»Da gebe ich Ihnen vollkommen recht, Frau Schröder. Ich werde mit Herrn Wolf sprechen und versichere Ihnen, dass hier zukünftig kein ›Wachturm‹ mehr verteilt wird.«

Nach reiflicher Überlegung entschloss ich mich, meinem Chef, Herrn Seidel, von den Vorkommnissen zu berichten. Wer wusste schon, was sich daraus noch entwickeln konnte? Herr Seidel versprach mir, sich mit Herrn Wolf in Verbindung zu setzen. Und so kam es, dass Herr Wolf mitsamt seinen Lateinbüchern über Nacht aus dem Institut verschwand. Einfach so, als hätte es ihn nie gegeben. Ich konnte mich nicht entscheiden, ob ich erleichtert oder traurig darüber war, dass sich dieser arme Mann vermutlich aus purer Einsamkeit auf eine Religionsgemeinschaft eingelassen und damit seinen Job als Nachhilfelehrer regelrecht geopfert hatte.

Was man in der Theorie beherrschte, musste noch lange nicht für die Praxis gelten. Dies galt sowohl für Lehrer, denen die Fähigkeit fehlte, Inhalte schülerfreundlich zu erklären, als auch für einen Diplompädagogen, der zwei seiner Kinder im Lernzirkel anmeldete.

»Ich bin zwar vom Fach und kenne mich mit Kindererziehung in der Theorie und in der Praxis bestens aus, leider aber nur bei anderen. Bei meinen eigenen Kindern fehlt mir irgendwie der Zugang. Da klappt es gerade nicht mit dem gemeinsamen Lernen«, gab Herr Fröhlich beim Anmeldegespräch zu. »Ich hoffe, dass mir Ihr Institut dabei ein wenig unter die Arme greifen kann.«

Herrn Fröhlichs Kinder, Christian und Anna, sahen aus wie kleine Engel, entpuppten sich jedoch schnell als Wölfe im Schafspelz. Christian, ein schmaler Viertklässler mit blauen Kulleraugen und weißblondem Haar, hatte es faustdick hinter den Ohren und wusste bestens über seine bezaubernde Wirkung Bescheid. Das nutzte er schamlos bei den Lehrkräften aus und wickelte sie regelrecht um den Finger, wenn es darum ging, an zusätzlichen Übungsaufgaben vorbeizukommen. Anna stand ihrem kleinen Bruder in keiner Weise nach. Sie besuchte die achte Klasse eines Gymnasiums und durchlebte gerade eine heftige Pubertät, was dazu führte, dass sie es mit der Anwesenheit in der Schule und im Nachhilfeunterricht nicht so genau nahm. Mit allen Eltern war vereinbart, dass sie ihre Kinder bei Krankheit oder aus anderen Gründen für Nachhilfestunden rechtzeitig abmeldeten, damit die Stunden gutgeschrieben werden konnten. Trotz der Absprache kam es natürlich vor, dass Schüler nicht abgemeldet wurden und trotzdem nicht zum Unterricht auftauchten. In diesen Fällen rief ich immer bei der Familie an, um nachzufragen, ob mit dem Schüler noch zu rechnen sei.

Die Telefonnummer von Familie Fröhlich wählte ich häufig, weil Anna mehr durch Abwesenheit denn durch regelmäßige Teilnahme an den Unterrichtseinheiten glänzte. Sie bummelte lieber mit ihren Freundinnen durch die Fußgängerzone, anstatt lineare Funktionen anzuwenden.

»Hallo, Frau Fröhlich, hier ist Tanja Janz vom Lernzirkel. Der Mathelehrer vermisst Ihre Tochter Anna. Kommt sie noch?«

»Nein«, schniefte Frau Fröhlich, die ihrem Namen heute keine Ehre machte. »Anna kommt heute nicht. Sie ist vor zwei Tagen von der Schule nicht nach Hause gekommen, und wir wissen nicht, wo sie ist. Entschuldigung, ich habe in der Aufregung ganz vergessen, Ihnen Bescheid zu geben.«

»Großer Gott, das ist ja furchtbar! Ist die Polizei denn informiert?«

»Ja, die Fahndung läuft.«

»Gibt es einen Grund, warum sie weggelaufen sein könnte?«

»Vorgestern hat sie die Mathearbeit zurückbekommen. Sie wissen schon, an der hing es, ob Anna versetzt wird oder nicht. Von Herrn Dachs, ihrem Mathelehrer, weiß ich, dass Anna eine Sechs geschrieben hat und deswegen nicht versetzt wird.«

Ich schüttelte den Kopf. »Deswegen braucht sie doch nicht gleich abzuhauen! Sie hätten ihr deswegen bestimmt nicht den Kopf abgerissen.«

»Nein, das nicht. Aber mein Mann hat ihr damit gedroht, sie auf ein Internat nach Brandenburg zu schicken, wenn sie die Versetzung nicht schafft.«

Au weia! Erziehung ist Erpressung – das werden jede Mutter und jeder Vater bestätigen. Iss das Gemüse, dann kriegst du einen Nachtisch. Mach deine Hausaufgaben, dann darfst du nachher noch fernsehen. Aber damit zu drohen, das eigene Kind wegzuschicken? Und das in einem pädagogischen Haushalt ... nun, das war zumindest der beste Beweis dafür, dass der Schuster auch im 21. Jahrhundert noch die schlechtesten Leisten trug.

»Ins Internat wollte Anna vermutlich nicht«, schlussfolgerte ich.

»Natürlich nicht. Sie hat uns sogar damit gedroht, dass sie lieber weglaufen würde, als nach Brandenburg zu gehen. Deswegen glauben wir auch, dass ihr nichts passiert ist. Aber die Ungewissheit macht uns total fertig! Und die Sache mit dem Internat war eigentlich nur eine Drohung, damit sie endlich anfängt zu lernen.«

Ich versprach Frau Fröhlich, die Schüler im Lernzirkel zu fragen, ob und wann sie Anna in den vergangenen zwei Tagen das letzte Mal gesehen hatten, und mich sofort zu melden, falls jemand etwas über Annas Verbleib herausfand. Ich wusste, dass sich Anna gut mit Jessica, einem älteren Mädchen aus der zehnten Klasse, verstand, und die beiden meistens zusammen zur Mathestunde kamen. Vielleicht wusste Jessica etwas. Bekanntlich vertrauten sich Mädchen allerhand geheime Dinge an. Einen Versuch war es allemal wert!

Ich klopfte an die Holztür des Kursraums und bat Jessica, mir ins Büro zu folgen. Als sie vor mir saß, knetete sie sichtlich unbehaglich ihre Hände. »Was ist denn? Habe ich irgendwas verbrochen?«

»Das hoffe ich nicht, trotzdem muss ich mit dir sprechen. Ich habe gerade mit Frau Fröhlich telefoniert und erfahren, dass Anna verschwunden ist.«

Jessica errötete und schaute zur Seite. Aha, sie weiß was, dachte ich mir.

»Und? Was hab ich damit zu tun?«, fragte das Mädchen schnippisch.

»Vielleicht hast du eine Idee, wo sich Anna aufhält. Ihr zwei versteht euch doch ziemlich gut.«

Jessica schwieg.

»Anna ist doch eine gute Freundin von dir. Sie hat dir bestimmt erzählt, dass ihre Eltern sie auf ein Internat schicken wollen, wenn sie die Versetzung nicht schafft.«

Jessica nickte und knibbelte an ihren Fingernägeln.

»Sie ist vor zwei Tagen nicht von der Schule nach Hause gekommen. An diesem Tag hat sie eine Sechs in Mathe zurückbekommen«, fuhr ich fort. »Und jetzt sucht die Polizei nach ihr.«

»Die Polizei? Wieso das denn?«, fragte Jessica erschrocken. Sie wusste was. Ganz sicher!

»Weil ihre Eltern sie als vermisst gemeldet haben und sie sich große Sorgen um Anna machen.«

»Sorgen!«, schnaubte Jessica. »Dabei wollten sie ihre eigene Tochter nur wegen ein paar schlechter Noten abschieben.«

»So ernst war das doch gar nicht gemeint.«

»Wirklich nicht?«

»Nein«, ich schüttelte den Kopf. »Hast du vielleicht eine Ahnung, wo Anna sein könnte?«

Jessica zögerte. »Anna muss wirklich nicht auf dieses komische Internat, wenn ich was sage? Schwörst du das?«

»Ich schwöre – hoch und heilig«, sagte ich und hob die Hand zum Schwur.

»Anna ist in unserer Einliegerwohnung«, brachte Jessica leise hervor. Mir fiel ein Stein vom Herzen. »Ich konnte sie doch nicht im Stich lassen, wenn ihre Eltern sie wie ein Paket nach Brandenburg, oder wie das heißt, verschicken wollen.«

»Das kann ich verstehen«, nickte ich und legte ihr eine Hand auf den Arm. »Es ist gut, dass du gesagt hast, wo deine Freundin ist. Wissen denn deine Eltern Bescheid, dass Anna in der Wohnung ist?«

Jessica schüttelte den Kopf. »Die sind im Urlaub. Meine Oma kommt nur manchmal vorbei, um zu gucken, ob alles in Ordnung ist.«

»Gut, dann rufe ich mal Annas Mutter an.« Ich griff zum Telefonhörer.

»Krieg ich jetzt Ärger? Von der Polizei?«, fragte sie unsicher.

»Ich werde mich darum kümmern, dass du keinen Ärger bekommst«, beruhigte ich das Mädchen und schickte sie zurück in den Unterricht.

Eine halbe Stunde später fuhren Annas Eltern mit Jessica zu der besagten Wohnung, in der sich ihre Tochter aufhielt. Anna sprach sich mit ihren Eltern aus und musste nicht ins Internat umziehen. Stattdessen meldete sie sich für einen Nachprüfungskurs während der Sommerferien an, wovon sie jeden Termin pünktlich wahrnahm, um am Ende tatsächlich ihre Versetzung im zweiten Anlauf zu schaffen.

10

Die Ernst-Oliver-Diaries (Der erste Eindruck zählt)

Mein Arbeitsalltag im Lernzirkel verlief stets nach demselben Muster: Ich trudelte jeden Tag gegen 14 Uhr ein, eine halbe Stunde vor Unterrichtsbeginn, und verließ das Büro meistens wieder gegen 18:30 Uhr. Als erste Amtshandlung des Tages checkte ich die aktuellen Termine, kochte eine große Kanne Kaffee und hörte den Anrufbeantworter ab. Meistens klingelte schon beim Betreten des Büros das Telefon. Eltern meldeten ihre Kinder krank oder fragten nach Informationen rund um das Thema Nachhilfe, Studenten erkundigten sich, ob ein Job als Nachhilfelehrer frei war, und Schüler brauchten ganz dringend eine Extrastunde vor einer Klassenarbeit. Um kurz nach zwei Uhr kam Bernd, Lehramtsstudent der Germanistik und Geografie sowie meine Allzweckwaffe in diversen Fächern, wenn mal Not am Mann war. Bernd war der typische Kumpeltyp, der zu allen Schülern einen guten Draht hatte. Er trug bei Wind und Wetter eine alte Motorradjacke, in deren Tasche immer eine Packung superstarker Minzpastillen steckte. Die Nachhilfeschüler liebten seinen Unterricht, was ihm von Montag bis Freitag einen vollen Stundenplan bescherte.

Aber auch weniger beliebte Lehrer konnten sich dank steigender Nachfrage nicht über mangelnde Beschäftigung beklagen. Besonders, wenn sie sogenannte Inselfächer oder, wie Ute, die unschlagbare Fächerkombination Latein, Griechisch und Mathematik unterrichteten. Wenn der Begriff

»schlau« auf jemanden wirklich zutraf, dann auf Ute, die dank ihres unbeholfenen Auftretens und nicht vorhandenen Mode-Geschmacks von den Schülern anfangs grandios unterschätzt wurde. Doch nur ein paar Tage lang. Dann überwog das Staunen. »Die Ute weiß auf alles eine Antwort«, sagte einmal ein Nachhilfeschüler ehrfürchtig zu mir. »Sogar in Fächern, die sie eigentlich gar nicht gibt.«

Doch nicht alle Lehrer unterrichteten täglich im Lernzirkel. Manche gaben nur ein- oder zweimal in der Woche Nachhilfe, wie zum Beispiel das Geschwisterpaar Maike und Till, die beide Sport und Sozialwissenschaften studierten und einen innovativen Unterricht mit Bewegungseinheiten durchführten, der besonders bei Jungs zu positiven Lernerfolgen führte. Jeder Nachhilfelehrer in meinem Team hatte seine eigene Persönlichkeit und seine eigene Unterrichtsstrategie, und, was mir besonders wichtig war, alle waren absolut zuverlässig.

Doch so gerne ich auch all meine Kollegen um mich herum hatte: Irgendwie spürte ich, dass meine Zeit als Büroleiterin sich dem Ende zuneigte. Den ganzen Tag Verträge schreiben und Stundenpläne organisieren machte mich auf Dauer nicht glücklich. Es zog mich wieder an die Basis, in den Unterricht, mit direktem Kontakt zum Schüler. Nachdem sich die Schülerzahlen des Lernzirkels bei durchschnittlich hundertzwanzig eingependelt hatten und ich nach dem Grundstudium nach neuen Aufgaben in meinem Leben suchte, beschloss ich, mich vom Posten der Büroleiterin zurückzuziehen und wieder selbst zu unterrichten. So wichtig die Erfahrungen mit all den Fachlehrern und Eltern gewesen waren und mir in Zukunft sicher helfen würden, studierte ich nicht auf Lehramt, um hinter einem Schreibtisch zu versauern. Ich wollte Schülern Wissen vermitteln, ihnen zum Schulerfolg verhelfen, zeigen, wie viel Spaß es macht, eine Sprache zu beherrschen, und ihnen nach einem Misserfolg neues

Vertrauen geben. Denn in all den Jahren, die mich die Nachhilfe nun schon begleitete, sei es als Schülerin, als Nachhilfelehrerin oder als Büroleiterin eines Lernzirkels, hatte ich eines gelernt: Es gibt keine dummen Kinder. Nur dumme Erwachsene, die falsche Anreize setzen. Die ihre persönlichen Vorstellungen auf die eigenen Kinder projizieren und zu betriebsblind sind, um überhaupt zu erkennen, welche Begabungen in ihrem Nachwuchs schlummern.

An einem kühlen Tag im November übergab ich die Büroschlüssel des Lernzirkels an meine Nachfolgerin. Kurze Zeit später unterrichtete ich für vier verschiedene Nachhilfeinstitute in den Fächern Englisch und Deutsch. Ich hatte mich bewusst für unterschiedliche Anbieter entschieden, um sicher sein zu können, genügend Kurse zu unterrichten – denn das Gehalt, das ich als Büroleiterin bekommen hatte, fehlte mir doch plötzlich sehr. Zwei der Nachhilfeschulen, für die ich arbeitete, boten Gruppenunterricht mit bis zu sechs Kindern pro Kurs an, eine Schule unterrichtete die Schüler ausschließlich im Einzelunterricht, und für eine Nachhilfeagentur fuhr ich zu den Klienten nach Hause. Das war eine ganz neue Erfahrung für mich, und plötzlich fühlte ich mich wie ein Arzt, ein Handwerker oder ein Versicherungsvertreter – und na ja, wie einer von diesen Drückerkolonnen. Denn was haben diese Leute gemeinsam? Sie besuchen die Menschen zu Hause und wissen, jedes Haus, jede Wohnung und jedes Zimmer riecht anders. Schlecht gelüftete Räume, deren abgestandene Luft nach Nachtruhe, Ausdünstungen unbekannten Ursprungs und Käsesocken müffelt, waren hierbei noch die erträgliche Variante.

Dagegen befand ich mich regelmäßig am Rande einer Ohnmacht und hätte am liebsten ein Sauerstoffzelt aufgestellt, wenn ich Nachhilfestunden bei Yanis Helios gab. Yanis' Familie kam ursprünglich aus Griechenland und pflegte die Esskultur des Heimatlandes, was bedeutete, dass alles Essbare förmlich in Knoblauch schwamm. Jedes Mal, wenn Yanis seinen Mund öffnete, waberte mir eine penetrante Knoblauchfahne entgegen, die meine Sinne benebelte und die Vermutung aufkommen ließ, dass sich Familie Helios den Saft der Knolle vermutlich intravenös verabreichen ließ, um dieses besonders extreme Aroma-Level zu erreichen. Hinzu kam, dass für mich als bekennende Vegetarierin der Geruch von gekochtem Fleisch nur schwer erträglich ist. Besonders dann, wenn er durch die ganze Wohnung zieht. Ich spreche dabei nicht vom vergleichsweise harmlosen Geruch, der beim Braten eines Schnitzels entsteht, sondern von Innereien, die zum Beispiel für Eintöpfe abgekocht werden und deren übelkeitserregendes Odeur sich in jeder Ritze und jeder Faser festsetzt.

Weil Yanis noch fünf weitere Geschwister hatte, kochte seine Mutter das Fleisch für die Großfamilie in kesselgroßen Kochtöpfen ab. Und als wäre das noch nicht genug, gab es in Familie Helios auch noch einige starke Raucher. Meistens bekam ich von dem Rauchdunst nicht nur Kopfschmerzen, sondern musste mich nach der Nachhilfestunde unter die Dusche stellen, um den penetranten Nikotingeruch aus meinen Haaren zu bekommen, und parallel meine Kleidung in die Waschmaschine stecken. Ich unterrichtete Yanis nicht lange. Nach kurzer Zeit trat ich ihn an einen anderen Nachhilfelehrer ab, weil mir die Geruchsattacken dermaßen zusetzten. Glücklicherweise blieb der Kollege Yanis erhalten, denn der hatte nach einer Antibiotikum-Behandlung seinen Geruchssinn mehr oder minder verloren und war gegen jeglichen Gestank immun.

Als Nachhilfelehrer, das lernte ich in den ersten Wochen meiner neuen mobilen Tätigkeit, kommt man rum und sollte jederzeit mit allem rechnen. Denn so unterschiedlich die

Schüler sind, so abwechslungsreich sind auch die Unterrichtsbedingungen in den einzelnen Familien. Mal hielt ich meine Förderstunden in Gartenlauben ab, mal in Klassenzimmern. Unter optimalen Bedingungen übte ich mit dem Schüler in einem lichtdurchfluteten und gut gelüfteten Wintergarten, mit Blick auf blühende Blumenbeete. Unter weniger optimalen Bedingungen, wie zum Beispiel bei Matthias, fiel das konzentrierte Arbeiten da durchaus schwerer.

Die Eltern von Matthias hatten sich gerade einen Traum erfüllt und ein kleines unter Denkmalschutz stehendes Häuschen gekauft. Es gab nur ein Problem: Familie Ehlers war in das neue Domizil eingezogen, bevor es fertiggestellt worden war. Um in Matthias' Zimmer unterm Dach zu gelangen, musste ich zuerst auf einer morschen Treppe balancieren, deren Stufen hauptsächlich eingebrochen waren. Hatte ich es bis an seinen Schreibtisch geschafft, stellten sich mir schon die nächsten Herausforderungen in den Weg: Zwischen dem Dach und dem Wandanschluss war ein Teil der Mauer herausgebrochen, der notdürftig mit Zeitungspapier in einer Plastiktüte gestopft worden war. Im Sommer wäre das alles kein Problem gewesen, doch es war Januar, und der Wind pfiff durch die Ritzen, sodass wir beim Reden unsere Atemfahnen sehen konnten. Was mir außerdem Sorgen bereitete, war der einsturzgefährdete Dachstuhl, der leider erst bei wärmerem Wetter erneuert werden konnte. Und so befand ich mich während der Nachhilfestunden bei Matthias ständig in erhöhter Alarmbereitschaft, mich von jetzt auf gleich die marode Treppe hinunterzustürzen, falls die Dachbalken nachgaben. Bei jedem Knarzen durchfuhr meinen Körper ein Adrenalinstoß, und nach jeder Stunde, die ich heil überstanden hatte, dachte ich dankbar: Hurra, ich lebe noch!

Auch die Nachhilfestunden bei Michael bedeuteten für mich jedes Mal eine extra Portion Stress. Das lag jedoch weder an Michael noch an seinen aufmerksamen Eltern, die für mich immer eine Tasse Kakao oder ein Stück Kuchen parat hatten, sondern vielmehr an ihrem bekloppten Nachbarn. Bei jenem Anwohner handelte es sich um einen Polizisten a. D., der keineswegs seinen Ruhestand genoss, zum Angeln ging oder sich den Nachmittag mit einer Partie Schach vertrieb, sondern als Blockwart sein Unwesen trieb. Sein größtes Hobby war die Straßenpatrouille, wobei er geparkte Autos fotografierte und auf den Zentimeter genau abmaß, ob sie vorschriftsgemäß geparkt waren, um den Pkw-Haltern dann einen Strafzettel im eigenen Design an die Windschutzscheibe zu klemmen, der sie in aller Ausführlichkeit über ihr Vergehen belehrte.

Als ich das erste Mal solch ein Knöllchen der Marke Eigenbau unter meinem Scheibenwischer fand, lächelte ich bloß mitleidig ob der offensichtlichen Langeweile des Ausstellers. Doch meine anfängliche Belustigung wandelte sich bald in ratloses Erstaunen, als ich einen Bußgeldbescheid von der Stadt Gelsenkirchen erhielt, in dem mir, bezeugt durch einen gewissen Erich Dietrichs, zur Last gelegt wurde, in einer schmalen Straße unzulässig seitlich geparkt und den Zeugen beim Passieren des Fahrwegs mit seinem Kraftfahrzeug behindert zu haben. Doch an besagter Stelle war weder ein Parkverbotsschild angebracht, noch war die Straße so schmal, dass mein Wagen irgendwen hätte behindern können. Von Michaels Eltern erfuhr ich, dass sämtliche Anwohner, deren Freunde und Bekannte sowie im Viertel tätige Handwerkerfirmen schon Bußgeldbescheide dieser Art bekommen hatten und Herr Diedrichs umfangreiche Listen mit angeblichen Verletzungen der straßenrechtlichen Vorschriften bei der Stadt einreichte. Herrn Diedrichs eigenwilliger Dreistigkeit wollte ich mich unter keinen Umständen beugen und rief bei der zuständigen Dienststelle an. Dort teilte man mir dann mit, dass ich zwar einen Einspruch erheben könne, dieser jedoch keine hohen Erfolgsaussichten habe, selbst wenn ich mein Auto ordnungsgemäß abgestellt hätte. Das ärgerte und frustrierte mich gleichermaßen, denn wenn ich eines hasste, war es Ungerechtigkeit. Aus Trotz beschloss ich: Jetzt erst recht!, und stellte meinen Wagen auch weiterhin in der Straße ab. So leicht ließ ich mich nicht unterbuttern!

Leider schien der Blockwart der gleichen Ansicht zu sein, und so kassierte ich während der nächsten Nachhilfestunden wieder Knöllchen – und gab 150 Mark später schließlich zähneknirschend meinen Widerstand auf. Manchmal verliert man eben, und manchmal gewinnen die anderen.

Offiziell wird seit dem Schuljahr 1958/59 in der Bundesrepublik Deutschland kein Schulgeld mehr für den Besuch öffentlicher Schulen erhoben. Heutzutage investieren Eltern, denen die Bildung ihres Kindes am Herzen liegt, ihr Geld in kostspielige Nachhilfestunden und somit in die Zukunft des Sprösslings. Bundesweit bieten rund viertausend Nachhilfeinstitute ihre Dienste an und erwirtschaften mit dem Service laut Bertelsmann-Stiftung einen jährlichen Umsatz von circa 1,5 Milliarden Euro. Ist es zu meiner Schulzeit noch eine Ausnahme gewesen, Nachhilfe zu bekommen, so gehört es heutzutage zum guten Ton. Ich bezeichne die monatlichen Ausgaben für privaten Unterricht oftmals auch als »heimliches Schulgeld«. Zwischen 120 und 400 Euro belaufen sich die monatlichen Kosten für Förderunterricht, je nachdem, ob es sich dabei um Gruppenunterricht oder exklusive Einzelstunden handelt.

Damit ist in meinen Augen auch der Beweis dafür erbracht, dass es sich bei unserer Gesellschaft offensichtlich um ein elitäres System handelt, in dem keineswegs jeder die gleichen Bildungschancen hat, sondern diese sogenannten Chancen vielmehr vom Geldbeutel der Eltern abhängen. Solange kostspielige Nachhilfestunden nicht vom Staat übernommen und in den Nachmittagsunterricht eingebunden werden, wird dieses Ungleichgewicht bestehen bleiben, sich womöglich sogar verschlimmern, denn nicht alle Eltern haben die finanzielle Möglichkeit, in die Schulbildung ihrer Kinder zu investieren.

Der Einzelunterricht beim Schüler zu Hause ist ganz klar die Super-de-luxe-Version der Nachhilfe und führt erfahrungsgemäß eher zum Schulerfolg als eine »Gruppentherapie«, bei der sich ein Nachhilfelehrer um drei bis sechs Schüler gleichzeitig zu kümmern versucht. Einziger Nachteil: Einzelnachhilfe ist nicht ganz billig. Doch Eltern, die etwas auf sich halten, schrecken selbst vor größeren Summen nicht zurück und buchen, ohne mit der Wimper zu zucken. Wie auch Familie Schimski.

»Frau Janz, ich habe einen neuen Schüler aus Gelsenkirchen für Sie. Englisch und Deutsch, siebte Klasse, drei Mal wöchentlich beim Schüler zu Hause. Können Sie den Auftrag annehmen?«, fragte mich Frau Evers von der Nachhilfevermittlung am Telefon.

Drei Mal wöchentlich klang nach einem richtigen Notfall. Und ehrlich gesagt auch eher nach Ganztagsschule und Hausaufgabenbetreuung denn nach profaner Nachhilfe. Schon öfter einmal hatte ich darüber nachgedacht, dass sich manche Eltern von ihren ganz normalen Pflichten »freikauften«. Natürlich hatte ich vollstes Verständnis dafür, wenn eine Mutter, die seit achtzehn Jahren nicht mehr in ihrem Beruf arbeitete und sich ganz traditionell ihr Leben lang um die Kindererziehung und den Haushalt gekümmert hatte, am korrekten Einsatz des *Present Progressive* scheiterte. Dennoch drängte sich mir immer wieder der Eindruck auf, dass einige Eltern auch ganz froh waren, die Verantwortung für die Leistungen ihres Kindes an jemand anderen abgeben zu können. Erst an die Lehrer in der Schule, später an den Nachhilfelehrer in der Hausaufgabenbetreuung.

Wie war das früher?, fragte ich mich. Soweit ich mich erinnern konnte, galt es in den Achtzigerjahren noch eher als Makel denn als Privileg, wenn Schüler Nachhilfe bekamen. Damals hockten allerdings noch nicht bis zu fünfunddreißig Schüler in einer Klasse, sondern eher fünfundzwanzig. Bis zum Abitur waren es dreizehn Jahre, der reguläre Unterricht endete nach der sechsten Stunde, danach ging man nach Hause und aß zu Mittag, der Rest des Nachmittags stand für Hausaufgaben und Freizeit zur Verfügung. Heute quetschen sich dreißig Schüler in ein Klassenzimmer, in denen demzufolge schon nach kürzester Zeit der Sauerstoff aufgebraucht ist. Fenster können aus Sicherheitshysterie nicht geöffnet werden (die Vorschriften!), und der Lärmpegel schraubt sich dank Schafstallambiente, Überfüllung, Hitze und Sauerstoffmangel immer weiter hoch. Welcher Schüler kann sich da überhaupt auf den Unterricht konzentrieren?

Mehr noch: Da dank G8 der noch merklich vollere Lehrplan des Gymnasiums in nur zwölf Schuljahren absolviert wird, werden die Stundenpläne vollgestopft, und der reguläre Schultag endet nicht vor vier Uhr am Nachmittag.

Mittagessen gibt es (wenn überhaupt) in der Kantine, die eher einer industriellen Abfütterung als einer gesunden Mahlzeit gleichkommt. Eine siebte und achte Stunde, am besten in einem Kernfach, ist mit ausgehungerten, gern auch überzuckerten (der Kiosk vom Hausmeister ist ja besser greifbar als eine Kantine, in der man auch noch stundenlang anstehen muss) Schülern wahrlich kein Vergnügen, und zwar für niemanden! Kein Zweifel: Die Schüler von heute sind gestresst. Sie haben so gut wie keine Freizeit, keine Möglichkeit, um Luft zu holen, denn nach Schulschluss geht es weiter mit Nachhilfestunden, um die Defizite auszugleichen, die überfüllte Klassen, ausgebrannte Lehrer und Quantität um jeden Preis mit sich bringen. Wurden Hausaufgaben früher noch nach der Schule gemacht, so hat sich dies inzwischen auf die späten Abendstunden verlagert. Hinter der Schulmisere verbergen sich keine dümmeren Schüler als früher, sondern ein schon vor langer Zeit unheilbar erkranktes Bildungssystem, eine Mogelpackung, die in Wirklichkeit ein gigantisches Sparmodell ist, das zahllose G8-Opfer hervorbringt und der Nachhilfebranche so immer höhere Jahresumsätze beschert.

Mein neuster Kandidat war einer von den härteren Fällen. Frau Evers teilte mir mit, dass Frau Schimski um Hilfe gebeten habe, denn ihr Ernst-Oliver stehe in Englisch und Deutsch jeweils auf einer Sechs.

Ich schrieb mir alles mit, was sie sagte, allerdings zögerte ich beim Namen. »Wie heißt der Schüler?«

»Ernst-Oliver Schimski. Das ist tatsächlich sein Name.«

»Ach je. Ich dachte, dass sein Vater vielleicht so heißen würde.« Der arme Junge! Als würde es nicht schon genügen, in Englisch und Deutsch auf einer Sechs zu stehen. Der Name grenzte schon fast an Körperverletzung. In meinem Kopf formte sich ein Bild von Ernst-Oliver: klein und schmächtig, ein Außenseiter, der es ohnehin schon nicht leicht im Leben hatte und nun zu allem Überfluss auch noch ein Problemschüler war. Ich wollte besonders geduldig und verständnisvoll bei der Nachhilfe mit Ernst-Oliver sein.

Den ersten Unterrichtstermin vereinbarte ich telefonisch mit Frau Schimski für den kommenden Tag – einem Samstag.

»Ernst-Oliver kann aber erst um 18:30 Uhr. Vorher ist er beim Fußball«, hatte Frau Schimski mir erzählt. Fußballkinder waren in der Kickerhochburg Gelsenkirchen nicht ungewöhnlich.

Ernst-Olivers Adresse führte mich in eine denkmalgeschützte Zechensiedlung im Norden der Stadt. Über Nacht hatte es geschneit, und im Laufe des Tages ergoss sich ein ungemütlicher Schneeregen aus grauen Wolken, der zum Abend hin die Straßen in eine Eisbahn verwandelte. Autofahren war nur noch im Schritttempo möglich.

»Mist!«, fluchte ich, als mein Wagen zur Seite wegrutschte, während ich mich abmühte, die ansteigende überfrorene Kopfsteinpflasterstraße hinaufzukommen, in der Ernst-Oliver wohnen sollte. Vor der Adresse, die ich mir notiert hatte, standen zwei Jungs. Einer von ihnen trug eine dicke blaue Daunenjacke, der andere war lediglich mit einem dünnen Sweatshirt bekleidet. War einer davon vielleicht mein Schüler?

Ich parkte mein Auto an der gegenüberliegenden Straßenseite und schlitterte über die Fahrbahn. Im Haus hinter den Jungs brannte kein Licht. »Hallo. Heißt einer von euch beiden vielleicht Ernst-Oliver?«, sprach ich die Jungs an.

»Äh, ja, ich bin das«, antwortete mir der Sweatshirt-Träger.

»Wir haben jetzt einen Termin. Ich bin Tanja Janz, deine Nachhilfelehrerin«, stellte ich mich vor.

»Ich komm aber nicht ins Haus«, zuckte er mit den Schultern.

»Aha. Sind deine Eltern nicht da?«

»Nee, die sind arbeiten.«

»Und du hast keinen Schlüssel?«, fragte ich misstrauisch.

»Nee«, schüttelte er den Kopf, während sein Freund sich zur Seite wegdrehte, um zu lachen.

An der Story war eindeutig was faul, dachte ich. Ernst-Oliver stand in der Eiseskälte im Sweatshirt vor seinem Elternhaus, angeblich ohne Schlüssel, und die Eltern waren arbeiten. Der veräppelte mich doch.

»Und weswegen stehst du dann hier rum?«

»Ich warte, ob vielleicht mein Vater oder meine Mutter vorbeikommen«, schauspielerte Ernst-Oliver betont zerknirscht, als wenn ihm die Situation äußerst unangenehm wäre.

Dieses Märchen konnte ich ihm beim besten Willen nicht abnehmen, zumal ich mit Frau Schimski persönlich am Vortag den Termin ausgemacht hatte. Vielmehr kam ich zu der Überzeugung, dass Ernst-Oliver ein ausgekochtes Schlitzohr zu sein schien, der nichts mit meiner anfänglichen Mitleidsvorstellung gemein hatte. Von wegen, armer Junge. Ein Außenseiter schien er auch nicht zu sein. Dieses Theater hatte er offensichtlich mit seinem Kumpel abgesprochen, um einer lästigen Nachhilfestunde am Samstagabend zu entgehen.

»Tja, das ist schade, aber da kann man wohl nichts machen«, ging ich auf seinen Nachhilfe-Boykott ein. »Richte bitte deiner Mutter aus, dass ich da war und sie sich wegen eines neuen Termins bei mir melden soll.«

»Ja, mach ich«, versprach Ernst-Oliver. »Tut mir echt leid, aber ich kann da nichts für. Meine Eltern müssen das vergessen haben«, brachte er seine Show zum Abschluss.

Als ich mein Auto gewendet hatte und im Schneckentempo die vereiste Straße hinunterrollte, sah ich im Rückspiegel, wie sich Ernst-Oliver und sein Daunenjackenkumpel mit den Händen abklatschten. Na warte, Bürschchen, deine Mutter wird dir was erzählen, wenn sie erfährt, dass ich da war und du mich unter diesem fadenscheinigen Vorwand abgewimmelt hast! Jede nicht stattgefundene Nachhilfestunde, die nicht vierundzwanzig Stunden vorher bei mir abgesagt wurde, musste nämlich von den Eltern voll bezahlt werden. Ich war mir ziemlich sicher, dass Ernst-Oliver das nicht wusste und seine Mutter ihm gehörig die Leviten lesen würde, wenn sie davon erfuhr.

So kam es, dass sich am gleichen Abend Frau Schimski noch bei mir meldete, sich für das Chaos entschuldigte und mir versicherte, dass es nicht wieder vorkommen würde. Wir verabredeten uns für den darauffolgenden Sonntagmittag. Dieses Mal war Frau Schimski zu Hause. An der brandneuen und offensichtlich teuren Inneneinrichtung ließ sich schnell ablesen, dass Familie Schimski sich den kostspieligen Einzelunterricht leisten konnte. Ernst-Oliver hockte am Küchentisch. Ich ließ mir seine Zeugnisse und die letzten Klassenarbeiten zeigen, die eine deutliche Sprache sprachen. Auf dem letzten Zeugnis hatte er in Sport eine Zwei, danach kam lange nichts.

»Ihr Sohn braucht offenbar nicht nur in Englisch und Deutsch Unterstützung, sondern auch in allen anderen Fächern, wenn er die Versetzung schaffen möchte«, stellte ich sachlich fest.

Dies war keineswegs ungewöhnlich, eigentlich sogar eher der Normalfall. Als Nachhilfelehrerin unterrichtete ich meistens nicht nur die ein oder zwei angefragten Fächer. Es ergab sich während der Nachhilfe automatisch, dass ich Geschichtsreferate mit dem Schüler vorbereitete, bei einem Kunst-Bild half und von Zeit zu Zeit und in speziell gelagerten Sonderfällen sogar Nachhilfe in Naturwissenschaften (allerdings nie Mathe!) gab, was mich jedoch regelmäßig an meine Grenzen brachte.

»Hörst du, was die Frau Janz gesagt hat?« Frau Schimski blickte ihren Sohn vorwurfsvoll an. »Drei Mal in der Woche lernen ist nicht zu viel, Ernst-Oliver!«

»Ja-ha.« Ernst-Oliver verschränkte die Arme.

»Also, meinen Sie, wir müssen noch mehr als drei Termine ausmachen?«

Ernst-Oliver riss die Augen auf. »Boah, nein! Mama! Voll nicht!«

»Das diskutiere ich gar nicht mit dir. Wenn es sein muss, dann muss es sein. Oder willst du etwa sitzen bleiben und dann mit den Babys in eine Klasse gehen?«

»Ich gehe aber zum Training. Wenn du glaubst, dass ich deswegen mein Training ausfallen lass, dann glaub das mal!«

»Was schlagen Sie denn vor? Wie sollen wir vorgehen?«, überging Frau Schimski den Protest ihres Sohnes, der vor Wut mittlerweile eine knallrote Birne hatte.

»Ernst-Oliver soll ruhig weiter zu seinem Training gehen«, kam ich meinem Schüler entgegen. »Sport ist gut, um den Kopf freizubekommen, und fördert die Konzentration.«

»Siehste, Mama! Mein Training lass ich nicht sausen!«

»Sei mal still, Ernst-Oliver! Wir sind hier noch nicht fertig«, rief Frau Schimski.

Deeskalation hieß jetzt das Zauberwort.

»Wie wäre es denn, wenn ich montags bis freitags immer gleich nach Schulschluss kommen würde?«, schlug ich vor. »Wir könnten dann die kompletten Hausaufgaben machen und Themen vertiefen. Danach hätte er frei und könnte zum Training gehen.« Hier handelte es sich wohlgemerkt noch um Zeiten, in denen nach der sechsten Schulstunde Unterrichtsschluss war. Und Ernst-Oliver genoss das Privileg, das Gymnasium gleich um die Ecke zu besuchen. Es waren tatsächlich optimale Bedingungen gegeben, und da Ernst-Oliver neben dem Fußballtraining in der Leistungsgruppe der Knappen-Akademie ohnehin vorzuhaben schien, sein Leben dem FC Schalke zu widmen, traute ich mir seine Leistungssteigerung bis hin zu einem akzeptablen Notenschnitt durchaus zu.

Frau Schimski nickte. »Einverstanden. Ich buche gleich Montag fünf Termine pro Woche.«

»Aber nur, wenn ich wirklich danach zum Training kann! Das geht um 15:30 Uhr los.«

Nachdem ich Ernst-Oliver zugesichert hatte, dass wir immer spätestens gegen drei Uhr fertig sein würden, beruhigte er sich. Es stellte sich heraus, dass der Trainingsplatz, auf dem er Fußball spielte, auf meinem Heimweg lag. Als ich ihm versprach, ihn nach dem Nachhilfeunterricht mit dem Auto dort hinzubringen, erklärte sich Ernst-Oliver zähneknirschend mit der täglichen Hausaufgabenbetreuung einverstanden.

Damals ahnte ich noch nicht, dass mir Ernst-Oliver bis zu seinem Schulabschluss erhalten bleiben würde und ich mit ihm noch jede Menge kurioser Dinge erleben würde.

11

Nachhilfe mit Zahlpause

Ein besonderer Service der Nachhilfeschulen waren kostenlose Probestunden, ein echter Eisbrecher für die Eltern!

»Frau Janz, in Ihrer Gruppe ist heute Kira Müller, eine Probeschülerin. Sie ist in der fünften Klasse und steht in Englisch auf einer Fünf. Gehen Sie bitte besonders auf das Mädchen ein«, instruierte mich Frau Jäger, die Büroleiterin der Nachhilfeschule.

»Kein Problem, Frau Jäger. Wird Kira von ihren Eltern gebracht?«

Aus meiner Zeit beim Lernzirkel wusste ich, dass es gut ankam, wenn der Nachhilfelehrer sich vor dem Unterricht kurz bei den Eltern nach den Schulproblemen des Kindes erkundigte und das Gespräch mit einem engagierten »Machen Sie sich keine Sorgen, das kriegen wir schon hin!« beendete. Meist war dies schon die halbe Miete und die Unterschrift der Eltern auf dem Vertrag dann reine Formsache. Damit hatte die Nachhilfeschule den Schüler für mindestens sechs Monate an sich gebunden. Natürlich sind Verträge in der freien Marktwirtschaft gang und gäbe, und ein Nachhilfeinstitut *verkauft* im Gegensatz zur schulischen Einrichtung eine Leistung und gibt damit ein Qualitätsversprechen ab. Aber kann man Schulerfolg wirklich garantieren? Schließlich wird dem Nachhilfelehrer ja kein unbeschriebenes Blatt aufs Auge gedrückt, sondern Schüler mit bereits verkorksten Schulkarrieren, für die der Zug an der öffentlichen Schule längst abgefahren ist. Es gehört schon eine große Portion Idealismus und eine hohe Frustrationstoleranz dazu, um für den Job des Nachhilfelehrers geeignet zu sein. Die Bezahlung allein wird keinen Nachhilfelehrer der Welt glücklich machen, wenn er sich zu dieser Arbeit nicht berufen fühlt.

Doch all meine Überlegungen, wie ich bei Kiras Eltern punkten konnte, waren umsonst, denn sie glänzten mit Abwesenheit. Das Mädchen kam allein. Sie erschien mit regennassem Haar eine Viertelstunde zu spät in den Kellerräumen des modernen Bürokomplexes, in denen das Nachhilfeinstitut untergebracht war. Es war vermutlich besser, dass sie ohne ihre Eltern kam, denn wäre ich Kiras Mutter gewesen, hätten mich die Kellerräume von einer Vertragsunterschrift abgehalten.

Ich nahm Kira in Empfang, setzte mich mit ihr etwas abseits von der Lerngruppe an einen kleinen Tisch und ließ mir ihre letzten Hausaufgaben zeigen, bei denen es vor Fehlern nur so wimmelte.

»Richtig verstanden hast du das aber nicht«, stellte ich fest.

»Nee«, sagte Kira und guckte unbeteiligt zur Seite, als wenn sie mit der Sache nicht das Geringste zu tun hätte.

»Gut, dann kopiere ich dir nachher ein paar passende Aufgaben zu dem Thema, und vorab besprechen wir noch mal die Grammatik.«

Kira seufzte tief und verzog ihr Gesicht.

»Deswegen bist du doch hier, oder nicht?«, versuchte ich sie zu motivieren.

Kira zuckte mit den Schultern. »Weiß nicht.«

»Na komm, wir probieren das gleich mal. Ich erkläre dir die Zeiten, und sobald du etwas nicht verstehst, fragst du nach.«

Kira fragte nicht nach, sondern lag halb mit dem Oberkörper auf dem Tisch, als hätte sie nicht die Kraft, aufrecht zu sitzen. Dabei schnaufte sie in unregelmäßigen Abständen, wenn ich sie dazu aufforderte, mir zu erklären, was sie bis jetzt von dem verstanden hatte, was ich ihr versuchte begreiflich zu machen. »Boah, das ist voll anstrengend! Ich verstehe das sowieso nicht. Außerdem bin ich voll müde und hab Hunger.«

»Okay, ich erkläre es dir noch mal, und du versuchst so viel zu verstehen, wie du kannst«, schlug ich vor und drehte mich zu dem Rest der Lerngruppe um, die die Gunst der Stunde zum ausgiebigen Quatschen nutzten, da ich mich ihnen wegen Kira kaum widmen konnte. »Und ihr macht bitte eure Aufgaben. Kaffeeklatsch könnt ihr nach der Nachhilfe halten!«

»Woah!« Kira trampelte ungeduldig mit ihren Füßen. »Wie lange geht die Nachhilfe denn noch?«

Ich schaute auf die Uhr. »Noch zehn Minuten musst du durchhalten.«

Kira war sichtlich erleichtert, als sie endlich ihre Schulsachen wieder einpacken durfte.

»Hat es dir denn wenigstens ein bisschen Spaß gemacht?«, wollte ich von ihr wissen.

»Jaaaa«, antwortete sie gedehnt. »Kann ich jetzt gehen?«

Nicht nur Kira war froh, dass die Nachhilfeeinheit vorbei war, ich war es auch. Kinder, die so wenig motiviert bei der Sache waren wie sie, wirkten auf mich ziemlich ermüdend. Fast so, als hätte ich schon vier Unterrichtseinheiten hinter mich gebracht und nicht gerade die erste. Außerdem frustrierte mich, dass ich mich um den Rest der Lerngruppe so gut wie gar nicht hatte kümmern können, obwohl die anderen Schüler zahlende Kunden waren und ein Recht auf Betreuung bei ihren Aufgaben gehabt hätten. Insgeheim gestand ich mir ein, dass es nicht schade wäre, wenn Kiras Eltern ihre Tochter nicht in meiner Nachhilfegruppe anmelden würden. Und irgendjemand da oben schien meinen stillen Wunsch zu hören, denn Frau Jäger hörte nichts mehr von Familie Müller.

Die Kurse in dem anderen Nachhilfeinstitut, das ausschließlich mit Einzelunterricht arbeitete, waren mir die liebsten. Dort konnte ich mich auf einen Schüler konzentrieren, ohne fünf weitere Schüler im Hinterkopf haben zu müssen, die ebenfalls versorgt werden wollten. Eines Nachmittags kündigte mir die Inhaberin der Schule eine Schülerin für eine Probestunde an. Wird die Chemie stimmen? Werde ich dem Kind helfen können?, überlegte ich, als es an der Tür klingelte.

Ich drückte auf den Summer und sah gespannt der Schülerin entgegen, die gut hörbar die Stufen des Treppenhauses hochgestiefelt kam. Als ich meine Probeschülerin erblickte, konnte ich mir ein Grinsen nicht verkneifen.

»Hallo, Kira. So sieht man sich wieder!«

»Oh nein!«, stöhnte das Mädchen auf. Die Szene hatte was von Loriot.

»Oh doch. Komm rein.« Ich lotste Kira in den Unterrichtsraum. »Deine Eltern haben dich wohl bei mehreren Nachhilfeschulen für Schnupperstunden angemeldet, wie?«

»Wo sind Sie denn noch?«, fragte Kira gequält und ließ ihren Kopf frustriert auf die Tischplatte sinken, als könnte sie dadurch irgendetwas verändern.

»Ich bin überall«, scherzte ich. »Aber setz dich mal richtig hin.«

Als Antwort pfefferte Kira mit Schmackes ihr Federmäppchen auf den Tisch.

Hier wird Kira vermutlich auch keine zahlende Schülerin werden, vermutete ich und erklärte ihr zum zweiten Mal, wie man das *Present Progressive* bildet. Zum Ende der Stunde waren wir beide entnervt. Kira hatte nach wie vor keinen Plan von der Grammatik, und wahrscheinlich hofften wir beide unabhängig voneinander, dass uns eine weitere Begegnung erspart bleiben würde.

Doch da bekanntlich aller guten Dinge drei sind, setzte sich das Trauma fort: Einen Tag später tauchte sie, wieder als Probeschülerin, in meinem Gruppenunterricht bei der dritten Nachhilfeschule auf und verließ nach dem Unterricht das Institut, trotz größter Bemühungen meinerseits, genauso schlau, wie sie gekommen war. Nachhilfehopping zum Nulltarif ist eben auch keine sinnvolle Strategie, geht man mal davon aus, dass es sich weder bei Nachhilfeschülern noch bei ihren Lehrern um Roboter handelt, in die oben eine Einheit eingeworfen wird, und unten kommt dann der Lernerfolg heraus. Ein bisschen menschliche Bindung gehört schon dazu, um die Synapsen zu aktivieren und eine echte Lernmotivation herzustellen. Da müssten sich manche Eltern schon einmal fragen, ob sie die Schwierigkeiten ihres Kindes richtig einschätzen – und nicht bloß in hilflosem Aktivismus enden, mit dem Gefühl, bereits etwas für ihr Kind getan zu haben, wenn sie dauernd Termine vereinbaren …

Richtig abenteuerlich wurde es, wenn Nachhilfestunden in Anspruch genommen wurden, die Eltern aber scheinbar völlig erstaunt darüber waren, dass ich mich tatsächlich erdreistete, für meine Arbeit den ausgemachten Stundensatz von ihnen einzufordern.

Ich hatte eine Anfrage für einen türkischen Jungen aus der sechsten Klasse erhalten, der seine Englisch- und Deutschnote schnellstens verbessern musste, um die Probezeit am Gymnasium zu bestehen. Bereits beim ersten Telefonat mit Alis Mutter bemerkte ich, dass sie nicht richtig Deutsch sprechen konnte. Ich nahm an, dass Frau Yilmaz noch nicht lange in Deutschland lebte, und fühlte mich in meiner Annahme bestätigt, als sie mich beim ersten Nachhilfetermin empfing. Umso überraschter war ich, als Frau Yilmaz radebrechte, dass sie zwar in Gelsenkirchen aufgewachsen sei und ihren Abschluss an einer Hauptschule gemacht habe, ihrem Sohn in Deutsch jedoch nicht helfen könne, weil sie die Sprache nicht sonderlich gut beherrsche.

Ich schüttelte darüber innerlich den Kopf. Wie konnte das sein? Sollte sich eine Frau, die in Deutschland groß geworden war und über einen deutschen Schulabschluss verfügte, nicht mindestens in der Landessprache vernünftig verständigen können? Wahrscheinlich gehörte Frau Yilmaz zu jenen »deutschen« Türkinnen, die nur in der Schule wirklichen Kontakt mit der hiesigen Kultur gehabt hatten. Es lebe die Parallelgesellschaft!

Noch erstaunlicher war allerdings der Umstand, dass ihr Sohn Ali es allen Widrigkeiten zum Trotz auf das Gymnasium geschafft hatte. Ali erinnerte mich mit seinen Pausbacken, seinem dichten dunklen Haar und den braunen Knopfaugen an ein putziges Monchhichi. Damit hatte es sich aber in puncto Niedlichkeiten auch schon erledigt. Als ich das Wohnzimmer betrat, schaute Ali Fernsehen. Er lag halb auf dem Stuhl, wobei er sämtliche Gliedmaßen von sich streckte und sich durch unsere Anwesenheit in keiner Weise stören ließ. Ein Verhalten, das mir schon von anderen Schülern geläufig war und mich nicht sonderlich verwunderte. Ich war inzwischen daran gewöhnt, ignoriert zu werden.

»Abooo! Anneeee!«, protestierte das Monchhichi, als Frau Yilmaz den Fernseher mit der Fernbedienung ausschaltete.

»Ali, jetzt Nachhilfe. Frau Janz ist da«, sagte Frau Yilmaz bestimmt und deutete auf mich.

Ich hob kurz die Hand. »Na, Ali, alles klar?«

Doch das hätte ich mir genauso gut sparen können, denn das Kind würdigte mich keines Blickes.

»*Schüsch lan!* Nicht jetzt! Die Sendung war noch nicht

Ende!«, gestikulierte mein neuer Schüler stattdessen entrüstet. Dann folgte eine wilde Diskussion auf Türkisch, wovon ich nur Alis Ausruf *»Siktir git!«* verstand, was so viel wie »Hau ab!« bedeutet, wenn man sich auf die nette Variante beschränkt. Ich konnte zwar nicht sicher sein, an wen sich die Aufforderung des kleinen Kalifen richtete, hoffte aber, dass nicht ich gemeint war.

Als sich wenig später die Gemüter einigermaßen beruhigt hatten und Frau Yilmaz mir Tee und Gebäck angeboten hatte, konnte die Nachhilfestunde endlich beginnen. Zumindest dachte ich das. Ali hockte mit verschränkten Armen neben mir und weigerte sich, auch nur einen Handgriff zu tun. Für den nächsten Schultag hatte der Deutschlehrer eine Kapitelzusammenfassung der Lektüre »Löcher« aufgegeben. Mir war der Inhalt des Buchs geläufig, weil ich es schon im Vorfeld mit anderen Schülern durchgearbeitet hatte.

»So, Ali«, begann ich. »Dann liest du dir zuerst das Kapitel durch und machst dir dabei Stichpunkte. Falls es Wörter gibt, die du nicht verstehst, kannst du mich fragen.«

Ali rührte sich nicht, sondern starrte verbissen aus dem Fenster.

»Du kannst jetzt mit der Textarbeit beginnen«, versuchte ich es noch mal.

»Machen Sie doch!«, erwiderte er brüsk.

»Ich kenne den Text aber schon.«

»Dann können Sie ja auch schreiben«, kommandierte der kleine Prinz und machte eine lässige Handbewegung. »Ist ja Ihr Job.«

Aha, *so* stellte er sich das vor! Ich war der bequeme Hausaufgabenservice, und er konnte sich entspannt zurücklehnen – meinte er. Den Zahn würde ich ihm schon ziehen.

»Nein, mein Job ist es nicht, für dich die Schulaufgaben zu erledigen. Ich bin hier, um dir bei Bedarf zu helfen und mit dir zu üben. Aber arbeiten musst du schon selbst.«

»Sie kriegen dafür viel Geld von meinem Vater! Dann müssen Sie das auch machen.«

»Ich kriege kein Geld, um deine Hausaufgaben zu machen, Ali. Dein Vater bezahlt für Extra-Stunden, in denen ich mit dir den Stoff durchgehe«, stellte ich klar.

»Mein Vater will aber, dass alle Hausaufgaben am Abend fertig sind, wenn er von Arbeit kommt.«

»Das will ich auch. Deswegen leg mal besser los.«

Ali schüttelte bockig den Kopf.

»Gut, dann nicht«, ich packte meine Sachen zusammen, nahm die Tasse Tee und etwas Gebäck. »Ich bin noch bis um fünf bei deiner Mutter in der Küche. Du kannst entscheiden, ob du bis dahin noch arbeiten möchtest, oder nicht.«

»Wenn mein Vater von Arbeit kommt und die Hausaufgabe is nich fertig, dann kriegen Sie Ärger, und dann kündigt er Sie!«, versuchte er mir zu drohen.

»Das macht nichts. Es gibt noch viele andere Nachhilfeschüler, die froh sind, wenn ich sie unterrichte.«

Ich verließ das Wohnzimmer. In der Küche informierte ich Frau Yilmaz über die Probleme mit ihrem Sohn, erklärte ihr auch, dass es bei Teenagern in der Pubertät manchmal Anlaufschwierigkeiten gebe und Ali etwas Freiraum benötige, um selbst zu entscheiden, ob er meine Hilfe annehmen wolle. Sie nickte wild und verständnisvoll, obwohl ich bezweifelte, dass sie besonders viel verstand.

Nach einer Weile öffnete sich die Küchentür. »Isch hab jetzt Stichwörter fertig«, verkündete Ali.

Na also, dachte ich mir und folgte meinem Schüler ins Wohnzimmer, um seine Arbeit zu korrigieren. Wir schafften noch die kompletten Hausaufgaben, und ich war zuversichtlich, dass ich mit Macho-Ali keine weiteren Schwierigkeiten mehr haben würde. Das stimmte so weit auch, dafür ergaben sich Schwierigkeiten mit seinen Eltern.

Eines Nachmittages bat mich Frau Yilmaz in die Küche, um mit mir »eine wichtige Sache« zu besprechen.

»Frau Janz, habe ich große Bitte an dich. Wir müssen mit Geld anders machen. Auto war kaputt und musst in Werkstatt. Zweitausend Euro, und jetzt kein Geld für Nachhilfe da. Nachhilfe später bezahlen, ja? Sonst ich kann kein Essen für Familie kaufen.«

»Hm … wir können auch gerne eine Nachhilfepause einlegen, bis es Ihnen finanziell besser geht«, schlug ich vor.

»Nein, nein! Ali muss Schule schaffen. Er keine Pause.«

»Und wie haben Sie sich das vorgestellt? Wann können Sie mich wieder bezahlen?«

»Schreiben Stunden und bezahlen nächste Monat, ja? Versproche!«

»Und da kann ich mich auf jeden Fall drauf verlassen?« Ich war kein Freund von Bierdeckelspielchen, und mein Bauchgefühl funkte mal wieder Störsignale, dass dieser Basarhandel gewaltig in die Hose gehen würde, aber ich konnte Frau Yilmaz ihre Bitte nicht ausschlagen. Immerhin ging es dabei um Alis schulische Zukunft, und was wäre ich für eine Nachhilfelehrerin gewesen, hätte ich mich nicht darauf eingelassen? Gerade jetzt, wo sich die Nachhilfe so gut eingespielt hatte. Es war ja nur für einen Monat …

Aber aus dem einen Monat wurden zwei, und aus zwei Monaten wurden drei. Frau Yilmaz vertröstete mich weiter, nicht ohne mir Geschichten aus Tausendundeiner Nacht zu erzählen, warum es gerade nicht ginge, und große Zusicherungen zu machen, dass ich das Geld bekommen würde. Schließlich hatte Ali die Probezeit auf dem Gymnasium erfolgreich hinter sich gebracht, und die Sommerferien standen vor der Tür. Noch immer war kein Geld für die erteilten Nachhilfestunden geflossen. Dafür gab es ein neues Versprechen, nämlich, dass das ausstehende Geld nach den Sommerferien, wenn Familie Yilmaz aus ihrem sechswöchigen Türkeiurlaub wiedergekommen war, sofort bezahlt werden würde. »Versproche!«

Ich stutzte. Alis Familie konnte sich einen sechswöchigen Türkeiurlaub erlauben und nagte dabei nicht am Hungertuch, hingegen konnte Frau Yilmaz ihre Familie nicht mehr ernähren, wenn es um die Bezahlung von Alis Nachhilfestunden ging? Selbst meine Geduld kannte Grenzen.

»So lange kann ich leider nicht warten, Frau Yilmaz. Ich werde Ali ohne die noch ausstehende Bezahlung keine Nachhilfestunden mehr geben können. Auch ein Nachhilfelehrer braucht Geld, um sich etwas zum Essen zu kaufen. Bis nach den Sommerferien bin ich verhungert. Und zwar ganz ohne Urlaub. Versprochen!«

Ich hatte das Geld schon abgeschrieben, als ich in der ersten Ferienwoche auf meinem Kontoauszug eine Überweisung in Höhe von 500 Mark für die Unterrichtsstunden bei Ali Yilmaz entdeckte. Während der Ferien erhielt ich eine Postkarte aus der Türkei, mit den besten Grüßen und einer dicken Entschuldigung von Ali und seinen Eltern, die sich freuen würden, wenn ich Ihnen als Nachhilfelehrerin erhalten bleiben würde.

Nur um das klarzustellen: Eine mangelhafte Zahlungsmoral hat nichts, aber auch gar nichts mit dem kulturellen oder gar religiösen Hintergrund zu tun! Ein weiterer Zechpreller war nämlich, man höre und staune, die katholische Kirche. Und dabei handelt es sich nicht um eine profane Glaubensgemeinschaft, sondern um einen Weltkonzern, der es mit seinen jährlichen Umsätzen locker mit Traditionsunternehmen wie Siemens aufnehmen kann. Neben dem Staat ist die Kirche mit 1,2 Millionen Beschäftigten der zweitgrößte Arbeitgeber Deutschlands, und spätestens seit über das staatliche Bildungspaket Förderstunden beantragt werden können, sind kirchliche Einrichtungen auch im Nachhilfe-Business angekommen.

Mir gefiel die Idee, Nachhilfe auf Kosten des Staats für Schüler zu geben, deren Eltern sich unter normalen Umständen keine teuren Förderstunden hätten leisten können. Das war in meinen Augen eine gute Sache, und deswegen erklärte ich mich sofort bereit, als ich die Anfrage von der Kirche erhielt, einem Jungen aus der neunten Klasse Nachhilfestunden in Französisch zu geben. Boris' Eltern waren Hartz-IV-Empfänger und hatten für ihren Sohn den Höchstsatz von 35 Lernförderstunden für das laufende Schuljahr bewilligt bekommen. In diesem besonderen Fall musste ich in Vorleistung gehen und konnte die Gesamtstunden erst am Ende des Schuljahrs bei der Kirche abrechnen. Zwei Wochen vor den Sommerferien erteilte ich Boris die 35. und damit letzte Nachhilfestunde.

»Werfen Sie mir die Honorarrechnung und die abgezeichneten Stunden einfach in den Briefkasten. Ich überweise Ihnen Ihr Honorar dann in den nächsten Tagen«, sicherte mir Herr Donner, der Leiter des Referats Offener Ganztag an Schulen, zu.

Gesagt, getan. Ich packte meine Abrechnung und die durch Boris' Unterschrift quittierte Terminaufstellung in einen großen Umschlag und warf sie wie vereinbart in den Briefkasten der Kirche.

Die Ferien kamen, aber das Honorar tauchte nicht auf meinen Kontoauszügen auf. In den ersten Tagen wunderte ich mich bloß darüber, aber als sich nach einer weiteren Woche immer noch nichts tat, rief ich bei der Kirche an.

»Da kann ich Ihnen nicht weiterhelfen. Herr Donner ist für die kommenden vier Wochen im Urlaub«, teilte mir eine gut gelaunte Mitarbeiterin mit.

»Das ist schlecht. Gibt es denn eine Vertretung für Herrn Donner, an die ich mich wenden könnte?«

»Sie können es mal bei Frau Habicht unter der Durchwahl 672 versuchen.«

Bei Frau Habicht war dauerbesetzt. Es dauerte zwei weitere Tage, bis ich die Dame an die Strippe bekam, eine weitere Woche, bis ich auch mit ihrem Vorgesetzten gesprochen hatte, nur um festzustellen, dass der keinen blassen Schimmer hatte und ich frustriert akzeptierte, dass mir tatsächlich nichts übrig blieb, als auf Herrn Donners Rückkehr zu warten.

Viereinhalb Wochen später war immer noch kein einziger Cent meinem Konto gutgeschrieben. Ich war mittlerweile ziemlich wütend, schluckte meinen Ärger aber runter, schrieb Herrn Donner eine Mail, weil ich ihn telefonisch nicht erreichen konnte, und bat höflich um eine Rückantwort. Diese erfolgte fünf Stunden später:

Hallo, Frau Janz,
ich war die letzten vier Wochen im Sommerurlaub und wühle mich gerade durch meine Unterlagen. Ob ich Ihre Abrechnung bekommen habe, kann ich Ihnen nicht sagen. Sie liegt nicht auf meinem Schreibtisch, aber ich werde mich mal im Haus erkundigen.
Mit freundlichen Grüßen,
M. Donner

Schön, dass Herr Donner nach wie vor die Ruhe weg hatte! Wenigstens einer, der tiefenentspannt war. Ich war es längst nicht mehr. Mein Konto wies ein dickes Minus auf. Ehrlich gesagt fühlte ich mich von der Institution Kirche ziemlich verschaukelt. Hatte Herr Donner mir nicht vor seinem Urlaub zugesichert, die Überweisung »in den nächsten Tagen« zu veranlassen? Dieses Versprechen hatte sich längst als Unwahrheit entpuppt, obwohl das achte Gebot besagt, dass ein Christ nicht lügen soll.

Ich beschloss, eine weitere allerletzte E-Mail zu schreiben.

Sehr geehrter Herr Donner,
ich bin maßlos enttäuscht, dass ich mein Honorar nach nun fast sechs Wochen immer noch nicht erhalten habe. Ich hätte nie im Leben damit gerechnet, mich in einer Organisation, die angeblich auf das Wohl des Menschen bedacht ist, so zu täuschen.

Sollte das Honorar nicht binnen drei Tagen auf meinem Konto eingehen, sehe ich mich leider gezwungen, ein gerichtliches Mahnverfahren gegen Sie einzuleiten. Des Weiteren erwäge ich den Austritt aus der Kirche.

Mit freundlichen Grüßen,
Tanja Janz

Bevor ich die E-Mail abschickte, setzte ich den Vorgesetzten von Herrn Donner in CC. Genau drei Tage später wurde das Honorar meinem Konto gutgeschrieben, und ich erhielt eine Entschuldigungsmail von Herrn Donner, die gespickt mit Erklärungen war, warum ich mein Geld nicht eher erhalten hatte. Man musste kein Prophet sein, um die fadenscheinigen Begründungen als Verlegenheitslügen zu entlarven. Ehrlich!

12

Der frühe Vogel kann mich mal!

»Morgenstund hat Gold im Mund«, heißt es im Volksmund. Doch ich dachte: Morgenstund ist aller Lasten Anfang, während ich mich abmühte, meinen Wagen in die Miniparklücke einer Zechenhaussiedlung unweit der Arena »Auf Schalke« zu manövrieren.

Es war Samstagfrüh. Sehr früh. Genauer gesagt: 6:57 Uhr. Ich löste den Gurt und griff nach meiner Tasche mit den Englischbüchern. Draußen war es noch stockdunkel, und die Rollos an den Häusern waren heruntergelassen. Nur in wenigen Wohnungen brannte schon Licht. Ich schloss leise die Autotür, um zu dieser unchristlichen Zeit niemanden aus dem Schlaf zu reißen, und lief die ausgestorbene Straße entlang bis zur Hausnummer 29. Dort klingelte ich bei Grabowski. Torben Grabowski stand heute als erster Nachhilfeschüler um Punkt sieben Uhr auf meiner Liste. Sekunden später öffnete mir eine verschlafene Frau Grabowski im Schalke-Bademantel die Tür.

»Morgen, komm rein. Der Kaffee ist gleich fertig. Nur Brötchen habe ich noch nicht geholt.«

Ich folgte Torbens Mutter Rita, mit der ich per du war, in die blau-weiße Küche, wo sie mir den Kaffee standesgemäß in eine Schalke-Tasse goss. Seit ein paar Monaten war das jeden Samstag so.

Ihr Sohn Torben besuchte die neunte Klasse einer Gesamtschule. Er spielte für einen Schüler schon ziemlich professionell Fußball und war sich sicher, der nächste Oliver Kahn zu werden. Nach der Schule ging er direkt zum Torwarttraining, da blieb einfach keine Zeit für Nachhilfestunden. Samstags von sieben bis acht Uhr dreißig war die einzige Zeitlücke, die ich bei »Familie Schalke« (so nannte ich sie insgeheim) für Englisch-Nachhilfe finden konnte. Um neun Uhr stand bereits das Teamtreffen am Fußballplatz von Torbens Verein an, von wo aus die Spieler dann zum jeweiligen Wochenendspiel der Mannschaft aufbrachen.

Als ich Torbens Zimmertür öffnete, hockte er bereits in kompletter Fußballmontur verschlafen am Schreibtisch. An den Wänden hingen Regale, auf denen sich ein Turnierpokal an den nächsten reihte, und in der Mitte stand ein eingerahmtes Foto seiner Fußballmannschaft. »Na, Torben, biste fit für Englisch?«

»Nee«, gähnte Torben. »So früh Nachhilfe, das ist Schülerquälerei.«

»Ach, das kriegen wir schon hin. Wie jeden Samstag. Die Engländer sagen übrigens: The early bird catches the worm«, versuchte ich ihn und mich zu motivieren und bereute meine Aussage sofort, denn Torben motzte: »Dieser frühe Vogel kann mich mal. Und zwar gründlich!«

Wie zur Bestätigung fiepte der Familien-Terrier Libuda (benannt nach dem ehemaligen Kult-Schalker Stan Libuda), der neben dem Schreibtisch im Körbchen lag, und drehte sich gähnend auf die andere Seite.

»Komm, lass uns mal anfangen. Was habt ihr denn letzte Woche in Englisch gemacht?«

Torben zuckte mit den Schultern. »Gar nix.«

Eine typische Schülerantwort, die ich mindestens einmal täglich zu hören bekam.

»Okay, dann schlag mal die Seite in deinem Buch auf.«

»Gar nix« stellte sich im Übrigen als Unit 3 mit dem Schwerpunkt der Region Yorkshire und der Stadt Sheffield als Beispiel für ein urbanes Ballungsgebiet heraus, was für fünfzehnjährige Teenager ungefähr so interessant sein dürfte wie das Thema Altersvorsorge. Ich fragte mich häufig, warum die Texte in den aktuellen Lehrbüchern so schülerfern und geradezu verstaubt waren, wie vermutlich die Verfasser der Texte. Was war daran so schwer, die Stadt Sheffield interessant für die Zielgruppe zu gestalten, indem der Autor zum Beispiel den Schwerpunkt auf eine lokale Musikband oder einen Fußballverein legte? Wäre der FC Sheffield als Thema im Text behandelt worden, hätte Torben unter Garantie sofort gewusst, was die Lehrerin in der letzten Woche im Englischunterricht durchgenommen hatte.

»Was kannst du mir denn über Yorkshire erzählen?«

Torben seufzte und linste auffällig zur Uhr. »Das ist irgendwie so 'n Land, oder so.«

»Aha, und wo liegt dieses Land?«

»In England?«

»Fast richtig. Yorkshire ist kein richtiges Land, wie zum Beispiel Deutschland. Aber es ist ein Teil von England, eine sogenannte Grafschaft. Yorkshire liegt in Nordengland und ist die größte Grafschaft des Vereinigten Königreichs.«

Ich konnte es kaum fassen, aber urplötzlich schaute mich Torben aufmerksam an. Er schien sich regelrecht für das Thema zu interessieren. Ich jubelte innerlich und referierte fröhlich weiter über die nationale Bedeutung der Grafschaft Yorkshire für Großbritannien.

In Torbens Kopf arbeitete es, das konnte ich selbst durch den romantisch verklärten Blick der Nachhilfelehrerin erkennen. »Darf ich was fragen?«

»Natürlich.«

»Kommt der Libuda auch daher?«

»Der Fußballspieler?!«

»Nee, der Hund!«

»Woher?« Ich verstand den Zusammenhang nicht und

schien in meiner morgendlichen Umnachtung nicht um die Ecke denken zu können.

»Na, aus Yorkshire!«

Ich schaute auf den Hund, der mittlerweile auf dem Rücken lag und leise schnarchte, als bei mir endlich der Groschen fiel. »Ach so, du meinst, weil Libuda ein Yorkshireterrier ist. Ja, jetzt verstehe ich das.«

»Und? Kommt der denn daher?«

»Libuda vermutlich nicht. Aber ursprünglich kommen die Yorkshireterrier tatsächlich aus der Gegend. Guck doch mal bei Wikipedia nach, was du darüber rausfinden kannst.«

Spätestens jetzt hatte Torben vergessen, dass er eigentlich todmüde war und keinen Bock auf Englisch-Nachhilfe hatte. Der Trick mit Wikipedia und dem Computer funktionierte eigentlich immer, weil das Medium Internet von den meisten Schülern täglich genutzt wird, um sich entweder Informationen zu beschaffen, E-Mails zu schreiben oder die neusten Videos auf YouTube anzusehen. Auf der virtuellen Welt prangt kein Schulstempel wie zum Beispiel auf Schulbüchern. Vielmehr gehört das Surfen im Internet zu einer der liebsten Freizeitbeschäftigungen von Schülern, was ich gerne themenbezogen in meine Nachhilfestunden einbaute.

»Alta, krass ey! Da steht, dass die Hunde nur bei Armen gelebt haben und in den Städten die Ratten und Mäuse fressen mussten. Stimmt das? Haben die Hunde die in echt so gegessen?«

»Ja, das war damals so.« Natürlich hatte ich keine Ahnung, ob das stimmte. Aber Wikipedia hatte ja meistens recht. Was ich vor meinen Schülern natürlich niemals zugeben würde. Copy & paste, sag ich nur!

»Boah, das muss ich am Montag mal der Senska erzählen, das weiß die garantiert nicht.«

»Meinste nicht?«

»Nee, die weiß doch nur, was in ihren komischen Englischbüchern steht. Mensch, Libuda, hast du ein Glück, dass du keine Gelsenkirchener Ratten futtern musst!«

Torben tätschelte den Kopf des Terriers, und ich war bei so viel unerwartetem Interesse am Thema fast ein wenig gerührt. Nach neunzig Minuten packte ich meine Tasche und Torben seine Trainingssachen zusammen. Da Torbens Vater auch samstags arbeitete und mit dem Auto unterwegs war, hatte es sich eingebürgert, dass ich Torben nach dem Nachhilfeunterricht zum Fußballplatz fuhr. Torben bestand allerdings darauf, in einer Seitenstraße von mir abgesetzt zu werden. »Wie uncool ist das denn, wenn die rauskriegen, dass ich vor dem Spiel Nachhilfe habe und dann noch von meiner Nachhilfelehrerin zum Fußball gefahren werde!«

Das konnte ich zweifelsohne verstehen. Ich war ja auch mal jung gewesen, auch wenn meine Nachhilfeschüler das stets bezweifelten. Ich ließ Torben aus dem Auto springen und fuhr weiter zum nächsten Schüler.

Als mich eine Freundin fragte, ob ich ihrer Nichte Nachhilfestunden in Englisch und Deutsch geben könnte, sagte ich sofort zu.

Lena besuchte die elfte Klasse eines Gymnasiums, zuvor war sie auf einer Gesamtschule gewesen. Ich wusste, dass ein Wechsel von der Gesamtschule zum Gymnasium eigentlich nie ohne Komplikationen verlief, da das Niveau der unterschiedlichen Schulformen stark differierte. So war es auch bei Lena. Erschwerend hinzu kam, dass meine Schülerin es sich in ihrem Chaos richtig gemütlich gemacht hatte und keine Veranlassung sah, aus der Behaglichkeit herauszukommen, was ihre Schulsituation nicht verbesserte. Damit strapazierte sie nicht nur mein Nervenkostüm, sondern stellte auch ihre Eltern auf eine harte Geduldsprobe, die bis abends arbeiteten und ihrer Tochter nur sporadisch Feuer unter dem Hintern machen konnten.

Es war jedes Mal das gleiche Spiel: Egal zu welcher Uhrzeit Lena und ich uns für Nachhilfestunden verabredeten, ich musste sie immer aus dem Bett klingeln, was oftmals schon eine Viertelstunde in Anspruch nahm.

Hatte ich es endlich geschafft, Lena durch beharrliches Klingeln aus dem Tiefschlaf zu reißen, dauerte es meist noch eine geschlagene halbe Stunde, bis sie sämtliche Schulsachen herausgesucht hatte und mir dann gegenüber am Küchentisch saß.

»Ich kann mich überhaupt nicht konzentrieren«, stellte sie dann jedes Mal nach ein paar Minuten fest. »Ich brauch einen Kaffee.«

»Während du Kaffee kochst, kann ich mir schon mal deine Hausaufgaben angucken«, schlug ich vor, weil die Nachhilfestunde nicht unendlich ging und wir schon fünfzig der neunzig Minuten vertrödelt hatten.

»Ich bin gar nicht dazu gekommen die Hausaufgaben zu machen, weil ich ein Geschichtsreferat machen musste«, war meist Lenas Standardantwort. Es war mir ein Rätsel, wie Lena mit dieser Einstellung das Abitur, geschweige denn die Versetzung in die nächste Klasse schaffen wollte. Oder sich in absehbarer Zeit für einen Beruf entscheiden sollte, was Lena zum damaligen Zeitpunkt weit weg von sich schob, da sie sich über ihre Berufswahl noch keine Gedanken machen wollte. Für sie war das ferne Zukunftsmusik. Lena dachte bloß von einem Referat zum nächsten, womit sie schon genug zu tun hatte. Doch eines Tages kam es noch besser.

Es war Samstagnachmittag. 15:15 Uhr. Ich schaute abwechselnd auf die Uhr und zu Lenas Fenster empor, während ich Sturm klingelte und mir dicke Regentropfen auf den Kopf klatschten. »Lenaaaa! Aufstehen!!!«, rief ich und drückte wieder auf die Klingel, als das Rollo hochgezogen, das Fenster geöffnet wurde und Lenas Kopf in der Öffnung erschien.

Ihre Haare standen verwuschelt zu Berge, und sie kniff ob des blendenden Tageslichts die Augen zusammen. »Ist schon Nachhilfe?«, fragte sie verschlafen und gähnte herzhaft.

Schon, war gut! Meine Armbanduhr zeigte mittlerweile 15:17 Uhr an. »Ja, und zwar schon seit einer Viertelstunde, um genau zu sein. Vielleicht lässt du mich mal rein?«

Es dauerte weitere vier Minuten, bis eine offensichtlich verkaterte Lena im Bademantel die Tür aufschloss. Im Hausflur empfing mich bereits das Durcheinander. Fast wäre ich über einen leeren Bierkasten gestolpert. Ich blickte kurz ins Wohnzimmer, dann in die Küche, wo es aussah, als hätte eine Bombe eingeschlagen.

»Du lieber Himmel! Was ist denn hier passiert?«, fragte ich.

»Och, ich hab gestern eine kleine Party gegeben.«

»Sieht mir gar nicht so klein aus«, runzelte ich die Stirn. So sah es vermutlich auch in Bagdad nach einem Bombenangriff aus.

»Wie viele Leute waren denn da?«

»Nur meine Stufe.«

»Ach so … nur deine Stufe?! Na, das sind ja bloß ungefähr fünfzig Leute, schätze ich mal. Das ist natürlich eine ganz kleine Party.« Wahrscheinlich wäre die Bezeichnung »intimer Umtrunk« in Lenas Augen noch passender gewesen.

»63, um genau zu sein«, sagte Lena stolz.

Nur 63! Möglichweise konnte ich froh sein, dass es »nur« 63 partywütige Oberstufler waren, die das Haus zwar verwüstet, aber nicht gleich abgerissen hatten. Man konnte glatt von Glück sprechen, dass es keine Facebook-Party gegeben hatte, wobei vermutlich noch zwei Nullen an die 63 drangekommen wären und die Presse überregional über das Event berichtet hätte. »Aha. Solange deine Eltern damit einverstanden sind …«

»Die dürfen auf keinen Fall was davon erfahren!«, unterbrach mich Lena verschwörerisch. »Und auch nicht davon, dass die Polizei da war.«

»Polizei?«

Lena nickte betreten. »Wegen Ruhestörung.«

»Wo sind deine Eltern überhaupt?«

»Bei Bekannten. Aber die kommen heute wieder.«

»Wann?« Mir dämmerte langsam, wie sehr die Kacke dampfte, in die sich Lena da hineinmanövriert hatte.

»Gegen sechs wollten sie wieder da sein.«

»Dann hast du noch exakt zweieinhalb Stunden, um das Haus wieder auf Vordermann zu bringen«, stellte ich trocken fest.

»Das schaffe ich nie!«, jammerte Lena. »Was soll ich denn jetzt machen?«

Meine Schülerin saß offenkundig in der Patsche, aus der sie nicht mehr allein herauskommen würde. Und weil mit keinem himmlischen Putztrupp zu rechnen war, beschloss ich, ihr notgedrungen zu helfen. Ich war mir darüber bewusst, dass dies kein pädagogischer Meisterstreich war und ich Lena damit aus ihrer Eigenverantwortung nahm. Denn was lernte sie daraus? Prima, ich kann den größten Quatsch verzapfen, am Ende wird mich Tanja schon retten.

Gleichzeitig, dachte ich, wollte ich nicht ausgerechnet an der Nichte einer guten Bekannten ein Exempel statuieren. Immerhin war Lena nicht die Einzige, die nach dem Prinzip »Minimaler Einsatz, maximale Ausbeute« lebte und sich immer irgendwie durchmogelte – sei es durch die Schule oder durch ihre alltäglichen Pflichten. Ich habe oft erlebt, dass eine Vier in einer Arbeit für meine Schüler und deren

Eltern Grund genug ist, um erleichtert aufzuatmen und das vermittelte Wissen sowohl theoretisch als auch praktisch ad acta zu legen. Dabei unterschätzen viele, dass die meisten Stoffe in der Schule nicht nur einmal drankommen, im schlimmsten Fall sogar aufeinander aufbauen. Für Schüler, die die gesamte Mittelstufe verpennt haben, keinen Schimmer von englischem Satzbau, den Grundregeln in Algebra oder der Existenz einer Tonleiter haben, bedeutet dies den sicheren Untergang. Immerhin müssen in der Nachhilfe die alten Löcher gestopft *und* die neuen Inhalte verstanden werden. Eine Doppelbelastung, die keinem der Beteiligten wirklich Freude bereitet.

Umso schlimmer, wenn Eltern den Weg des geringsten Widerstands nicht nur ermöglichen, sondern auch noch fördern. Im Gegensatz zu den Eislaufmuttis, die ihre Kinder zu Höchstleistungen peitschen, sind es die sogenannten »Pareto-Eltern«, die ihren Kindern ganz tiefenentspannt vermitteln: arbeiten, um zu leben – nicht leben, um zu arbeiten. Was du heute kannst besorgen, das verschieb getrost auf morgen. Chill mal, Alter! Der Pareto-Effekt besagt, dass 80 Prozent der Ergebnisse (gleich in welcher Disziplin oder Handlung) in 20 Prozent der investierten Zeit erreicht werden. Die verbleibenden 20 Prozent der Ergebnisse benötigen 80 Prozent der Gesamtzeit und verursachen damit die meiste Arbeit. In der Lebensphilosophie der Paretos bedeutet dies: Mit kleinstem Einsatz erreichst du zwar nicht das beste, aber zumindest ein akzeptables Ergebnis. Wenn Eltern ihren Kindern, die in der Schule ins Straucheln kommen, dies vermitteln, werden die Schüler nie ein eigenes Interesse beziehungsweise die Disziplin entwickeln, um sich auch mal richtig in was reinzuhängen. Leidenschaft, das bedeutet einerseits, für etwas zu brennen, andererseits, für etwas leiden zu können. Bei vielen meiner Nachhilfeschüler habe ich erlebt, dass ihre Eltern nach einer vergeigten

Klassenarbeit lieber eine zusätzliche Nachhilfestunde buchen, anstatt ihre Söhne und Töchter dazu zu motivieren, sich jetzt mal richtig auf den Hosenboden zu setzen. Und alles nur aus der Angst heraus, dass das mit dem Auf-den-Hosenboden-Setzen am Ende mächtig in die Hose geht und frustriert. Können die Schüler also etwas dafür, wenn es ihnen die Eltern falsch vormachen? Sich für eine mittelmäßige Leistung übermäßig freuen? Die Verantwortung von sich weisen und selbst dem Konflikt mit dem eigenen Kind großräumig aus dem Weg gehen?

»Ja, ist gut. Ich helfe dir«, seufzte ich, hob die Hände und krempelte die Ärmel hoch. Immerhin hatte ich ein paar Zweifel an meinem Verhalten gezeigt – dann durfte ich jetzt auch mit meinen Prinzipien brechen. »Aber die Nachhilfe wird im Anschluss durchgezogen.«

»Ja, gut. Danke!«

Während ich die verdreckte Küche schrubbte, sammelte Lena Leergut ein und saugte die Zimmer. Mit vereinten Kräften schafften wir es tatsächlich, das Haus von sämtlichen Spuren der Stufenparty zu befreien, bevor Lenas Eltern nach Hause kamen. Am Ende blieb meiner Schülerin noch Zeit, sich anzuziehen, sich bei den Nachbarn für die nächtliche Ruhestörung zu entschuldigen und zu beteuern, dass es bei einer einmaligen Angelegenheit bleiben würde.

Nachdem Lena mit Hängen und Würgen die Versetzung in die zwölfte Klasse geschafft hatte, sich aber trotz der Wackelpartie keine Änderung in ihrer Arbeitsmoral abzeichnete, bat ich meine Schülerin und ihre Mutter um ein klärendes Gespräch. Meine Schmerzgrenze war längst erreicht, und es war endlich an der Zeit, Tacheles zu reden.

»Wenn du wirklich das Abitur schaffen willst, dann muss sich ab sofort dein Verhalten ändern«, begann ich die Unterredung. »Sonst wird das nämlich nichts. Dann schaffst du nicht mal die Zulassung. Und ich sehe es auch nicht ein, weiterhin meine Zeit in Nachhilfestunden mit dir zu investieren, wenn dabei nichts rauskommt.«

Lena riss erschrocken die Augen auf. »Heißt das, du willst mich hängen lassen? Ich brauch dich doch!«

»Ob wir hier die Zeit totschlagen und es unter dem Namen Nachhilfe laufen lassen oder nicht, ist eigentlich egal.«

»Aber ...«, wollte Lena protestieren, doch ich schnitt ihr das Wort ab: »Überleg mal, wie viel Zeit von der Nachhilfestunde überhaupt bleibt, nachdem ich dich aus dem Bett geklingelt habe, du deine Unterlagen zusammengesucht und Kaffee gekocht hast«, zählte ich auf. »Dreißig Minuten maximal, von ursprünglich neunzig. Und dann hast du nie Zeit, die von mir aufgegebenen Übungen zu erledigen.«

»Ich habe immer so viel anderes zu tun ...«

Oh ja, auf Partys gehen, shoppen, schlafen, *Germanys next Topmodel* gucken und auf Facebook abhängen, dachte ich. Alles megawichtige Aktivitäten, die natürlich Priorität hatten. »Das mag ja sein, trotzdem erwarte ich von einer Oberstufenschülerin, dass sie ihre Zeit so einteilen kann, dass noch Kapazität für die Schule bleibt.«

»Siehst du, das sage ich ihr ständig«, schaltete sich Lenas Mutter ein. »Aber auf mich hört sie überhaupt nicht mehr! Dauernd hat Lena Ausreden, weswegen sie keine Zeit zum Lernen hat.«

»Ohne dich schaffe ich die Oberstufe aber überhaupt nicht«, jammerte Lena plötzlich. »Ich brauche jemanden, der mir den Stoff erklärt!«

Nun hatte ich Lena genau da, wo ich sie haben wollte. Jetzt galt es, den Joker geschickt auszuspielen. »Ich bin bereit, weiterhin mit dir zu üben, aber nicht mehr unter den bisherigen Bedingungen. Wir müssen unsere Strategie komplett ändern.«

Ich hatte mir im Vorfeld ausführlich Gedanken darüber gemacht, wie ich Lena aus ihrem phlegmatischen Trott locken konnte, und war zu dem Ergebnis gekommen, dass meine Schülerin mit zu viel Service nicht umgehen konnte und mehr in die Pflicht genommen werden musste. Praktischerweise hatte Lena kürzlich die Fahrprüfung bestanden, und das brachte mich auf eine Idee.

»Ich werde zukünftig nicht mehr zu dir nach Hause kommen, um mit dir zu lernen, sondern die Nachhilfestunden nur noch bei mir abhalten. Könnte sich Lena dein Auto vielleicht ausleihen?«, fragte ich ihre Mutter, die zu verstehen schien, dass ich ihre Tochter in die Verantwortung nehmen wollte.

»An mir soll es nicht scheitern«, stimmte sie sofort zu.

Und so kam es, dass das Wunder geschah: Plötzlich schaffte es Lena, pünktlich zu ihren Nachhilfestunden bei mir auf der Matte zu stehen, da ihre Mutter ihr das Auto nur für eine bestimmte Zeit lieh. Endlich konnte ich volle neunzig Minuten mit ihr arbeiten, was sich positiv auf ihre Arbeitsmoral und ihre schulische Beteiligung niederschlug. Durch die intensive Vor- und Nachbereitung verstand sie mehr im Unterricht und war außerdem in der Lage, die zusätzlichen Aufgaben für mich zu erledigen.

Was am Anfang der zwölfte Klasse für alle Beteiligten eher ein leiser Hoffnungsschimmer denn ein unerschütterlicher Glaubensgrundsatz war, ging am Ende in Erfüllung. Lena bestand das Abitur. Und nicht nur das, sie bekam aufgrund ihrer guter Noten auch die Ausbildungsstelle, die sie sich wünschte: Sie wurde Nachtschwester.

13

Wenn ich mal groß bin

Wenn man ein paar Jahre als Nachhilfelehrer gearbeitet hat, stellt man fest, dass sich Situationen, Fragen und Ratschläge im Grunde genommen regelmäßig wiederholen. Zum Beispiel die Frage: »Weißt du schon, was du nach der Schule machen willst?« Das frage ich Nachhilfeschüler gleich beim ersten Termin, um sie besser kennenzulernen, spätestens aber am Anfang der zehnten Klasse beziehungsweise dem letzten Schuljahr vor dem Abitur, dann aber mit durchaus ernsthaftem Interesse. Und jedes Mal bin ich aufs Neue mittelschwer darüber geschockt, wenn sich Schüler, die kurz vor dem Abschluss stehen, noch keinerlei Gedanken über die Zeit nach der Schule gemacht haben. Andererseits wirken die Jugendlichen trotz bevorstehendem Schulabschluss oftmals noch sehr jung und unerfahren auf mich, sodass es vermutlich eher an ein Wunder grenzen würde, wenn sie tatsächlich wüssten, welchen Beruf sie in den nächsten fünfzig Jahren ausüben möchten.

»Mach ich eben ein soziales Jahr«, ist oft eine beliebte Antwort. »Dann hab ich ein Jahr zum Überlegen!«

Zugegeben: Als Dreizehnjährige habe ich davon geträumt, Reitlehrerin zu werden, zwischenzeitlich wechselte ich kurzweilig zum Beruf der Balletttänzerin. In der zehnten Klasse war ich dann in der Realität angekommen, und für mich stand fest, dass ich nach dem Abitur Englisch und Deutsch auf Lehramt studieren wollte. Ich hatte mich im

Berufsinformationszentrum des Arbeitsamtes über den Job informiert, wusste, wie viel man als Gymnasiallehrer verdiente, was beim Studium ungefähr auf mich zukam und welche Voraussetzungen ich erfüllen musste, um einen Studienplatz zu ergattern. Aber auf diese Idee kamen nur wenige meiner Nachhilfeschüler.

Bei meinen Schülern stand die Berufswahl häufig unter dem Motto »Berühmt werden, Urlaub auf den Malediven, mindestens einen Ferrari und ein dickes Bankkonto«. In Gesprächen mit den Jugendlichen stellte sich oft heraus, dass sie zum einen gar keinen Überblick über die verschiedenen Berufsfelder hatten und zum anderen den Wert von Geld und Arbeitskraft nicht wirklich einschätzen konnten. Woher sollten sie es auch können, wenn das scheinbar reale »alltägliche« Leben im Fernsehen stattfindet und dort jeder ein Superstar, ein Model, eine Shopping-Queen, ein Millionär oder ein glücklicher Bauer mit schönheitsoperierter Schwiegertochter war?

Am Ende der zehnten Klasse war Daniels Antwort auf meine Frage nach seinen Berufsplänen eindeutig: »Ich werde Rentner.«

»Ja, aber erst nach deinem Berufsleben. Ich meine, was du nach der Schule lernen möchtest.«

»Rentner eben. Die haben so viel Zeit, können immer ausschlafen und haben das ganze Jahr Urlaub. Das ist perfekt. Mein Opa geht mindestens vier Mal in der Woche zum Angeln an den Kanal, da könnte ich dann mitgehen.«

Mit dieser Lebenseinstellung lag Daniel traurigerweise im Trend. War es früher noch normal, berufliche Ziele zu haben, so scheint eine geregelte Arbeit, von morgens bis abends, fünf Tage die Woche und nach Möglichkeit mit einem unbefristeten Vertrag, für viele Jugendliche nicht mehr erstrebenswert zu sein. Viel lieber möchten sie sich in einer bequemen Schummelkommune durchs Leben mogeln, angefangen von der Schule bis zur Rente. Das Gefühl der Selbstverwirklichung, mit seiner Arbeit etwas Sinnvolles zu tun, einen Fußabdruck (und zwar keinen ökologischen!) zu hinterlassen, möchte sich für viele Jugendliche nicht mehr einstellen. Liegt dies vielleicht daran, dass die Medien ein falsches Bild der Realität widerspiegeln, in der es ausschließlich darum geht, möglichst einfach und ohne große Mühen an möglichst viel Geld und Erfolg zu kommen, um dann mit den Schönen und Reichen Champagner zu saufen und Kavier zu löffeln? Sind die Jugendlichen wegen scheinbar unbegrenzter Möglichkeiten orientierungslos und können sich deswegen nur noch schwer auf einen echten Job einlassen, der jenseits von Superstars und Glanz und Glamour stattfindet?

Mirko war im Gegensatz zu Daniel immerhin dazu bereit, eine gewisse Gegenleistung für den frühzeitigen Ruhestand zu erbringen. Er hatte sich in den Kopf gesetzt, das nötige Kleingeld für den vorgezogenen Alterswohlstand durch seine Teilnahme an TV-Shows zu gewinnen. Dafür trainierte er online bei »Wer wird Millionär«, las drei Tageszeitungen und verschlang Lexika, wie andere Thriller lesen. Das fand ich gut. Denn selbst wenn Mirko es nie bis zur Eine-Million-Euro-Frage bei Herrn Jauch schaffen sollte, sein umfangreiches Allgemeinwissen würde ihm erhalten bleiben und sich schlimmstenfalls positiv auf seine Schulnoten und sein zukünftiges Berufsleben auswirken.

Manche Schüler wiederum nahmen sich die eigenen Eltern zum beruflichen Vorbild, was nicht immer die beste Wahl war. Zum Beispiel Lindsay: Sie besuchte die zehnte Klasse an einer Hauptschule in einem Gelsenkirchener Brennpunkt-Stadtteil. Ihre Eltern bezogen beide Hartz IV. Lindsays Vater hatte sich die Knochen auf dem Pütt kaputt malocht, und ihre Mutter litt an chronischem Rheuma.

»Eigentlich ist die ganze Lernerei ja voll was für 'n Arsch.

Unser Klassenlehrer bringt uns gerade bei, wie das mit Hartz IV geht«, eröffnete mir Lindsay während einer Nachhilfestunde, in der ich sie eigentlich für ihren Schulabschluss fit machen sollte. »Werde ich eben so wie meine Eltern.«

»Warum macht euer Lehrer das denn? Sollte er nicht besser mit euch üben, wie ihr vernünftige Bewerbungen schreibt, um einen Ausbildungsplatz zu bekommen?«

»Nee, der sagt, das ist Zeitverschwendung, und wir kriegen eh nix, weil uns mit Hauptschulabschluss keiner nimmt. Deswegen müssen wir wissen, wie das mit Hartz IV beim Arbeitsamt geht.«

Ich schluckte. Ich fand das Verhalten von Lindsays Klassenlehrer ungeheuerlich! Und so was schimpfte sich Pädagoge ... Ganz offensichtlich hatte der Kollege etwas falsch verstanden, als in der Uni das Thema Vorbildfunktion des Lehrpersonals durchgenommen wurde! Es konnte nicht wahr sein, dass ein Lehrer, der die Aufgabe hatte, seine Schüler zum Wissenserwerb zu motivieren und zu befähigen, derart herablassend über seine Schutzbefohlenen urteilte.

»Ich finde, dass dein Lehrer unrecht hat«, sagte ich bestimmt und unterdrückte die aufkeimende Wut im Bauch. »Ich glaube schon, dass man mit einem guten Hauptschulabschluss heutzutage auch eine Ausbildungsstelle bekommen kann.«

Lindsay seufzte. »Wie soll das denn gehen? Bis jetzt habe ich nur Absagen gekriegt! Da hat mein Klassenlehrer schon recht. Er sagt auch immer, dass so Doofis wie wir von der Hauptschule erst gar nicht zum Gespräch eingeladen werden. Da werden eher Leute von der Realschule genommen.«

Ich sah in dem Mädchen keinesfalls eine zukünftige Hartz-IV-Empfängerin, auch wenn sie »nur« auf eine Hauptschule ging. Zugegeben, Lindsays Stärken lagen weder in Deutsch, Englisch noch Mathe, das stimmte schon. Dafür war sie ungemein talentiert und geschickt im handwerklichen Bereich. Sie hatte sich im letzten Winter einen Norwegerpullover gestrickt, der locker als teures Designerteil hätte durchgehen können. Ich war mittlerweile richtig stinkig auf den Kollegen, der eindeutig seinen Beruf verfehlt hatte, und ich verspürte eine Art Kampfeslust. Es wurde höchste Zeit, ihm zu zeigen, wo der Frosch die Locken hatte!

»Hör mal, eine Freundin von mir hat einen Friseurladen, und ich weiß, dass sie auf der Suche nach passenden Auszubildenden ist. Im letzten Jahr hat sie sich oft beschwert, weil bei den Lehrlingen zwar das Zeugnis okay war, sie aber nicht begabt genug für den Friseurberuf waren. Ich könnte mit meiner Freundin mal reden, falls du dir vorstellen könntest, eine Ausbildung als Friseurin zu machen.«

Lindsay fand die Idee toll. Meine Freundin Nicole war anfangs skeptisch, als ich erwähnte, dass Lindsay eine Hauptschülerin war. Der Grund für ihre Befangenheit lag aber nicht an meiner Schülerin, sondern am schlechten Image der Hauptschule. Hauptschülern traut die Gesellschaft im Allgemeinen nicht zu, dass sie sich in dienstleistenden Berufen wie zum Beispiel der Friseurin etablieren können. Die Hauptschule gilt längst nicht mehr als Schulform mit Zukunft, dafür aber als Resterampe und Auffanglager für Loser. Nach einiger Überzeugungsarbeit bot sie ihr dann aber ein zweiwöchiges Praktikum an, um zu gucken, ob es vielleicht doch passte.

Und es passte! Nicole war schon nach der Hälfte des Praktikums von Lindsays Fähigkeiten überzeugt und sagte ihr eine Ausbildungsstelle ab August zu. Ich freute mich nicht nur für Lindsay, sondern auch darüber, dass ihr blöder Klassenlehrer nicht recht behalten hatte.

Ab und zu liegt der zukünftige Beruf seit Generationen in der Familie und ist mit der Geburt schon beschlossene Sache. Bei Dennis hoffte ich zugegebenermaßen, dass er mit der Familientradition brach. Zumal er noch zwei Geschwister hatte. Seinen Eltern gehörte nämlich das alteingesessene Bestattungsinstitut Brüggemann. Geldsorgen kannte Dennis' Familie nicht, denn das Geschäft mit dem Tod ist krisensicher.

»Gestorben wird immer«, plauderte Vater Brüggemann beim ersten Gespräch aus dem Nähkästchen, um gleich, ganz Geschäftsmann, hinterherzuschießen: »Ich kann Ihnen ja mal ein unverbindliches Angebot erstellen. Da werden Sie Augen machen, Frau Janz! Man weiß schließlich nie, ob es morgen vielleicht schon so weit ist.«

Mir entglitten für einen kurzen Moment die Gesichtszüge. »Äh, ja ... das ist sehr nett von Ihnen.«

Ich war damals vierundzwanzig Jahre alt und hatte nicht vor, in absehbarer Zeit den Löffel abzugeben. Trotzdem bekam ich bei dem Thema schwitzige Hände.

»Nur für den Fall der Fälle, selbstverständlich«, ergänzte Herr Brüggemann und lachte jovial.

Bei seinem Sohn Dennis zögerte ich die Frage nach dem Berufswunsch hinaus. Ich versuchte, das Thema geradezu weiträumig zu umschiffen, weil ich mir nicht vorstellen wollte, dass mein jetziger Nachhilfeschüler mein zukünftiger Bestatter werden könnte. Irgendwann schnitt Dennis dann die Frage nach der Berufswahl selbst an. »Ich könnte nach der Zehnten sofort eine Ausbildung als Bestatter bei meinem Vater machen und dann später die Firma übernehmen, aber ich hab da keine Böcke drauf.«

Puh, Glück gehabt, Dennis wurde nicht mein Bestatter.

»Das brauchst du ja auch nicht zu machen. Es gibt so viele schöne andere Berufe«, und Bestatter gehört nicht dazu, ergänzte ich in Gedanken.

»Nach der Zehnten mach ich auf jeden Fall die Schule weiter. Die Quali schaff ich locker, und dann melde ich mich fürs Abi am Gymnasium an.«

Ich war entzückt. Dennis war ein schlaues Kerlchen, er würde seinen Weg machen. »Das ist wirklich eine sehr gute Idee, dass du das Abitur machen willst. Möchtest du denn später mal studieren?«

»Medizin.«

Ich war überwältigt. Dennis wollte tatsächlich mit der Familientradition brechen, um sich in den Dienst der Lebenden und nicht der Toten zu stellen! Meine Begeisterung kannte keine Grenzen. »Ich finde es ganz toll, Dennis, dass du Menschen helfen willst, damit sie länger leben. Was für eine Art Arzt willst du denn werden?«

»Forensiker.«

O Gott. Meine Begeisterung blieb mir im Halse stecken. Der Apfel fiel anscheinend trotz allem nicht weit vom Stamm. »Aber da sind die Leute ja schon tot, und du kannst ihnen gar nicht mehr helfen, um gesund zu werden«, sagte ich etwas ratlos. »Warum willst du denn nicht mit lebenden Menschen arbeiten?«

»Erstens brauche ich Action im Job. Zweitens finde ich CSI total cool, und wenn ich Forensiker bin, bin ich ja so was wie ein Privatdetektiv! Und drittens halten Tote wenigstens die Klappe und quatschen mich nicht voll.«

Das tat ich dann auch. Ich hatte keine Fragen mehr.

Noch einen Hauch kreativer war die Idee von Bianca, einer Abiturientin, die es in die große weite Welt zog.

»Ich werd nach dem Abi Au-pair in New York. Da gibt's die tollsten Model-Agenturen.«

Der Plan hörte sich erst mal nicht schlecht an und hatte den netten Nebeneffekt, dass Bianca neben ihrer Arbeit als Au-pair-Mädchen ihre Englischkenntnisse verbessern konnte. Trotzdem verstand ich den Zusammenhang mit den Model-Agenturen nicht.

»Warum ist es denn wichtig, dass es da Model-Agenturen gibt?«

»Ich will mich dann da vorstellen. Nur deswegen will ich als Au-pair in New York arbeiten.«

»Aha. Und als was willst du in einer Model-Agentur arbeiten?« Ich fürchtete, dass Bianca sich das Prozedere, um an einen Job in einer Model-Agentur zu kommen, etwas zu einfach vorstellte. Und ich bezweifelte, dass sie große Chancen auf einen Agenturjob hatte, bevor sie die englische Sprache nicht verhandlungssicher in Wort und Schrift beherrschte. Das wurde selbst für einen popligen Praktikumsplatz vorausgesetzt, bei dem man den lieben langen Tag Kaffee kochte.

»Ich werde mich da ganz normal vorstellen. Bei Elite.«

Natürlich, bei Elite. Der ersten Adresse am Platz. Warum auch kleckern, wenn man klotzen kann?! »Schon klar, aber ich meinte, als was willst du dich da vorstellen? Für welchen Beruf innerhalb der Agentur?«

»Äh? Als Model natürlich! Was denn sonst?«

»Ach …« Ihre Ansage machte mich sprachlos. Nein, das konnte nicht Biancas Ernst sein. Ich musste mich verhört haben! In ihrem Elternhaus waren durchaus unverhangene Spiegel vorhanden, wie zum Beispiel der große in der Diele. Ich schaute prüfend zu Bianca, die bestimmt gleich in schallendes Gelächter ausbrechen und sich darüber abrollen würde, dass ich ihr ihre angeblichen beruflichen Ambitionen ernsthaft abgenommen hatte. Doch Bianca trotzte meinem Blick entschlossen.

Es sei an dieser Stelle angemerkt, dass Biancas Statur keinesfalls einer zierlichen Elfe oder einem zarten Reh glich. Vielmehr verdiente sie die Bezeichnung »Rubensfigur«, womit sie dem Schönheitsideal der ersten Hälfte des 17. Jahrhunderts entsprach und somit rund dreihundert Jahre zu spät dran war.

»Ich hab auch schon Fotos machen lassen. Willste mal sehen?«

Bianca war nun in ihrem Element. Ohne meine Antwort abzuwarten, eilte sie zu einem Schrank, aus dem sie eine braune Mappe zog. Ich stellte mir Bianca auf dem Catwalk vor. Ich schätzte ihre Körpergröße auf circa 1,75 Meter. Doch hatten ihre Bewegungen überhaupt nichts Katzenartiges. Vermutlich musste der Laufsteg erst in Horsewalk umgetauft werden, bevor ihn meine Schülerin betreten durfte.

Die Fotos waren ein Witz. Unabhängig von Biancas Erscheinungsbild hatten sie bestenfalls Hobbyfotografen-Charakter. Eine professionelle Agentur, und sei es eine für Übergrößen, würde vermutlich beim ersten Bild die Mappe zuschlagen und sie in den nächstbesten Mülleimer befördern.

»Und das ist mein Lieblingsfoto«, sagte Bianca und präsentierte mir stolz eine Aufnahme, auf der sie ein rosa Stretchoberteil trug, unter dem sich ihre Rundungen und Röllchen deutlich abzeichneten, und einen Minirock, der ihre kräftigen Beine unvorteilhaft betonte. Sie sah aus wie Tamara, die tanzende Fleischwurst – aber nicht wie jemand, der Mode verkaufen sollte! Ich musste an einen Spruch denken, den meine Oma immer gesagt hatte: »Wenn man keine Beine für einen Rock hat, trägt man besser keinen. Man trägt ja auch nicht bauchfrei, wenn man nicht bauchfrei ist!«

Ich überlegte, ob ich Bianca vorsichtig zu verstehen geben sollte, dass ein anderer Beruf eventuell besser zu ihr passen würde als der des internationalen Topmodels. Gleichzeitig fragte ich mich, warum ihre Eltern, die gesunde Augen im Kopf hatten, nicht schon längst ihrer elterlichen Verantwortung nachgekommen waren und mit ihrer Tochter Klartext geredet hatten. Oder konnte Elternliebe etwa auch blind machen? Machte die Liebe zum eigenen Kind aus Bianca etwa eine ranke und schlanke Gazelle, aus quakenden Fröschen ein Stimmwunder? Ich entschied mich gegen ein berufsberatendes Gespräch und hielt meine Klappe. Schließlich war ich bloß Biancas Nachhilfelehrerin und nicht für jeden Mist zuständig.

Bianca war aber nicht die Einzige, die hoch hinauswollte.

»Am nächsten Mittwoch kann ich übrigens keine Nachhilfe machen«, empfing mich Mandy und machte eine bedeutungsschwangere Pause, wobei sie geheimnisvoll lächelte.

»Okay«, sagte ich. »Dann trage ich mir das in den Kalender ein.« Damit war das Thema für mich erledigt. »Was machen wir heute?«

Mandy rollte genervt mit den Augen. »Boah, Tanja! Du musst mich jetzt fragen, wa-ru-hum ich keine Zeit habe.«

»Ach so. Also: Warum hast du nächste Woche Mittwoch keine Zeit für unsere Nachhilfestunde?«

»Weil ich da zu einem Casting fahre!« Mandy lachte nervös, und ihre Wangen nahmen die Farbe einer Kugel Erdbeereis an.

Mir schwante Böses. »Was ist das für ein Casting?«

»Am Mittwoch ist das DSDS-Casting in Köln. Das ist meine große Chance! Ich bin schon megaaufgeregt!«

»Und du willst da singen? Und dich dabei filmen lassen?«, fragte ich unnötigerweise nach.

Mandy war Feuer und Flamme. »Na klar! Dann kann ich endlich beweisen, dass ich es voll draufhabe, und am Ende werde ich der neue Superstar und verdiene Millionen, fahre Ferrari und mache Urlaub mit Dieter Bohlen auf den Malediven.«

»Moment mal, was sagen denn überhaupt deine Eltern

dazu? Sind die einverstanden, dass du zum DSDS-Casting gehst?«, und dich vor der Nation zum Affen machst. Aber das sagte ich nur in Gedanken.

»Pfffft, was sollen die sagen? Ich bin seit letztem Monat volljährig. Da haben die mir gar nichts mehr zu sagen«, bemerkte Mandy schnippisch, womit sie meine Frage indirekt beantwortete. Wahrscheinlich waren ihre Eltern vor Freude im Quadrat gesprungen, als ihre Tochter ihnen von ihren musikalischen Zukunftsplänen bei RTL berichtet hatte, und erwägten einen möglichen Umzug auf eine einsame Alm nach Ausstrahlung der Sendung. Wobei ich mir hatte sagen lassen, dass mittlerweile selbst dort Reality-TV entstand ...

»Ich hab da auch schon was eingeübt. Soll ich für dich mal meinen Lieblingssong performen?«

»Okay«, gab ich mich geschlagen. Ich hatte sie noch nie singen gehört, und wer weiß, vielleicht war sie wirklich die nächste Céline Dion. »Dann tu ich jetzt mal so, als wenn ich Dieter Bohlen wäre. Also, Mandy, welchen Titel hast du für mich vorbereitet?«

»Ich habe den Song *Beautiful* von Christina Aguilera vorbereitet.«

Du lieber Scholli! Ein schwierigeres Lied hätte sie sich kaum aussuchen können. Ich meine, Christina Aguilera ... hallo? Die Frau hat einen Stimmumfang von mindestens vier Oktaven, und das wollte Mandy Schlöns aus Bottrop-Boy toppen?

Aber zurück zu meiner Rolle als Chef-Juror: »Hast du denn schon Erfahrung im Singen und bist mal vor Publikum aufgetreten?«

»Ja, hab ich. Also, in der fünften Klasse war ich im Schulchor, und da haben wir auf Schulveranstaltungen gesungen«, zählte Mandy eifrig auf.

Ob das ausreichte, um Dieter Bohlen zu beeindrucken? Ich hatte auch mal im Schulchor gesungen, und unter der

Dusche, und im Auto, wenn es dunkel war und mich keiner sah, trällerte ich Lieder von Oasis mit.

»Aha. Dann fang mal an.«

Und Mandy fing an. Leider blieb von dem ursprünglichen Song nicht viel übrig. Mandys Stimme hörte sich wie eine leiernde Kassette an, die kurz davor war, jeden Moment den Geist aufzugeben. In die Leier mischten sich blökende Laute, ähnlich einer Kreuzung aus Bergziege und Deichschaf. Hätte Mandy mir vorher nicht gesagt, welchen Titel sie singt, hätte ich beim DSDS-Bullshit-Bingo bereits das Feld mit »Dabei sein ist alles!« durchstreichen können.

»Und? Wie fandest du's?«, fragte sie mich selbstbewusst, nachdem sie mit dem Gequäke fertig war. Mir fiel spontan ein Zitat von Herrn Bohlen ein, der den Nagel auf den Kopf traf.

»Dieter würde jetzt sagen: Für mich bist du im finale –«, aber der Rest meiner Chef-Juror-Beurteilung ging in Mandys freudigem Gekreische unter. Schade, denn über die fehlende Hälfte hätte sie sich bestimmt gefreut: – im finalen Endstadium!

Weil sie sich über meine fehlgedeutete Einschätzung so fürchterlich freute, traute ich mich nicht, sie zu korrigieren. Also schämte ich mich. Von diesem Tag an gehörte auch ich zu den Leuten, die ihren Familienmitgliedern, Freunden oder Arbeitskollegen nicht offen und ehrlich sagen konnten: »Du kannst bestimmt eine Menge, und du bist auch ein ganz toller Mensch, aber singen/tanzen/modeln/Panflöte spielen solltest du besser nicht, wenn du dich nicht zum Gespött der Leute machen willst!«

Ich fand mein Verhalten wenig verwunderlich, immerhin stand meiner privat sehr hoch geschätzten Ehrlichkeit mein persönliches Interesse an zahlender Nachhilfekundschaft entgegen: Ich verdiente kein Geld, wenn ich einer Mutter sagte, dass ihr Sohn doof wie Bolle war und sie sich die Nachhilfe sparen könne. Gleichzeitig fand ich es immer furchtbar, den hoffnungsvollen Eltern zuversichtlich in die glänzenden Augen zu blicken und zu heucheln: »Na klar, die Sechs in Französisch, die haben wir in Nullkommanix im Griff!«

So ein Quatsch! Die meisten Kinder waren mit neunzig Minuten nicht mal ansatzweise versorgt – sie hätten eigentlich eine täglich stattfindende und mehrere Stunden andauernde Vollzeitbetreuung gebraucht. Aber war es meine Aufgabe, diesen Eltern das zu sagen? Und war es meine Aufgabe, einen Schüler irgendwie über das Schuljahr zu bringen, der vielleicht tatsächlich besser eine Ehrenrunde gedreht hätte, um das nicht Gelernte aufzuholen?

Wollte ich zu viel von meinem Job? War ich hier überhaupt richtig? Oder war ich eine Betrügerin, die den verzweifelten Müttern und Vätern Sand in die Augen streute, damit sie ihre Kinder bei mir in der Nachhilfe ließen?

Diese und ähnliche Gedanken rasten durch meinen Kopf, als Mandy irgendwann von mir abließ, sich ihr Englischbuch schnappte und verkündete: »Dann wird es jetzt aber Zeit, dass ich Englisch lerne! Wenn ich in Amerika erst mal berühmt bin, muss ich schließlich meine Fans verstehen.«

Na ja … Man nimmt, was man kann – oder?

Mandy ging tatsächlich zum DSDS-Casting und hatte Glück. Ihr Auftritt wurde nicht für die Kategorie Fremdschämen ausgewählt und im Fernsehen ausgestrahlt. Scheinbar hatte Mandy in Köln eine harte talentfreie Konkurrenz.

14

Schaijänn

Es gibt Stadtteile in Gelsenkirchen, da bin ich nicht gern nach Einbruch der Dunkelheit unterwegs. Und doch kann ich es nicht gänzlich vermeiden, wenn ein Schüler ausgerechnet in solch einem Bezirk lebt und erst abends Zeit für Nachhilfestunden hat. Dann heißt die Devise: »Augen zu und durch«, und vor allem das Auto von innen verriegeln.

Ich hatte in diesen Vierteln, auch wenn ich mich aufgrund meiner offensichtlichen Vorurteile schämte, immer Angst, Menschen wie Herrn Schmidt zu begegnen, dem Vater einer meiner Nachhilfeschülerinnen.

Paula war zwölf Jahre alt und besuchte die siebte Klasse der Realschule. Ich unterrichtete sie in Deutsch, Englisch und Geschichte, auch wenn sie eigentlich ein Rundum-sorglos-Paket, das heißt eine mehrstündig stattfindende Hausaufgabenbetreuung und Unterrichts- und Klausurvorbereitung in allen Fächern, benötigt hätte. Als ich an einem Donnerstagnachmittag zum verabredeten Termin bei den Schmidts klingeln wollte, empfing mich ein faustgroßes Loch in der Wohnungstür, durch das man bequem in den Flur schauen konnte. Ich versuchte, meine Verwunderung zu verbergen, als mich Frau Schmidt in die Wohnung ließ. Doch auch ohne meinen fragenden Blick brach es aus Paulas Mutter wie ein Wasserfall heraus.

Sie erzählte mir das komplette Drama, von A bis Z. Angefangen vom Streit mit ihrem Mann, weil er wieder eine

Menge Geld auf der Rennbahn verwettet hatte, über die aufgeflogene Affäre mit der Nachbarin bis hin zu seinem »leichten Alkoholproblem«, wobei sie mit einem Kopfnicken auf die beschädigte Tür deutete. An diesem Nachmittag und an den darauffolgenden Terminen schaffte ich es nicht bis in Paulas Zimmer, die sehr unter den Vorkommnissen litt. Stattdessen ließ ich mich von ihrer Mutter ins Wohnzimmer führen, mir einen Tee anbieten und reichte im Minutenrhythmus die Taschentücher an. Frau Schmidt bezahlte meine Dienste als Eheberaterin und fand meinen Vorschlag gut, Paula vorerst aus der Schusslinie zu manövrieren und sie für eine gewisse Zeit zu ihren Großeltern zu schicken, bis die Situation mit dem Vater geklärt war. Als Nachhilfelehrer muss man vielseitig begabt sein. Und sollte es irgendwann mal nicht mehr mit der Nachhilfe funktionieren, konnte ich immer noch auf Familien- oder Ehetherapeut oder Streetworker umschulen.

Aber es gab auch Stadtteile, aus denen normalerweise keine Nachhilfeanfragen kamen, weil dort nicht das Klientel wohnte, das sich Nachhilfe leisten konnte. In Schalke-Nord zum Beispiel, dem Neukölln Gelsenkirchens, ein Viertel, das durch besonders hohe Arbeitslosigkeit, einen großen Ausländeranteil sowie geringe Bildungsbeteiligung geprägt ist. In diesen Bezirk verirren sich vorzugsweise Fernsehteams von den Privatsendern, wenn sie eine »repräsentative« Reportage über Gelsenkirchen drehen möchten, die sie dann hauptsächlich vor einer Trinkhalle filmen, an der um 9 Uhr morgens bereits die ersten Stammkunden hackenstramm auf dem Bürgersteig liegen. Umso unvorbereiteter kam für mich die Anfrage von der Nachhilfevermittlung, ob ich ein Mädchen in besagtem Schalke-Nord unterrichten möchte.

Chayenne wohnte in einem einfachen zweigeschossigen Backsteinhaus unweit der legendären Schalker Fan-Kneipe, auf dessen Außenfassade sich zahlreiche Fußball-Größen verewigt hatten. Vor dem Haus erstreckte sich eine ungepflegte Rasenfläche, auf der Büchsen und Papiere verstreut lagen. Der Eingang des Gebäudes befand sich in einem Hinterhof, auf dem unzählige Kinder in morschen Baracken spielten, die früher einmal Ställe gewesen sein mussten, und auf dem sich verrostete Herde und Waschmaschinen wie auf einem Schrottplatz stapelten. Willkommen bei den Ludolfs, dachte ich, während ich vergeblich nach einer Klingel an der Eingangstür suchte. Schließlich sprach ich einen etwa siebenjährigen Jungen an, der eine kurze schmutzige Hose trug und geräuschvoll seine Rotznase hochzog.

»Die Schaijänn is meine Schwester. Komm mit, ich bring dich zu ihr«, sagte der Kleine und zog mich durch die unverschlossene Eingangstür in den schmuddeligen Hausflur. Wir stiegen die Treppe hoch in den ersten Stock, wo sich zwei Wohnungen befanden, deren Türen sperrangelweit offen standen und aus denen lautes Stimmengewirr drang.

»Schaijänn!«, rief der kleine Junge und zog mich in die Wohnküche, in der neun Leute zusammen um einen Tisch saßen und mich erwartungsvoll anblickten. Ich war schon in vielen Wohnungen und habe Schüler von Hartz-IV-Empfängern bis zu Multimillionären unterrichtet. Doch noch nie habe ich eine Umgebung als so ärmlich empfunden wie diese. Die Küche bestand aus nacktem Waschbeton, dem ein PVC-Boden gut gestanden hätte, alten Elektrogeräten, abgenutzten Stühlen, die nicht zusammenpassten, und einem maroden Küchentisch. Ich überlegte gerade, wie sich die Familie die teuren Einzelstunden überhaupt leisten konnte, als sich ein schmales Mädchen vom Küchentisch erhob und auf mich zukam.

»Bist du die Chayenne?«, fragte ich und versuchte, meine Bestürzung über die Situation zu verbergen. Chayenne nickte. Die Gruppe um den Tisch guckte mich immer noch interessiert an, unter ihnen eine Frau mit herausgewachsener Sauerkrautdauerwelle und ein dicklicher Mann im weißen Unterhemd, die vom Alter her Chayennes Eltern und durchaus mit den Ludolfs verwandt sein konnten.

»Mein Name ist Tanja Janz. Ich soll Chayenne Nachhilfe geben. Sind Sie die Eltern?«, wollte ich wissen.

»Ja, dat sind wir, der Schaijänn ihre Eltern«, sagte die Sauerkrautfrau. »Sie können sich hier am Tisch setzen.«

Wie auf Kommando sprangen, wie sich später herausstellte, Chayennes Geschwister auf und verließen die Küche.

»Die Betreuerin vonne Schule wollte auch noch kommen«, wusste Papa Ludolf.

»Aha? Welche Betreuerin denn?«, fragte ich irritiert. »Davon hat man mir nichts erzählt.«

Schulbetreuer kamen normalerweise nicht vorbei, wenn ich Nachhilfe gab. Mein Gefühl verstärkte sich, dass das hier eine ganz spezielle Angelegenheit war.

»Dat is, weil die Schaijänn immer von die andere Kinder geärgert wird und deswegen nicht gerne in die Schule gehen tut. Und die Betreuerin hilft ihr se, wenn da Probleme sind«, klärte mich Chayennes Mutter auf.

»Aha. Wie steht denn Ihre Tochter überhaupt in Englisch?«, wollte ich wissen. »Ich habe gar keine genauen Informationen zu ihrem Zensurenstand bekommen.«

»Schlescht«, antwortete mir Mama Ludolf, und der Unterhemd-Mann nickte zustimmend.

Da wäre ich ja fast nicht drauf gekommen, dachte ich und fühlte mich wie in einem miesen Sketch von Atze Schröder. Chayennes Eltern waren äußerst einfache Leute, die vermutlich die Gesamtsituation nicht überblickten. Ich beschloss, auf die Schulbetreuerin zu warten, die mir genauere Details über Chayennes schulische Leistungen geben konnte.

»Wo soll die Nachhilfestunde denn stattfinden? Hier?«

»Nee, gehen Se mal mit die Schaijänn ins Wohnzimmer.«

Das Wohnzimmer hatte einen Laminatfußboden, aber dafür machte an einigen Stellen die Tapete schlapp, rollte sich in Streifen von der Wand und entblößte dabei das Mauerwerk.

»Dann zeig mir mal dein Schulbuch und auf welcher Seite ihr im Unterricht seid«, begann ich die Nachhilfestunde.

»Das Buch muss ich ebend holen«, sagte Chayenne und verließ den Raum.

Ich schaute mich im Wohnzimmer um. Neben einer abgewetzten Couch und einem gekachelten Tisch entdeckte ich auf einer Kommode zwei (!) Fernseher. Während ich noch überlegte, wofür man gleich zwei Fernseher in einem Raum benötigte, wenn man nicht permanent die weltweiten Aktienkurse auf CNN und n-tv kontrollierte, entdeckte ich im Fach darunter des Rätsels Lösung: die Playstation. Logisch. In einer kinderreichen Familie genügte ein Fernsehgerät nicht aus, wenn man parallel fernsehen und zocken wollte. Da mussten es schon zwei Flimmerkisten sein. Mindestens. Und wer wusste schon, wie viele TV-Geräte und Spielekonsolen in den anderen Zimmern noch auf Stand-by standen.

Chayenne betrat mit ihrem Buch das Wohnzimmer und suchte die richtige Seite. »Ich glaube, wir waren zuletzt hier.«

»Glaubst du oder weißt du?«

»Hm ... ich mein schon, dass das die Seite ist. Ich war ja letztes Mal nicht in der Schule, weil die Kinder mich wieder geärgert haben.«

»Ach so. Was haben die denn genau gemacht?«

»Die beschimpfen mich immer, und ein Junge hat mir eine Zigarette auf meinem Arm ausgedrückt. Hier.« Chayenne zog den Ärmel ihres pinkfarbenen Shirts hoch und zeigte mir eine recht frische Brandwunde.

»Das ist ja heftig. Warum hat der Junge das denn gemacht?«

Chayenne zuckte mit den Achseln. »Der sagt immer, ich bin doof.«

»Wahrscheinlich ist der Junge doof. Hm, lass uns mal anfangen.« Ratlos nahm ich das Buch und überflog den Text »At the bus stop«.

»Ich habe zwölf Geschwister«, sagte Chayenne unvermittelt.

Ich ließ das Buch sinken. »Das ist eine ganze Menge.«

»Ja. Und meine Eltern sind sogar schon Oma und Opa.«

»Aha. Wie viele ältere Geschwister hast du denn?«

»Meine beiden ältesten Brüder sind im Gefängnis. Aber schon lange«, erzählte Chayenne locker-flockig, als wäre es das Normalste überhaupt, dass einige Familienmitglieder einsaßen.

Ich schluckte. In was für eine heftige Familie war ich hier hineingeraten? »Warum sind deine Brüder denn im Gefängnis?«, wollte ich wissen.

»Der eine hat, glaub ich, einen Überfall gemacht, oder so. Und der andere hat sich oft geprügelt«, sprudelte es aus Chayenne heraus. »Ich war letzten Freitag die beiden im Gefängnis besuchen. Da bin ich dann auch nicht in die Schule gegangen.«

Bevor ich etwas erwidern konnte, klopfte es an der Tür, und eine junge Frau mit dunklen Locken steckte ihren Kopf durch den Türspalt ins Wohnzimmer. »Störe ich? Ich bin Maria Rickert, die Sozialarbeiterin. Ich kümmere mich um Chayenne.« Frau Rickert setzte sich zu uns aufs Sofa.

»Ich bin Tanja Janz und soll Chayenne Nachhilfe geben«, stellte ich mich vor. »Es ist gut, dass sie gekommen sind. Ich kann nämlich Chayennes Situation noch nicht ganz überblicken.«

»Hast du der Frau Janz nicht alles gesagt?«, fragte Frau Rickert Chayenne. Das Mädchen schüttelte stumm den Kopf. »Gut, dann werde ich mal die kurze Version der Geschichte erzählen. Chayenne ist nämlich eine Schulverweigerin.«

Das Mädchen rutschte auf der Couch hin und her und schaute verlegen zur Seite.

»Meistens traut sie sich nicht mit Fremden darüber zu sprechen«, fuhr Frau Rickert fort. »Chayenne wird regelrecht gemobbt und sogar verprügelt. Deswegen möchte sie nicht in die Schule gehen.«

»Verständlich.« Ich schaute rüber zu meiner Schülerin. »Was ist denn der Grund für das Mobbing?«

»Chayenne, kannst du mir und Frau Janz vielleicht mal ein Glas Wasser bringen?«, fragte Frau Rickert. »Das Problem ist, dass Chayenne aus einer sehr sozialschwachen und auffälligen Familie kommt, wie sie wahrscheinlich schon mitbekommen haben«, erklärte die Sozialarbeiterin, als wir ungestört waren. »Ihre Eltern haben beide keinen Schulabschluss, keine Arbeit, aber dafür umso mehr Kinder. So was spricht sich natürlich rum. Ihre Mitschüler beschimpfen sie als asozial, weil sie so viele Geschwister hat und ihre Eltern keiner Arbeit nachgehen. Und dass zwei Brüder im Knast sind, hat inzwischen auch die Runde gemacht.«

Das Mädchen brachte zwei Gläser Wasser.

»Und wie helfen Sie ihr in dieser Situation?«, fragte ich Frau Rickert.

»Ich hole Chayenne morgens ab und begleite sie zur Schule. Meistens bleibe ich in der ersten Stunde im Klassenraum, und wenn das gut läuft, begebe ich mich ins Lehrerzimmer, wo ich dann bis zum Schulschluss bleibe, um bei Problemen gegebenenfalls eingreifen zu können und sie nach Schulschluss wieder zurück nach Hause zu begleiten.«

Ich hatte es zuvor noch nie mit einem Schulverweigerer zu tun gehabt. Einerseits fand ich es höchst spannend, von Frau Rickerts Engagement zu erfahren, andererseits tat mir das Mädchen unheimlich leid. Es musste ein furchtbares Gefühl sein, als Einzige in der Klasse einen Sozialarbeiter zu bekommen, der sich immer, wenn Not am Mann war, um einen kümmerte. Das war der Freifahrtschein in Richtung soziale Ausgrenzung. Andererseits war Frau Rickert allem Anschein nach überlebenswichtig, wenn Chayenne überhaupt in die Schule gehen sollte. Ich dachte nach. War ein Mädchen wie sie in einer Förderschule am Ende gar besser aufgehoben? In winzigen Klassen mit nur einer Handvoll Schüler, auf die individuell eingegangen werden kann? Andererseits: Chayenne war ja nicht lernbehindert. Sie hatte nur an einem – okay, zugegeben, vermutlich an mehreren Punkten ihrer Schulkarriere den Anschluss verpasst, einen sozialen Stempel aufgedrückt bekommen und dümpelte seitdem durchs Schuljahr, ohne Chance auf Besserung oder den viel beschworenen Silberstreif am Horizont. Doch ab jetzt – das nahm ich mir fest vor – würde alles anders werden. Ich würde Chayenne nicht hängen lassen – und das durfte ich auch nicht, denn vermutlich war ich ihre letzte Hoffnung auf einen einigermaßen passablen Schulabschluss.

Nachdem die Sozialarbeiterin gegangen war, vertiefte ich mich mit meiner Schülerin in den englischen Text aus dem Schulbuch. Mich wunderte es nicht, dass Chayenne weder englische Vokabeln richtig aussprechen noch übersetzen konnte. Bei ihrer Vorgeschichte würde einmal wöchentlich stattfindende Nachhilfe kaum ausreichen, um ihre Defizite auszubügeln. Vielmehr müsste sie neben der Schulbegleitung von Frau Rickert zusätzlich eine tägliche Hausaufgabenbetreuung bekommen. Nur war äußerst fraglich, ob das Jugendamt ein Budget für solch eine Intensivbetreuung zur Verfügung stellen würde.

Als meine Schülerin und ich nach dem Unterricht vom Wohnzimmer in die Küche zurückgingen, war die Wohnung still und verlassen.

»Eigentlich wollte ich mich noch von deinen Eltern verabschieden, bevor ich fahre.«

»Ich glaub, die sind draußen«, sagte Chayenne und führte mich über die müllübersäte Wiese zu einem gepflasterten Rondell, wo mehrere Männer und Frauen auf Holzbänken saßen und ein feuchtfröhliches Trinkgelage abhielten. Unter ihnen auch Mama und Papa Ludolf. Chayenne gesellte sich sogleich zu einem Jungen in ihrem Alter, der abseits des Rondells an einem Baum lehnte. Ihr Vater guckte mich mit glasigen Augen an.

»Na, is die Schaijänn jetzt Einstein?«, lallte er und lachte dümmlich.

»Tja, also ... ähm ...«, stammelte ich etwas ratlos.

»Wer is denn die?«, wollte eine aufgedunsene Frau mit rot gefärbten Haaren und Viermonatshaaransatz wissen und zeigte ungeniert mit ihrem Wurstfinger auf mich.

»Dat is die Nachhilfe von die Schaijänn«, klärte Mutter Ludolf mit promillegeröteten Wangen die Rothaarige auf. »Die kommt jetzt öfters.«

»Also, ich wollte mich auch nur eben von Ihnen verabschieden. Tschüss dann, und noch einen schönen Tag«, sagte ich und bemühte mich, meine Fassung zu bewahren.

Das darf alles nicht wahr sein, dachte ich und stieg gerade kopfschüttelnd über die ersten Dosen und Hundehaufen auf der Rasenfläche, als ich Vater Ludolfs Stimme hinter mir hörte.

»Ey, Schaijänn, tu ma die Nachhilfe winken!«

Als ich mich umdrehte, winkte Chayenne mir zu, und mit ihr geschlossen die Trinkbrüder und -schwestern aus dem Rondell, mit den Bierflaschen in ihren Händen.

»Das glaubt mir doch kein Mensch«, murmelte ich vor mich hin, als ich meinen Wagen startete und Richtung Innenstadt fuhr. Mir fielen die Fernsehteams wieder ein, die, wenn sie mich mit der Kamera begleitet hätten, den Bericht bestimmt zur besten Sendezeit ausgestrahlt und im Anschluss daraus eine Scripted-Reality-Show gemacht hätten: »Bleiben Sie dran – nur ein Spot! Nach der ›Supernanny‹ kommt jetzt Tanja Janz, die Schul-Managerin, bei ihrem Einsatz in Schalke-Nord!«

Zu Hause angekommen rief ich beim Jugendamt an, um die Finanzierung von Chayennes Nachhilfe zu besprechen. Wie ich befürchtet hatte, bezahlte das Jugendamt keinen Cent für die Nachhilfestunden, und auf Rückfragen bei den Eltern stellte sich heraus, dass sie davon ausgegangen waren, dass der Preis für eine Nachhilfestunde, die dem Stundensatz einer Fahrstunde gleichkam, die Summe für einen kompletten Monat war. Chayennes Eltern waren durch ihr schlichtes Gemüt nicht im Traum auf die Idee gekommen, dass der vereinbarte Betrag fällig wurde, sobald ich ihre Wohnung betrat – und zwar jedes Mal, wenn ich kam. Rein rechtlich hätte meine Chefin durchaus darauf bestehen können, dass Chayennes Eltern den vorab unterzeichneten Vertrag für ein halbes Jahr erfüllten und notfalls die Summe pfänden lassen können, doch das tat sie nicht. Sie zerriss noch am selben Tag den Vertrag und zahlte mein Honorar aus der eigenen Tasche. Ich hätte Chayenne gerne geholfen. Auch kostenlos. Doch mir waren durch Gesetze und offizielle Absprachen zwischen der Nachhilfeagentur und dem Jugendamt die Hände gebunden. Ich habe Chayenne nie wiedergesehen.

15

Die Ernst-Oliver-Diaries (Zwischen Leber und Milz passt immer ein Pils)

Einer meiner liebsten Nachhilfeschüler, wohl auch, weil ich ihn von der sechsten bis zur zehnten Klasse in nahezu allen Fächern unterrichtete, war Ernst-Oliver. Montag bis Freitag, pünktlich um 13:30 Uhr, stand ich bei ihm zu Hause auf der Matte. Seine Eltern waren meistens nicht da, wenn er aus der Schule kam, weil sie ein mittelständisches Unternehmen führten. Ernst-Oliver war sich bis in die späten Abendstunden selbst überlassen, doch es schien ihm ganz recht zu sein, nicht ständig unter der Fuchtel seiner Eltern zu stehen. Dabei wäre es für ihn wichtig gewesen, wenn wenigstens ein Elternteil nach der Schule anwesend gewesen wäre. Denn Ernst-Oliver war keineswegs schon reif genug, als dass er keine festen Strukturen mehr benötigt hätte. Im Gegenteil.

Das fertig zubereitete Mittagessen befand sich immer im Backofen und musste nur aufgewärmt werden. Frau Schimski kochte stets für mich mit, sodass die Hausaufgabenbetreuung jedes Mal mit einem gemeinsamen Mittagessen startete. Nebenher erzählte mir Ernst-Oliver dann von seinem Schultag und den großen und kleinen Problemen eines pubertierenden Jungen, sodass ich mich eher wie eine große Schwester als wie seine Nachhilfelehrerin fühlte. Mir war bewusst, dass ich den fehlenden Teil in Erst-Olivers Leben, eine zumindest körperlich anwesende Mutter oder einen immerzu arbeitenden Vater, nicht ersetzen konnte, und doch versuchte ich, diese Lücke so gut es ging zu stopfen. Natürlich war ich im Grunde meines Herzens der Ansicht, dass dies nicht meine Aufgabe war. Aber mit wem hätte Ernst-Oliver sonst reden sollen? Hätte ich, nur meinen eigenen Prinzipien zuliebe, meinem Nachhilfeschüler kein Ohr für seine kleinen privaten Problemchen schenken sollen, und ihm stattdessen vorbeten sollen: »Besprich das mit deinen Eltern, nicht mit mir«? Eher nicht.

Also wurde ich nicht nur Ernst-Olivers Ziehmutter, sondern auch seine Therapeutin, seine Köchin und sein Chauffeur. Jeden Tag kümmerte ich mich um seine Hausaufgaben, besprach mit ihm die Probleme mit den Mädchen, machte das vorbereitete Essen warm, brachte ihn nach der Nachhilfe zum Training und erlebte mit ihm die schrägsten Dinge, für die ich eigentlich wirklich nicht zuständig war – aber mit meinem Engagement als Nachhilfelehrerin hatten sich seine Eltern täglich für zwei Stunden aus ihrer erzieherischen Verantwortung freigekauft, und ich würde einen Teufel tun und mich in der Liste all derer einreihen, die Ernst-Oliver hängen ließen, weil sie sich selbst am nächsten standen.

An einem verregneten Donnerstag im Februar ereignete sich allerdings ein Vorfall, der unser eingespieltes Ritual und das damit einhergehende Vertrauen aufs Spiel setzte. Ich drückte wie jeden Tag den Knopf der Messingklingel über dem Namensschild mit der Aufschrift Schimski. Wie gewohnt ertönte das vertraute Bimmeln, und ich wartete.

Als niemand kam, um die Tür zu öffnen, klingelte ich erneut. Nichts. Kein Ernst-Oliver. Vielleicht hat er ja den Bus verpasst und kommt mit dem nächsten, überlegte ich und schlenderte zur Haltestelle, die nur ein paar Meter vom Haus der Familie Schimski entfernt war. Ich setzte mich auf einen der orangefarbenen Plastiksitze des Häuschens und wartete.

Der Bus kam, aber kein Ernst-Oliver stieg aus. Komisch, dachte ich mir, wenn ihm was dazwischenkommt, sagt er mir doch immer Bescheid. Ich ging zurück zum Haus und klingelte noch mal an der Tür. Als sich wieder nichts tat, fischte ich mein Handy aus der Jackentasche und wählte Ernst-Olivers Handynummer.

Es tutete. Mir war, als hörte ich Musik. Muss aus der Nachbarschaft kommen, schlussfolgerte ich. Ungeduldig trommelte ich mit den Fingern gegen die Eingangstür. Tuuuut, tuuut. Ernst-Oliver könnte wirklich langsam mal ans Handy gehen! Plötzlich erkannte ich die Melodie des Gedudels. Die Schalke-Hymne »Blau und Weiß, wie lieb' ich dich«. Und die schien auch gar nicht aus dem Nachbarhaus zu kommen, sondern durch das gekippte Fenster aus dem Inneren des Hauses der Schimskis!

Moment mal. Hatte Ernst-Olivers Handy nicht genau diesen Klingelton? Komisch. Das Handy zu Hause zu vergessen, sah ihm überhaupt nicht ähnlich. Eigentlich ging er nirgendwo ohne sein iPhone hin. Streng genommen gab es Ernst-Oliver überhaupt nicht ohne den Quasselkasten, sodass ich mich schon so manches Mal gefragt hatte, ob das Ding Teil seines Körpers geworden war, untrennbar mit Fingern und Ohren verwachsen.

Ich spähte durch das gekippte Küchenfenster, konnte aber kein Mobiltelefon entdecken. »Mohammed war ein Prophet, der vom Fußballspielen nichts versteht«, plärrte es. Allerdings schien der Klingelton von weiter hinten aus dem Haus zu kommen. Vielleicht aus dem Wohnzimmer? Ich lief Richtung Garten und drückte die Klinke der Pforte runter.

Verdammt. Abgeschlossen. Auch das noch!

Mir bleibt auch wirklich nichts erspart, dachte ich und hangelte mich ungelenk über das Gartentor. Wenn das die Nachbarn sahen, riefen die bestimmt die Polizei, weil sie dachten, ich wäre ein Einbrecher! Mit Ach und Krach schaffte ich es schließlich in den Garten und umrundete das Haus. Die Schalke-Hymne konnte ich dort nicht mehr hören, weil keine Fenster auf Kipp standen. Ich stieg die Treppe bis zu der erhöhten Terrasse hoch. Von dort aus konnte man direkt ins Wohnzimmer schauen. Und dann sah ich das Handy auf dem Boden liegen und …

Ernst-Oliver! Er lag mit dem Kopf nach unten quer über dem geblümten Laura-Ashley-Sessel und rührte sich nicht. Eine gelbgrüne breiige Masse bedeckte die hellen Wohnzimmerfliesen, anhand der ich unschwer erkennen konnte, was mein Schüler heute gefrühstückt hatte.

Ich trommelte mit den Fäusten gegen die Glasscheibe der Terrassentür: »Ernst-Oliver!«

Keine Regung.

»Hey, Ernst-Oliver! Hallo! Hörst du mich?!«

Der Junge reagierte nicht.

Du lieber Himmel! Er ist doch hoffentlich nicht tot, schoss es durch meinen Kopf. An seinem Erbrochenen konnte er dank der praktischen Überkopfhaltung zumindest nicht erstickt sein. Dennoch: Ich musste etwas tun. Die Geschäfts- oder Handynummer von Familie Schimski hatte ich nicht. Hätte mir in dieser Situation wohl auch nichts genützt. Mit zittrigen Händen wählte ich die 112 auf meinem Handy und meldete einen Notfall.

Nach einer gefühlten Ewigkeit hielten der Notarzt und ein Feuerwehrwagen vor dem Haus. Meine Hände schmerzten, da ich die Fäuste in der Zwischenzeit wiederholt gegen die Glasscheibe gedonnert hatte, in der Hoffnung, Ernst-Oliver würde mich hören.

Zwei Feuerwehrmänner kamen auf mich zu. »Wo ist der Junge?«

»Er liegt im Wohnzimmer und reagiert nicht!«

Dann ging alles ganz schnell. Die Feuerwehrleute hebelten gekonnt die Tür auf und fanden hinter dem Sessel, auf dem Ernst-Oliver so kunstvoll drapiert lag, eine umgestürzte Wodkaflasche in einem durchsichtigen See aus Hochprozentigem.

»Der riecht wie eine Kneipe, Chef. Der Junge ist total besoffen«, meinte einer der Rettungssanitäter, die wenig später mit dem Notarzt das Wohnzimmer betraten.

»Korrekt. Der ist voll wie 'ne Haubitze«, stellte der Arzt emotionslos fest, nachdem er Ernst-Oliver kurz begutachtet hatte.

»Wie, besoffen?«, fragte ich entgeistert, als hätte ich ein Brett vorm Kopf. »Der kommt doch aus der Schule!«

»Junge Dame, was hat das eine denn mit dem anderen zu tun? Er ist heute nicht die erste Schnapsleiche, die wir versorgen müssen, und wird auch nicht die letzte sein. Wir sind seit heute früh ohne Unterbrechung wegen Alkoholvergiftungen im Einsatz.«

Ich schaute den Arzt immer noch verständnislos an. »Ich versteh das nicht.«

»Och, das ist doch jedes Jahr das Gleiche an Altweiber. Nur die Schnapsleichen werden immer jünger.«

Na klar! Ich schlug mir in Gedanken mit der flachen Hand gegen die Stirn. Heute war Altweiberfastnacht! Als absoluter Karnevalsmuffel war mir das komplett entgangen. Nie im Traum hätte ich damit gerechnet, dass sich einer meiner Schüler an dem Tag ins Koma saufen würde.

Die Sanitäter packten Ernst-Oliver auf eine Trage. »Wollen Sie mitfahren? Wir bringen ihn ins Marienhospital.«

Selbstverständlich begleitete ich meinen Schüler ins Krankenhaus, schnappte mir zuvor noch sein Mobiltelefon, das glücklicherweise vor dem Erbrochenen verschont geblieben war, und zog die Terrassentür hinter mir zu. Gott sei Dank hatte Ernst-Oliver die Handynummer seiner Mutter abgespeichert, damit das Krankenhaus sie anrufen und darüber informieren konnte, dass ihr Sohn kräftig einen über den Durst getrunken hatte und nun seinen Rausch unter ärztlicher Kontrolle ausschlief. »Die Mutter ist auf dem Weg«, sagte eine Krankenschwester zu mir, während ich auf dem Flur hibbelig auf und ab lief.

Interessanterweise erwies sich meine Erwartung, die Ärzte würden ihm den Magen auspumpen, als falsch. »Das ist medizinisch nicht notwendig. Das würden wir höchstens machen, um dem Patienten einen ordentlichen Denkzettel zu verpassen, aber den wird der Junge vermutlich ohnehin von seinen Eltern bekommen, und wenn nicht, dann kommen spätestens am nächsten Tag die Kopfschmerzen«, klärte mich die Krankenschwester auf. »Setzen Sie sich mal hierhin. Es dauert noch eine Weile, bis der Junge ansprechbar sein wird.«

Ich nahm auf einem Stuhl Platz, der im Gang vor dem Behandlungsraum stand. »Blau und Weiß, wie lieb' ich dich, Blau und Weiß, verlass' mich nicht«, dudelte Ernst-Olivers Handy auf einmal. Auf dem Display leuchtete der Name Dominik auf.

»Hallo?«, meldete ich mich.

»Ähm ... ist da nicht das Handy vom Ernsti?«, meldete sich eine Jungenstimme.

»Hier ist seine Nachhilfelehrerin.«

»Ach so, ja ... kann ich denn mal mit dem sprechen?«

»Das ist gerade ein bisschen ungünstig. Er ist nämlich im Krankenhaus. Aber sag mal, wer bist du denn?«

»Dominik. Ich geh in die gleiche Klasse.«

Aha, jetzt wurde es spannend.

»Dann ist dir sicherlich heute in der Schule an ihm etwas aufgefallen«, vermutete ich.

»Öhm ... na ja ...«, druckste Dominik herum. »Was hat denn der Ernsti überhaupt?«

»Alkoholvergiftung.«

»Fuck, Alta!« Dominik hörte sich nicht überrascht an, eher bestätigt.

»Und jetzt erzähl mir mal, was du darüber weißt. Kommt sowieso alles raus.«

»Ich wollte das ganz bestimmt nicht«, jammerte Dominik. »Aber der Ernsti hatte gestern diese Idee mit der Wette, und da wollte ich keinen Rückzieher machen!«

»Was denn für eine Wette?«

»Er hat gewettet, dass er mehr Wodka trinken kann als ich. Und dann haben wir ausgemacht, dass wir heute beide eine Flasche mit zur Schule nehmen und dann Wetttrinken machen. Aber ich hatte da voll Schiss vor, und deswegen habe ich aus meiner Flasche den Wodka vorher ausgegossen und heimlich Wasser eingefüllt.«

Ich schloss die Augen und fasste mir an die Stirn. Des Wahnsinns fette Beute! »Lass mich raten, dann hast du locker flockig das Wasser aus der Schnapsflasche getrunken, während Ernst-Oliver sich die Kante gegeben und versucht hat, mit dir mitzuhalten – nur dass er wirklich Wodka getrunken hat?«

»Ja«, sagte Dominik kleinlaut.

»Und jetzt hast du ein schlechtes Gewissen und wolltest hören, wie es ihm geht.«

»Hm, hm ...«

»Woher hattet ihr überhaupt das Zeug?«

»Von der Trinkhalle.«

Ich wollte mich gerade darüber auslassen, wie unverantwortlich es ist, dreizehnjährigen Jungs Wodka an Trinkhallen zu verkaufen, als in diesem Moment eine völlig aufgelöste Frau Schimski um die Ecke bog und im Laufschritt auf mich zukam. »Gibt's schon was Neues?«

Ich schüttelte mit dem Handy am Ohr den Kopf. »Ich muss jetzt auflegen, Dominik. Ich sage Ernst-Oliver Bescheid, dass du angerufen hast.«

»Ich bin so froh, dass Sie meinen Sohn gefunden haben. Aber ich verstehe nicht, wie das überhaupt passieren konnte!«

Mir stockte kurz der Atem. Sie verstand nicht, wie das alles hatte passieren können? Es fehlte nicht viel, und ich hätte geschrien: »Haben Sie schon mal was von der Wohlstandsverwahrlosung gehört? Können Sie sich überhaupt vorstellen, wie einsam Ihr Sohn ohne jeden Kontakt zu einem Erwachsenen ist, der ihn bei seinen Problemen berät und sich mit ihm austauscht? Sie behandeln Ernst-Oliver wie einen Schoßhund, den Sie am Anfang noch ganz putzig fanden und für den Sie jetzt leider keine Verwendung mehr haben!«

Doch wieder einmal überwog bei mir der gesunde Menschenverstand, und ich entschied ganz pragmatisch, dass Ernst-Oliver nicht geholfen wäre, wenn seine Mutter mich feuerte. Er mochte mich, ich mochte ihn, und wir kamen nach ersten Anlaufschwierigkeiten gut voran. Seine Noten hatten sich verbessert, und seine Arbeitshaltung war mit der des Anfangs nicht zu vergleichen. Deswegen schluckte ich den Kloß im Hals runter und erzählte Ernst-Olivers Mutter die Kurzfassung der Wette. Zugegeben: Ich erfreute mich ein ganz kleines bisschen an ihren immer größer werdenden Augen und ihrem entsetzt gestammelten »O mein Gott!«, und widersprach dem kleinen Teufelchen auf meiner Schulter nicht, das böse kicherte: »Mit Geld kann man sich eben vieles, aber nicht alles kaufen!«

Gerade nachdem ich mit meinem Bericht geendet hatte, steckte ein Arzt den Kopf aus dem Behandlungsraum: »Der Patient ist wieder ansprechbar.«

Ernst-Oliver lag auf einer bettähnlichen Pritsche. Sein Gesicht war käseweiß und sein Blick glasig.

»Was machst du denn für einen Quatsch, Ernst-Oliver?«, polterte seine Mutter los und schnäuzte sich gleichzeitig die Nase. »Manchmal glaub ich, du hast nur Blödsinn im Kopf.«

Ernst-Oliver schaute seine Mutter stumm aus großen Kulleraugen an, dass er mir fast schon wieder leidtat. Dann ließ er seinen Blick durch den Raum wandern und entdeckte mich und sein Handy in meiner Hand. Er schluckte und räusperte sich umständlich, bevor er mit krächzender Stimme fragte: »Hab ich gewonnen?«

16

Wir wollen doch in die Oberstufe

Es gibt Begegnungen, bei denen ich mich zurück zu all den Lenas und Ernst-Olivers sehne, jenen liebenswerten Chaoten, die meinem Nachhilfelehrer-Dasein einen Sinn gaben, in deren Schulleben ich etwas bewegen konnte und deren überlastete, desinteressierte Eltern mir genügend Spielraum für pädagogische Kreativität ließen. Besonders groß wird jene Sehnsucht, wenn über den Schüler kreisende Helikopter-Eltern auf den Plan treten und für ihre Sprösslinge bei mir Nachhilfestunden buchen. Dabei handelt es sich um die berühmt-berüchtigten Kümmerer-Eltern, übervorsichtige Mütter und Väter, die minutiös den Schulalltag, die Freizeitaktivitäten, die Nahrungsaufnahme und selbst die Schlafenszeit ihrer Kinder planen und kontrollieren. In diesen Familien wird nichts dem Zufall überlassen, und oftmals ist ausschließlich der Vater berufstätig, damit der Helikopter-Mutter genügend Zeit bleibt, um die Kinder zur englischsprachigen Frühförderung, zur Reitstunde oder zum Trompetenunterricht zu chauffieren. Bei einem ersten Termin mit einem neuen Schüler versuche ich meistens einen Blick in die Küche zu erhaschen. Ziert dort nämlich ein Familienplaner mit mindestens sechs Spalten die Wand, lohnt es sich, einen zweiten Blick darauf zu riskieren. Insbesondere wenn in den Spalten des Kalenders täglich massig Uhrzeiten, Adressen und Namen notiert sind, liegt der Verdacht nahe, bei einer Helikopter-Familie »gelandet« zu sein.

In Familie Roggenlands Küche hing eben jener proppenvolle Familienkalender, eingerahmt von Stundenplänen, Telefonlisten der Klassenkameraden und zuständigen Lehrer.

»Wir sind optimal mit der Schule vernetzt«, erzählte Frau Roggenland und breitete die letzten Klassenarbeiten und Zeugnisse in Kopie vor mir aus. »Ich sitze in der Schulpflegschaft der Realschule von Konstantin und auch bei meinem Jüngsten in der Grundschule. Ich weiß ganz genau, was bei Konstantin los ist und warum er in Englisch auf einer Fünf steht.«

»Was ist denn bei Konstantin los?«

»In seiner Klasse sind überwiegend Chaoten, und es herrscht ein enorm hoher Lärmpegel, sodass Konstantin fast nichts vom Unterricht mitbekommt. Die Englischlehrerin hat gehobene Ansprüche, die sie trotz der miserablen Klassensituation knallhart durchsetzen will. Ist doch so, Konstantin?«

Mutter und Sohn guckten einander an und nickten dann synchron. »So ist es.«

Ich ließ meinen Blick prüfend über die Klassenarbeiten wandern, um die »knallharten Ansprüche« der Englischlehrerin aufzuspüren. Das Niveau und der Umfang der Aufgaben für eine zehnte Klasse stachen jedoch nicht besonders hervor, sondern lagen im Mittelfeld. Dagegen war aber klar ersichtlich, dass Konstantin keinen Plan von der Materie hatte, und das nicht erst seit diesem Schuljahr. Vielmehr versagte er schon grandios bei einfachsten Verneinungen und würfelte Elemente der verschiedensten Zeiten munter durcheinander.

Mutter und Sohn schauten mich erwartungsvoll an, um von mir als Fachfrau die ersehnte Bestätigung zu bekommen. »Da liegt eine Menge Arbeit vor uns«, sagte ich vage.

»Und wir sind bereit, hart zu arbeiten. Wir wollen doch in die Oberstufe«, erwiderte Frau Roggenland eifrig.

Wieder schauten sich Mutter und Sohn an, wieder nickten sie simultan.

»Ja, das wollen wir«, echote Konstantin.

Frau Roggenland war sich augenscheinlich absolut sicher, dass ihr Sohn der geborene Vorzeigeabiturient war, der lediglich das große, große Pech hatte, keine adäquaten Unterrichtsbedingungen in der Schule vorzufinden. Bestimmt sah sie ihn schon als zukünftigen Stipendiaten an einer Elite-Universität oder als verkanntes Genie vor sich, der die Welt durch seine Errungenschaften eines Tages vor dem sicheren Untergang bewahrte. Nicht auszudenken, was passieren würde, wenn ich ihr die Illusion nahm, indem ich leichte Bedenken äußerte, was Konstantins Fachwissen in der englischen Sprache anbelangte. Dass er nicht einmal annähernd dem Stand der Mittelstufe gerecht wurde, sondern seine Fähigkeiten in Englisch eher in der Unterstufe anzusiedeln waren und ich mich wunderte, wie der Junge es überhaupt bis in die zehnte Klasse geschafft hatte. Und natürlich, quasi als i-Tüpfelchen, dass an einen zukünftigen Unterricht in der Klasse 11 überhaupt nicht zu denken war.

»Wie kommt es denn, dass du das Abitur machen willst? Du bist ja jetzt auf der Realschule …«

»Wir wollen doch später zum Finanzamt«, unterbrach mich die Hubschrauber-Mutter entschlossen. »Genauso wie Konstantins Vater. Der konnte sich damals noch hocharbeiten, aber jetzt wird das Abitur vorausgesetzt. Wir haben schon mit dem Personalchef gesprochen und sogar eine interne Zusage bekommen, dass Konstantin nach dem Abitur beim Amt angenommen wird.«

Hatte ich anfänglich noch geglaubt, dass sich die Organisation von Frau Roggenland bloß auf tägliche Abläufe konzentrierte, so wurde ich nun eines Besseren belehrt. Konstantins berufliche Zukunft, vom Bewerbungsgespräch bis zum Aufstieg in die Chefetage, schien bereits detailliert durchgeplant zu sein. Und Frau Roggenland war allen Widrigkeiten zum Trotz wild entschlossen, ihrem Sohn diesen Weg zu ebnen und ihre eigenen Wünsche und Hoffnungen durch Konstantin zu verwirklichen. Ein Scheitern kam überhaupt nicht in die Tüte.

Eines stand für mich fest: Wäre Frau Roggenland meine Mutter gewesen, hätte ich sie mit wehenden Fahnen zur Adoption freigegeben. Was der Situation jedoch die Krone aufsetzte, war, dass Frau Roggenland während der Nachhilfe am Tisch sitzen blieb. Und um den Überblick und den Anschluss an die aktuellen Lerninhalte nicht aus dem Auge zu verlieren, löste sie die gleichen Aufgaben wie ihr Sohn, machte dabei mindestens doppelt so viele Fehler und stellte noch mal so häufig Fragen, die zwar zu ihrer persönlichen Qualifikation beitrugen, nicht aber zu Konstantins Fortschritten. So etwas war mir bei der Nachhilfe bisher noch nicht untergekommen. Dass sich ein Elternteil aktiv an der Nachhilfe beteiligte, war für mich eine echte Premiere. Insgeheim hatte ich gehofft, Frau Roggenland käme von allein auf die Idee, dass ihre rege Teilnahme an den Englischstunden nicht angebracht war. Jedoch erschien sie jedes Mal zuverlässig mit ihren Unterlagen und den gemachten Hausaufgaben. Konstantin schien das Verhalten seiner Mutter nicht zu stören, dagegen fühlte ich mich von Stunde zu Stunde unwohler. Ich beschloss, das Thema mit dem Aufhänger, dass Konstantin zu langsam vorankam, anzusprechen und Frau Roggenland gleichzeitig ein Angebot zu unterbreiten, was ihrer Kontrollsucht entgegenkam.

»Was würden Sie davon halten, wenn ich mit Konstantin am Nachmittag lerne und Sie mit mir dafür den Stoff am Vormittag durcharbeiten?«, schlug ich vor. »So könnte ich gezielt auf Ihre Bedürfnisse in Englisch eingehen und Sie bestens vorbereiten, damit Sie immer auf dem aktuellen Klassenstand sind.« Sie war begeistert. Fortan traf ich mich zwei Mal wöchentlich mit ihr zum »English Breakfast«, wie sie unsere morgendlichen Zusammenkünfte im Familienplaner eintrug. Wie erwartet funktionierte daraufhin die Nachhilfe mit Konstantin besser. Wir kamen zügiger durch den behandelten Schulstoff, konnten die Zeit effektiver nutzen und schafften es sogar, vergangene Themen zu besprechen und Lücken zu schließen.

In der darauffolgenden Englischarbeit schrieb Konstantin eine Vier. Immerhin eine Verbesserung um eine ganze Note, die uns mit der Anwesenheit einer Helikopter-Mutter garantiert nicht geglückt wäre. Die zog in der Zwischenzeit über ihren eigenen Hausaufgaben ihre Kreise und hatte somit viel weniger Zeit, sich in den Unterricht mit Konstantin einzumischen.

17

Zappelphilipp

Wenn ich an meine Grundschulzeit zurückdenke, dann fallen mir spontan tolle Schulausflüge ein, wie zum Beispiel zum Bergbau-Museum nach Bochum, vor Weihnachten ins Musiktheater oder an den Ausflug an einen See an einem heißen Sommertag. Damals gingen etwa zwölf bis sechzehn Kinder in meine Klasse, was während der vier Schuljahre leicht schwankte. Meine Lehrerin war hart, aber fair, verschenkte keine Noten und lud uns am Ende unserer Grundschulzeit zu einer Abschiedsfeier zu sich nach Hause ein. Nach Schulschluss erledigte ich täglich zusammen mit meiner Mutter die Hausaufgaben, danach gab es selbst gekochtes Mittagessen. Ganz ohne Convenience Food. Das Wort gab es damals nämlich noch gar nicht. Nachmittags spielte ich nach Herzenslust draußen mit den Nachbarskindern und ließ mich meist erst zum Abendbrot wieder zu Hause blicken.

Diese paradiesischen und kindgerechten Zustände gehören mittlerweile längst der Vergangenheit an. Heute sind Grundschüler im Dauerstress und bewältigen ein Tagespensum, das manchem Erwachsenen die Tränen in die Augen treiben würde. Bis zu fünfunddreißig Kinder besuchen heute eine reguläre Grundschulklasse und tanzen dem überforderten Lehrpersonal auf der Nase herum. Nach Schulschluss werden die meisten Kinder nicht von ihren Eltern abgeholt, sondern tigern in die sogenannte Offene Ganztagsschule, wo sie bis vier Uhr am Nachmittag von FSJlern oder 1-Euro-Jobbern betreut werden und gruppenweise mit minderwertigem, zum Teil ungenießbarem Kantinenessen abgefrühstückt werden. Kein Wunder, dass viele Kinder den Fraß verschmähen und es stattdessen vorziehen, mit knurrendem Magen bis zum Abendbrot auszuharren. Doch wer glaubt, dass Grundschüler um 16 Uhr ihre Pflichten erfüllt und endlich Freizeit zum Toben und Spielen haben, irrt sich. Meistens folgt dann nämlich die Kür in Form von Klavierunterricht, Tennisstunden oder Nachhilfe.

Schule, Ganztagsschule und danach wahlweise Förderstunden, Schwimmunterricht oder Ergotherapie standen auch bei dem achtjährigen Dustin auf dem Programm. Seine Mutter lebte getrennt von Dustins leiblichem Vater und bewohnte zusammen mit ihrem neuen Lebensgefährten eine geräumige Vierzimmerwohnung, allerdings ohne ihren Sohn. Der Junge lebte seit nunmehr einem halben Jahr bei der Oma, weil seine eigene Mutter nicht mehr mit ihm fertigwurde. Laut ärztlicher Diagnose litt der Knirps an einer Kombination des sogenannten »Zappelphilipp-Syndroms« und einer Lese-Rechtschreib-Schwäche, kurz ADHS und LRS genannt.

»Der ist zu Hause und in der Schule über Tische und Bänke gegangen. Den konnte man nicht mehr bändigen«, erzählte mir Dustins Mutter bei unserem ersten Termin. Wir saßen gemeinsam im Wohnzimmer der Familie, auf dem Tisch vor mir eine aufgeschlagene Mappe, in der Dustins Deutsch-Tests fein säuberlich abgeheftet waren. Vor Dustins Mutter standen ein überquellender Aschenbecher und ein Pott Zuckerkaffee. Hätte man einen Teelöffel hineingestellt, er wäre vermutlich von allein stehen geblieben. »Die Klassenlehrerin hat dann den Verdacht auf LRS geäußert, weil der Dustin Buchstaben vertauscht und falsch schreibt. Sie hat uns zu einem Test geschickt, der die Vermutung der

Lehrerin bestätigt hat. Und jetzt müssen wir was tun, damit er in der Schule nicht ganz den Anschluss verliert.«

»Meinen Sie nicht, dass es Ihr Kind überfordern könnte, wenn es nach der Ganztagsschule noch Nachhilfe bekommt?«, ließ ich vorsichtig meine Bedenken anklingen. »Er ist schließlich gerade mal acht Jahre alt und kann nicht den ganzen Tag nur still sitzen. Und eine LRS-Testung führt man normalerweise frühestens am Ende der dritten Klasse durch.«

Wenn ich eine Nachhilfeanfrage bekam, schaute ich mir beim ersten Treffen Tests und Klassenarbeiten des Schülers an, um den tatsächlichen Nachhilfebedarf einschätzen zu können, außerdem verschaffte ich mir einen ersten Eindruck der Gesamtsituation, ob dem Schüler mit Förderunterricht tatsächlich geholfen werden konnte oder die Problematik ganz woanders lag. Bei »hyperaktiven« Kindern wird nicht selten eine Lese-Rechtschreib-Schwäche festgestellt, was oftmals damit zusammenhängt, dass sich die betroffenen Schüler nicht richtig konzentrieren können und deswegen häufiger Fehler machen.

»Nein, das schafft er schon. Nach der Schule ist er nicht müde oder so. Ganz im Gegenteil. Dustin hält uns meistens bis spät am Abend auf Trab, weil er so große Energiereserven hat. Meinem Lebensgefährten ist das irgendwann zu viel geworden, und er hat mich vor die Wahl gestellt: Entweder es ändert sich was, oder er zieht ganz aus. Das ist auch der Grund, weswegen mein Sohn zur Oma gezogen ist«, erklärte mir Dustins Mutter, während wir zu einer Wohnung auf der anderen Straßenseite gingen, in der Dustin bei seiner Oma lebte.

Mir tat der Junge jetzt schon leid, denn selbst ein achtjähriges Kind ist durchaus in der Lage zu begreifen, dass die eigene Mutter die Beziehung zu einem Mann der zu ihrem Kind vorzog.

Als wir ankamen, konnte ich Rolf Zuckowski schon im Hausflur singen hören:

»Nackidei, Nackidei,
alle sind heut Nackidei,
Nackidei, Nackidei,
und keiner findet was dabei!
Nackidei, Nackidei,
alle sind heut Nackidei,
Nackidei, Nackidei,
und keiner findet was dabei!«

Der Nackidei-Song wurde von einer fidelen Jungenstimme begleitet. Dustin wirbelte wie ein Kreisel durch sein Kinderzimmer, schleuderte Plüschtiere durch die Luft und bemerkte überhaupt nicht, dass seine Mutter, Oma und ich ins Kinderzimmer gekommen waren.

»Soooo, jetzt hast du genug gesungen! Die Frau Janz, deine Nachhilfelehrerin, ist da«, sagte die Oma und stellte den CD-Player aus, was Dustin mit lautem Wutgebrüll quittierte, sich auf sein Bett schmiss und zornig mit den Fäusten gegen die Zimmerwand boxte.

»Nun ist Schluss, die Nachhilfe geht los!«, rief die Oma, packte ihren Enkel und zerrte ihn zu seinem Schreibtisch.

»Iiiiiich wiiihiill aber niiiiihiiicht«, tobte Dustin und wehrte sich nach Leibeskräften.

»Dann gibt es nachher kein KiKA«, schaltete sich die Mutter mit erhobenem Zeigefinger ein.

Dustin brüllte nun wie am Spieß, und auf seinem Gesicht bildeten sich rote Flecken.

»Und am Wochenende fahren wir auch nicht ins Kinderland«, fügte sie drohend hinzu.

Das brachte das Fass zum Überlaufen. Dustin griff nach dem hölzernen Stiftbehälter auf seinem Schreibtisch, feuerte ihn samt Inhalt auf seine Mutter und traf sie am Hals. Für eine Schrecksekunde war es mucksmäuschenstill im Kinderzimmer, bevor Dustins Mama ihren Sohn packte und ihn wild kreischend aus dem Raum zerrte. *Peng!* Eine Tür wurde zugeschlagen. Dumpfe Schreie drangen an mein Ohr. Ich stand wie versteinert neben Dustins Oma und konnte mein Entsetzen über das grobe Vorgehen von Mutter und Oma gegenüber dem Jungen nicht verbergen.

»Ich glaube, wir lassen die Nachhilfe heute besser ausfallen«, presste ich bestürzt hervor. Ich wollte nur noch raus! Raus aus der Wohnung. Weit weg von dem Irrenhaus, bevor ich vor Wut platzte.

Dustins Oma rief mich vierzehn Tage später wieder an.

»Dustin ist jetzt ganz anders. Wir haben eine Lösung für das Problem gefunden«, verkündete sie.

Ich nahm ihre Aussage skeptisch zur Kenntnis und fragte mich, ob sich tatsächlich das Verhalten eines kleinen Kindes innerhalb so kurzer Zeit verändern ließe. Und vor allem, wodurch? Eine natürliche Veränderung käme nahezu einem Wunder gleich, die allen Verhaltens-Studien widersprechen würde.

Als mich Dustins Oma beim nächsten Termin in Dustins Zimmer führte, saß der kleine Mann am Schreibtisch und malte ein Bild aus. Er schien wie ausgewechselt, wie ein anderes Kind.

»Dustin hat versprochen, dass er heute ganz toll mitmacht und keine Stofftiere durch die Luft wirft. Nicht wahr, Dustin?«

Der kleine Junge nickte mechanisch, ohne seinen Blick von dem Malbuch zu lösen. Ich ließ ihn sein Kunstwerk zu Ende ausmalen, bevor ich mit ihm einen Text aus dem Sprachbuch las. Das klappte bis auf wenige Fehler recht gut. Und trotzdem gefiel mir nicht, was ich sah. Mir schien, als hätte man dem Jungen seine Lebendigkeit genommen. Dustins Augen wirkten stumpf, ohne jeden Glanz, und seine Bewegungen schienen roboterhaft, wie in Zeitlupe abzulaufen.

»Mach ich heute gut mit?«, fragte mich Dustin, nachdem wir vier Fantasiesätze geschrieben hatten.

»Ja, du machst sehr gut mit. Aber du bist heute so still. Bist du vielleicht müde?«, wagte ich einen Vorstoß.

Dustin schüttelte den Kopf. »Ich bin jetzt immer so. Ich war nämlich noch krank, als du das letzte Mal hier warst. Aber jetzt nehme ich jeden Tag Medizin.« Bei diesen Worten zog er ein Buch aus einer Schublade seines Schreibtisches und zeigte mit dem Finger auf einen Comic-Tintenfisch. »Das ist die kleine Krake Hippihopp. Kennst du die?«

»Nein, die habe ich noch nie gesehen.«

»Die Krake hat die gleiche Krankheit wie ich und wird auch immer angemeckert, weil sie nur Blödsinn macht. Aber dann hat die Doktorin Schildkröte die Krake untersucht und die Krankheit gefunden. Und jetzt muss Hippihopp jeden Morgen vor dem Frühstück eine weiße Tablette schlucken, genau wie ich.«

Ich schaute mir das Buch genauer an und entdeckte, dass es von einem einschlägigen Pharmakonzern herausgegeben wurde, der ein unter das Betäubungsmittelgesetz fallendes Beruhigungsmittel vertreibt und dies Kindern durch lustige Geschichtchen schmackhaft macht. Ich wusste von einem befreundeten Kinderarzt, dass diese Art von Trend-Medikamenten natürliche Gefühlsäußerungen betäubten und bestehende Probleme verdeckten, aber keinesfalls lösten. Wie durch jede Droge wurde auch in diesem Fall die Persönlichkeitsentwicklung des Jungen durch die Gabe der kleinen Pillen nachhaltig gestört.

In meinem Kopf ratterte es. Was wusste ich noch über die weißen Pillen? Hatte Kurt Cobain das Teufelszeug nicht auch geschluckt, bevor er sich 1999 das Leben genommen hatte? Mir fiel ein, dass ich einen Artikel gelesen hatte, in dem es darum ging, dass die Tabletten inzwischen als Droge auf dem Schwarzmarkt gehandelt wurden.

»Aber mir wird von der Medizin immer schlecht«, unterbrach Dustin meine Überlegungen. »Ich kann dann gar nichts zum Frühstück essen.«

»Gehst du mit leerem Magen in die Schule?«, fragte ich meinen Schüler mitfühlend, und der nickte.

»In der Pause trinke ich aber einen Kakao«, sagte Dustin.

Mir war nun auch schlecht. Richtig übel. Zwar nicht von einer kleinen weißen Pille, die mir eine verrunzelte Schildkröte angedreht hatte, aber davon, wie leichtfertig Eltern ihre Kinder mit gefährlichen Psychopharmaka vollstopften, nur damit der Sprössling funktionierte. Kontrolle um jeden Preis. Unsere tägliche Dröhnung gib uns heute.

Im Jahre 2011 wurden in Deutschland laut Arzneiverordnungsreport insgesamt 56 Millionen Tagesdosen Methylphenidat verordnet. 2002 hingegen waren es »nur« 17 Millionen, was einen Anstieg von über 300 Prozent innerhalb von neun Jahren bedeutet, wobei es unwahrscheinlich ist, dass es heute mehr am »Zappelphilipp-Syndrom« erkrankte Kinder gibt als nur wenige Jahre zuvor. Realistisch hingegen scheint, dass sich die Diagnose ADHS als eine einfache und praktische Erklärung für unsere rastlose und immer auf Empfang gestellte Gesellschaft etabliert hat, in der es schon lange nicht mehr darum geht, sich auf eine Sache zu konzentrieren, sondern darum, die Fähigkeit zum Multitasking zu perfektionieren. Genauso wenig, wie wir die Freude am Lernen und den Spaß an Wissen vermitteln können, bringen wir unseren Kindern bei, sich zu konzentrieren. Das beliebteste Spiel meiner Kindheit war Memory. Darin habe ich meine Eltern immer gnadenlos abgezogen, und zwar jedes Mal, wenn wir es spielten – bis sie irgendwann keine

Lust mehr hatten, sich von einem Dreikäsehoch vorführen zu lassen. Heute stelle ich fest, dass die wenigsten Schüler das Auswendiglernen beherrschen. Nur um meinen Standpunkt zu verdeutlichen: Es gibt keinen anderen Sinn, den Erlkönig, eine chemische Formel oder das *Past Participle* von »bring« auswendig zu lernen, als das Gehirn zu trainieren und bestmöglich auf alle Eventualitäten im Leben vorzubereiten. Aber wenn wir als Erwachsene nicht in der Lage sind, unseren Kindern die Konzentration auf etwas beizubringen – warum schlagen wir uns dann überhaupt mit Flexionstabellen und irregulären Verben herum?

Als Dustins Oma mich am Ende der Stunde darum bat, für ihren Enkel einen Wochenplan mit Übungsaufgaben zusammenzustellen, weigerte ich mich. »Dustin braucht keine zusätzlichen Hausaufgaben, wissen Sie? Wenn Sie wirklich etwas für Ihren Enkel tun möchten, dann sorgen Sie dafür, dass er ausreichend Bewegung bekommt! Bewegung ist gut für die Konzentration.«

Ich erwartete Protest, doch zu meiner Verwunderung schien die Oma zu verstehen. »Das werde ich machen. Ich werde mit meiner Tochter auch noch mal sprechen, weil Dustin ja jetzt Medikamente bekommt. Seitdem ist er irgendwie verändert. Was halten Sie denn davon? Sie haben doch bestimmt Erfahrung mit so was.«

Ich erläuterte Dustins Großmutter meinen Standpunkt und bezog mich dabei auf die Aussagen meines Bekannten, dem Kinderarzt, der im Übrigen die Ansicht vertrat, dass die Pillen wirklich prima helfen würden, wenn er sie den Eltern verschreiben könnte. Dann notierte ich Dustins Oma seine Praxisadresse.

Von meinem Bekannten erfuhr ich ein paar Wochen später, dass Dustins Mutter ihren Sohn tatsächlich bei ihm vorgestellt und sich eingehend von ihm hatte beraten lassen. Er konnte sie davon überzeugen, dass ein betäubendes Medikament nicht die Lösung für Dustins Konzentrationsschwäche war, sondern die Ursache ganz woanders lag. Nach dem Gespräch blieb Dustin bei meinem Bekannten in Behandlung, und dank seiner fachlichen Unterstützung änderte sich der Tagesablauf des Jungen. Als Erstes setzte Dustins Mutter das Medikament ihres Sohnes wieder ab und nahm ihn aus der Ganztagsschule, sodass er mittags bei der Oma aß, um danach draußen spielen zu können oder der Oma im Schrebergarten zu helfen. Mir fiel in den Nachhilfestunden auf, dass die Veränderungen Dustin guttaten. Er war ohne Medikamente zwar wieder lebendiger, was sich allerdings im normalen Rahmen hielt, wirkte wesentlich zufriedener und konnte sich besser konzentrieren. Er entwickelte sogar eine Begeisterung dafür, Aufsätze über seine Erlebnisse mit seinem neuen Freund Tim auf dem Spielplatz oder die Obst- und Gemüsearten in Omas Garten zu schreiben. Zugegeben, die Aufsätze waren äußerst abenteuerlich und entsprangen vermutlich eher Dustins Fantasie als wahren Begebenheiten. Aber wenn Dustin mich fragte »Glaubste mir nicht, ne?«, verzog ich keine Miene und sagte immer: »Natürlich glaube ich dir.«

18

English for Runaways

Gibt man bei Wikipedia das Wort »Beruf« ein, erhält man folgende Definition: »Unter Beruf versteht man diejenige institutionalisierte Tätigkeit, die ein Mensch für finanzielle oder herkömmliche Gegenleistungen oder im Dienste Dritter regelmäßig erbringt bzw. für die er ausgebildet, erzogen oder berufen ist.«

Ich war zwar noch keine richtige Lehrerin, aber ich fühlte mich so sehr berufen, dass für mich selbst die Semesterferien ganz im Auftrag der Bildung standen und ich Sprachreisen mit Jugendlichen nach England begleitete. Im Kleingedruckten des Arbeitsvertrags, den ich mit dem Sprachinstitut, das die Reise organisierte, abgeschlossen hatte, stand: vierzehn Tage Urlaub mit wenig Schlaf, schlechtem Essen, mindestens einer Alkoholvergiftung (auf Schülerseite) und 24-Stunden-Bereitschaftsdienst, und das Ganze wurde auch noch bezahlt! In meinen Ohren hörte sich das wie ein riesiger Spaß an.

Ginge es nach mir, wären die zweiwöchigen Herbstferien längst bundesweit in eine verpflichtende Schulveranstaltung umgewandelt worden, wobei die Klassenfahrten in die Länder gehen würden, deren Sprachen die Schüler sonst nur theoretisch lernten, was oftmals dazu führte, dass sie keinen Zugang zu Englisch, Französisch und in manchen Fällen sogar zu Deutsch bekamen und dann bei mir in der Nachhilfe landeten.

An einem Freitagabend im Oktober winkte eine Traube Eltern im strömenden Regen ihren Kindern nach, während der voll besetzte Reisebus vom Gelsenkirchener Musiktheater in Richtung Hoek van Holland rollte. Von dort aus sollte es mit einer Übernachtfahrt auf einer Stena-Line-Fähre nach Harwich in England weitergehen. Unser Ziel: Harrow on the Hill im Nordwesten von London.

Zwei Wochen Herbstferien lagen vor uns. Zwei Wochen lang würden wir in Englands Hauptstadt verbringen und neben Land und Leuten hoffentlich auch die englische Sprache näher kennenlernen. Wir, das waren neben meiner Person mein Nachhilfeschüler Ante und sein Kumpel Peer, weitere achtundvierzig Schüler, das Betreuerteam Kai und Annika, beides Referendare, sowie Oberstudienrat Ullrich Schütze, dessen chronisches Dauergrinsen ihm eine gewisse Ähnlichkeit mit der Katze aus Alice im Wunderland verlieh. Ob das wehtat?

»Das ist genau das Richtige für Ante! Sind da noch Plätze frei? Ich melde ihn dann sofort an«, sagte Frau Heller, nachdem ich ihr von der Sprachreise erzählt hatte. Und weil Ante in Englisch noch meilenweit davon entfernt war, einen zusammenhängenden Satz formulieren zu können, setzte seine Mutter ihre Worte sogleich in die Tat um und meldete ihn online für die Studienreise an. Zwei Tage später stand sein Freund Peer ebenfalls auf der Liste, der seinem besten Kumpel in Sachen Englisch-Legasthenie dicht auf den Fersen war.

Annika und Oberstudienrat Schütze saßen vorne, hinter dem Busfahrer. Kai und ich hatten es uns auf Sitzen im hinteren Bereich des Busses gemütlich gemacht, zwei Reihen von der hintersten Bank entfernt. Es war ein ungeschriebenes Gesetz, dass die letzte Reihe auf jeder Fahrt immer für die Party Animals reserviert war. Neben Ante und Peer (was abzusehen war) komplettierten die Zwillingsbrüder Mats und Lasse die Feiertruppe. Zu viert kümmerten sie sich sogleich um die passende musikalische Beschallung, die den Bus dank ultraleistungsstarkem Gettoblaster in eine Großraum-Diskothek verwandelte. Das DJ-Team hatte alle Hits, die gerade in den Charts waren, von Stefan Raabs »Wir kiffen« und »Ramp! The logical song« von Scooter bis hin zum »The Ketchup Song« von Las Ketchup. Untermalt wurde die Chart-Show durch schmissige Sprüche im DJ-Bobo-Style wie beispielsweise »Seid ihr gut drauf?« oder »Jetzt geht's ab!«, die das selbst ernannte DJ-Team im Wechsel in ein am Gettoblaster angeschlossenes Mikro quatschte. Zwischenzeitlich war ich mir nicht sicher, ob das wirklich der Bus nach London war oder ich versehentlich mit einem Kegelklub aus Wanne-Eickel nach Lloret de Mar fuhr.

»Das fängt ja gut an«, verdrehte Kai neben mir die Augen.

»Tja, wenn das nix mit dem Schulabschluss wird, können die wenigstens die Animation in einer Disco machen. Ist doch besser als arbeitslos«, zuckte ich die Schultern. »Wir waren früher auch ziemlich schmerzfrei. Ich kann mich noch an eine Stufenfahrt erinnern, da lief in einer Dauerschleife das ›Pump up the jam‹-Album von Technotronic.«

»Jesus!«

»Sag ich doch. Nicht wirklich besser als Scooter.«

In den Buslautsprechern knackte es. Oberstudienrat Schütze hatte im schmalen Mittelgang des Busses mit einem Mikro in der Hand Position bezogen und klopfte mit den Fingern drauf herum. »Test, Test, Test ... ah!«

»Ante, mach mal die Disco aus!«, brüllte ich nach hinten. »Herr Schütze möchte was sagen.«

»Ja, hallo erst mal«, grinste Herr Schütze und versuchte so zu klingen wie Rüdiger Hoffmann. Es war hoffnungslos. »Willkommen alle zusammen zu zwei Wochen Vokabeltraining und Grammatikpaukerei im Englischcamp! Ihr scheint ja wirklich nichts Besseres in euren Ferien vorzuhaben.

Höhöhöhöhöhö!«, lachte er über seinen eigenen Witz und machte eine wegwerfende Bewegung. »Ihr müsst mich gar nicht so erschrocken angucken. War doch nur ein Joke! Wir werden eine richtig *supi* Zeit in London zusammen haben, und wenn mal was sein sollte, dann könnt ihr euch jederzeit an einen von uns Betreuern wenden. Ihr bekommt noch einen Informationszettel, da stehen für Notfälle unsere Handy-Nummern drauf.« Dann setzte Herr Schütze zu einer fulminanten Pointe an: »Mein Name ist übrigens Ullrich Schütze. But you can say you to me, höhöhöhöhö.«

Die Kids schauten sich verständnislos an, weil sie seinen Asbach-Uralt-Gag nicht schnallten, während ich zwischen Fremdschämen und Belustigtsein hin und her schwankte und mich schließlich fürs Lästern mit Kai entschied.

»Mann, Mann, Mann, kaum sind wir unterwegs, haut der schon die mega schlechten Sprüche raus. Und wir sind noch nicht mal an Oberhausen vorbei! Wie das wohl erst in London sein wird?«, brummte Kai.

Ich grinste. »Ich hab da vom Feeling her ein gutes Gefühl, dass Ullrich sich bis dahin noch extremst steigern wird.«

Damit keine Langeweile auf der langen Fahrt aufkam, stopften sich die Jugendlichen derweil eine bunte Mischung aus Chips, Flips, Weingummis, Schokolade und Mausespeck in den Rachen und ließen die verschiedenen Knistertüten solidarisch durch die Reihen gehen. Und schon beim Autobahnwechsel auf die A3 waberte ein penetrant-säuerlicher Geruch durch den Doppeldeckerbus, der von würgenden Geräuschen untermalt wurde. Es war jedes Mal dasselbe. Nicht alle Teenager hatten Reisetabletten vor der Abfahrt geschluckt, sich aber trotzdem am Süßkram überfressen, und erbrachen nun zur Strafe ihren Mageninhalt in Kotztüten, die präventiv an jedem Sitz baumelten.

Mein Magen zog sich zusammen. Ich hielt mir meine Jacke vors Gesicht, um den Kotzegeruch nicht einzuatmen und mich nicht unwillkürlich selbst übergeben zu müssen.

»Na ja, dann haben die es wenigstens schon hinter sich und fallen uns später beim Kotzen nicht über die Reling in die Nordsee«, bemerkte Kai trocken, während er mir eine Papiertüte überreichte.

»Zu gütig«, würgte ich im besten Wortsinn hervor.

In London wohnten wir bei verschiedenen Gastfamilien. Jeden Morgen gab es zum Tagesantritt ein typisch englisches Frühstück, das sich meist aus verbranntem Toast, fadem Tee, dünnem Orangensaft und Weetabix, einem in Milch oder Saft eingeweichten Vollkorn-Weizen-Keks, zusammensetzte.

»Wissen Sie, was unsere Gastfamilie macht? Die haben einen Glaskrug mit Orangensaft. Und wenn der halb leer ist, machen die keinen neuen Saft rein, sondern füllen da immer nur neues Wasser rein. Das schmeckt total bääääh«, beschwerte sich Marius eines Morgens.

Die ungewohnten englischen Frühstückssitten hatten zur Folge, dass bei nicht wenigen Kids der Magen rebellierte. Meine Rennie-Kautabletten erfreuten sich deswegen wachsender Beliebtheit und wurden mir geradezu aus den Händen gerissen, wenn ich gegen 8:30 Uhr in den Bus einstieg, der uns zum morgendlichen Unterricht in die traditionsreiche Harrow School, eine der bekanntesten englischen Public Schools für Jungen, brachte. Während der Fahrt redeten und beschwerten sich die Schüler in einem fort über das »schreckliche Essen« in den englischen Gastfamilien. Tatsächlich schien sie das Meckern über den britischen Gaumen viel mehr zu interessieren als der spannende Unterricht in englischer Grammatik, Landeskunde und Hörverstehen, den sie von montags bis freitags jeweils vier Stunden am Vormittag bekamen. Neben dem unbefriedigenden Frühstück nahmen sie das Dinner in ihren Gastfamilien ein, was von den Kids allerdings in gleichem Maße verflucht wurde. Dafür glänzten ihre Augen vor lauter Glückseligkeit, wenn am fernen Horizont das goldene M aufleuchtete. Andere Kulturen pilgern nach Mekka, unsere Reisegruppe im Gänsemarsch zu McDoof. Und zwar in JEDE Filiale, die zufällig am Wegesrand auftauchte, als hätten die Jugendlichen Angst, das Burgerrestaurant könnte über Nacht aus London verschwinden – was eine echte Leistung gewesen wäre, weil es allein in Inner London über fünfzig Filialen gab.

Und so verwandelte sich das erste Mal, als unsere Reisegruppe an einem Dienstagnachmittag die Pilgerstätte erreichte, zu einem quasi-religiösen Gelage, das von den Schülern mit Tränen in den Augen und Schaum vorm Mund kommentiert wurde. Endlich was Richtiges zum Essen! Doch spätestens, als es ans Bestellen auf Englisch ging, verflog die Vorfreude der Gruppe auf Big Mac und Co schlagartig und wich allgemeiner Verunsicherung.

»Tanja, kannst du dann gleich für uns eine Sammelbestellung machen?«, fragte mich Joscha.

Aber das konnte er sich abschminken. »Sag mal, hackt's? Du bist hier auf einer Sprachreise, um Englisch zu lernen. Da gehört auch dazu, dass du dir deinen Cheeseburger selbst bestellst.«

»Aber, ich hab das doch noch nie gemacht«, protestierte er.

»Einmal ist immer das erste Mal«, entgegnete ich. »Guck mal, da oben hängt die Preistafel, und ablesen wirste ja wohl noch können. Außerdem bin ich vor dir dran. Hör zu, wie ich das mache. Ist total easy. Echt.«

Ich bestellte ein Veggie-Menü und konnte mir natürlich nicht verkneifen, nebenbei ein wenig mit der jungen Dame hinter der Kasse zu parlieren. Endlich mal wieder Englisch, und zwar echtes, britisches, in ganzen Sätzen und mit einer korrekten Syntax! Und nicht das legasthenische Gestammel, das meine Nachhilfeschüler mir seit Jahr und Tag als Fremdsprache verkaufen wollten.

Dann war Joscha dran. Die McDonald's-Mitarbeiterin schaute ihn, der vor Aufregung schwitzte, erwartungsvoll an.

»Also los, Joscha. Cheeseburger heißt hier auch Cheeseburger«, ermutigte ich ihn.

»Okay ... I ... I become a cheeseburger«, stotterte Joscha und schaute ratlos zu der Dame hinter dem Tresen, die sich köstlich zu amüsieren schien.

Oh nein, dachte ich, mitten ins False-Friend-Fettnäpfchen. Jetzt bloß nicht lachen.

»Ach so! Ich Trottel«, sagte Joscha, dem unerwartet ein Licht aufzugehen schien, mit peinlich berührtem Seitenblick auf mich.

Na, grade noch mal gutgegangen, dachte ich und nickte ihm wohlwollend zu. Anfängerpech. Konnte jedem mal passieren. Aber zum Glück hatte er noch die Kurve gekriegt.

Joshua drehte sich wieder zu der McDonald's-Angestellten um und sagte mit selbstbewusster Stimme: »I become a cheeseburger, *please*.«

Als Joscha seinen Cheeseburger in Empfang genommen hatte, kam er zu mir. »Warum hat die Frau denn so komisch gegrinst? Ich habe doch nur gesagt, ich bekomme bitte einen Cheeseburger!«

»Genau genommen hast du gesagt, ich *werde* ein Cheeseburger. Become heißt nämlich nicht bekommen, sondern werden.«

»Ach Mist, das habe ich total vergessen! Wie peinlich. Da hab ich mich ja eben volle Möhre blamiert!« Joscha biss frustriert in seinen hart erkämpften Burger. »Ich verspreche dir, dass mir das beim nächsten Mal nicht wieder passiert«, gelobte er.

Man soll ja bekanntlich den Tag nicht vor dem Abend loben.

Einige Tage später besuchten wir das Wachsfigurenkabinett von Madame Tussauds. Nachdem wir erst geschlagene zwei Stunden in der Menschenschlange auf den Einlass gewartet hatten, um dann noch zwei weitere Stunden die Wachsfiguren zu besichtigen, knurrte uns allen beim Verlassen der Ausstellung gehörig der Magen. Höchste Zeit, ein Burgerrestaurant mit einem Besuch zu beehren und nebenbei noch ein wenig sprechen zu lernen.

»Heute schaffe ich das! Und den Fehler mache ich nicht noch mal«, verkündete Joscha selbstbewusst, der nach der Schmach vom letzten Mal bei mir einen Crashkurs in »Wie bestelle ich richtig bei McDonald's« belegt hatte. Joscha hatte sich vorab genau überlegt, was er bestellen wollte.

»Hello, I would like to have French Fries, a Cheeseburger and a small Coke, please.«

Perfekt. Ich hob den Daumen.

»Oh … and six Chicken McNuggets, please«, ergänzte er wie ein Vollprofi.

Die Bedienung tippte seine Bestellung in die Kasse. »Okay, and which dips?«, fragte sie.

»Äh …?« Er sah mich an. In seinem Gesicht spiegelte sich die nackte Panik.

»Die Frau will wissen, welche Soße du zu den Chicken McNuggets haben möchtest«, half ich ihm.

»Okay, then I would like to have French Fries, a Cheeseburger and a small Coke, six Chicken McNuggets and …«, wiederholte er in alter Ich-packe-meinen-Koffer-Manier, »… and the Nuggets with *sweet and angry*, please«, endete er siegessicher, in der absoluten Gewissheit, damit den Titel »Besteller des Monats« in der Tasche zu haben, während die McDonald's-Frau große Augen machte.

»Excuse me?«

Kumbaya, my Lord, kumbaya! O Lord, kumbaya, sang ich im Stillen vor mich hin und wusste nicht, ob ich mich lachend auf dem Restaurantboden wälzen oder besser auf ein schwarzes Loch hoffen sollte, das sich in diesem Moment vor meinen Füßen auftun würde. *Sweet and angry* für süßsaure Soße! Da musste man erst mal drauf kommen. I break together! Das war die Krönung und würde als eine der besten falschen Wortschöpfungen überhaupt in die Annalen eingehen.

But hey, all start is heavy!

»Sweet-sour dip!«, zischte ich Joscha zu, nachdem ich mich wieder gefangen hatte und strich in Gedanken mit einem roten Kreuz diese Filiale auf dem Londoner Stadtplan durch. Hier konnten wir uns kein weiteres Mal blicken lassen!

Einige Tage später fügte ich meiner McDoof-Schwarzliste das Restaurant auf der Bridge Street im Stadtteil Pinner hinzu, allerdings nicht aufgrund weiterer verunglückter Bestellungen, sondern dank eines Rettungseinsatzes der örtlichen Polizeidienststelle. Ich hatte doch gewusst, dass der »bezahlte Urlaub« einen Haken haben würde …

Sämtliche Teenager und Betreuer waren nah beieinander in Gastfamilien im Ortsteil Harrow untergebracht. Bereits in der ersten Woche der Sprachreise hatte es sich bei den Kids eingebürgert, sich nach dem Abendessen noch mal bei McDonald's in Pinner zu treffen – selbst wenn wir tagsüber schon drei andere Filialen besucht hatten. Am vorletzten Abend klingelte mein Handy. Eine unbekannte englische Nummer wurde angezeigt. Ich zögerte einen Moment, bevor ich das Gespräch entgegennahm. Vermutlich rief ein Schüler vom Festnetzanschluss seiner Gastfamilie an. Umso überraschter war ich, als sich die Polizei aus Pinner am anderen Ende der Leitung meldete, um mir mitzuteilen, dass sechzehn Schüler von unserer Reisegruppe auf der Wache hockten, weil es einen Zwischenfall mit einheimischen Jugendlichen gegeben hatte.

Ich bekam einen Riesenschreck und erlitt einen spontanen Schweißausbruch. Vor meinem inneren Auge spielten sich sogleich Horror-Szenen ab: Baseballschlägerschwingende Hooligans hetzten meine Schüler durch die Straßen. Blut spritzte, Knochen brachen! Meine Intuition sagte mir, dass die Kids sicherlich nicht völlig schuldlos an dem Übergriff der Pinneraner waren. Nachdem ich die Adresse von der Polizeistation aufgeschrieben hatte, rief ich bei der Betreuerin Annika auf dem Handy an. Sie wusste schon Bescheid, Ullrich und Kai ebenso. Eine Viertelstunde später trafen wir auf der Polizeiwache ein. Die Teenager reagierten sichtlich erleichtert, als sie uns sahen. Nachdem Annika, Ullrich, Kai und ich uns im Namen der Chaotentruppe gefühlte 180.000-mal bei den freundlichen Polizisten für die Unannehmlichkeiten entschuldigt hatten, verließen wir mit den Schülern im Schlepptau die Wache.

»Sagt mal, kann man euch nicht für fünf Minuten unbeaufsichtigt lassen, ohne dass ihr euch mit ganz Pinner anlegt?«, machte ich meinem Ärger Luft.

»Wieso *wir?* Wir haben nichts Schlimmes gemacht!«

»Nee, wir waren nur im McDreck und haben da gesessen!«

»Und dann sind die einfach gekommen …«

»… mit Kugeln haben die uns abgeknallt …«

»Aber volle Kanone, ey!«

Alle redeten durcheinander.

»Stopp!«, griff Ullrich in das Chaos ein. »Jetzt redet nur einer. Samira, erzähl mal, was da los gewesen ist.«

Und Samira erzählte. Es stimmte so weit, dass sie sich beim goldenen M getroffen hatten. Allerdings hatten sie sich äußerst großzügig über das gesamte Restaurant verteilt und sich von einem Ende zum anderen auf Deutsch Dinge zugeschrien, womit sie den ganzen Laden unterhielten. Davon fühlte sich die einheimische Jugend offensichtlich provoziert und beschoss die deutschen Schüler mit Serviettenkügelchen, die sie durch Strohhalme pusteten. Doch anstatt vernünftig beziehungsweise gar nicht zu reagieren, stiegen unsere Pappenheimer voll auf das Spiel ein und schossen mit Papierkügelchen zurück, natürlich nicht ohne diese ordentlich in Ketchup und Majo zu tunken, was einer offenen Kriegserklärung gleichkam und dazu führte, dass sie (wen wundert's?) wenig später von den Londonern durch die Straßen gejagt wurden.

Wahnsinn. Da brachten sie in einem Schnellrestaurant kein Wort auf Englisch raus, aber wenn es darum ging, sich mit der einheimlichen Jugend zu kloppen, waren sie ganz vorne mit dabei. Idiots.

Endlich Samstag! Endlich Rückfahrt nach good old Germany! Erschöpft, aber zufrieden, ließ ich mir die Oktobersonne ins Gesicht scheinen. Bis Gelsenkirchen konnten rein theoretisch keine weiteren Katastrophen passieren, nachdem auch die speziellen Kandidaten gesund und munter an Bord gegangen waren. Was für eine Sprachreise! Und was wir alles erlebt oder besser gesagt *über*lebt hatten. Langweilig war es jedenfalls nie gewesen. Und neben allem Wirrwarr gab es durchaus Erfolgserlebnisse zu verbuchen.

Joscha, zum Beispiel, der hatte es tatsächlich noch geschafft, sein Essen fehlerfrei auf Englisch zu bestellen. Oder Till, ein Englischmuffel hoch zehn, hatte neben neuen Erfahrungen auch die E-Mail-Adresse des Gastsohns in der Tasche, der ihn nächstes Jahr besuchen kommen wollte. Ein Großteil der Schüler hatte gelernt, sich im Alltag auf Englisch zu verständigen, und teilweise sogar Spaß an der Sprache gefunden.

Als ich mich gerade mit der Welt wieder versöhnt hatte und mir fast schon vorstellen konnte, in den nächsten Herbstferien wieder eine Sprachreise zu betreuen, schob sich ein Schatten vor die Sonne. Ante und Peer.

»Ey Tanja, kannst du uns zehn Euro leihen? Wir haben voll den Hunger, und krass, auf der Fähre ist Mäckes. Geld kriegst du am Bus von meinen Eltern wieder.«

Ich wollte gerade meinen Geldbeutel zücken, als mein Blick an Antes T-Shirt hängen blieb. Mir gefror augenblicklich das Blut in den Adern, und das Herz rutschte mir in die Hose.

Ich blinzelte. Vielleicht war es eine Halluzination, von wegen Schlafmangel und so?

Doch das Bild blieb. Auf Antes weißem Baumwollshirt prangte ein Foto des Führers, der den Arm zum eindeutigen Gruß erhoben hatte, und im Hintergrund waren die Grenzen des deutschen Reichs abgedruckt, eingerahmt von dem Slogan: »Hitlers European Tour 1939–1945«.

»Sag mal ... haben sie dir – ins Hirn geschissen, oder was?«, vergaß ich meine gute Kinderstube. »Was hast du da für'n Dreck auf dem Shirt?«

»Das sollte ... das sollte doch nur ein Joke sein. Sollte es doch, ne, Peer?!«, suchte Ante Hilfe bei seinem Freund, der ob meines unerwarteten Wutausbruchs wie zur Salzsäule erstarrt und unfähig war, einen Mucks zu machen.

»Wo hast du den Scheiß her?«, schrie ich.

»Das ... das gab's in so 'nem Laden! Ich meine das doch nicht ernst!«

»Nicht ernst? Sag mal, ist dir eigentlich klar, was passiert, wenn du damit in Deutschland erwischt wirst?«

»Zieh das sofort aus!«, sagte Ullrich, der unbemerkt zu uns gekommen war, in einem ruhigen, drohenden Unterton. Und dann fügte er leise zischend hinzu: »Sofort! Sonst vergesse ich mich.«

Ich erschreckte mich richtig über Ullrich. Er wirkte auf einmal überhaupt nicht mehr wie der lustige Onkel, sondern hochgradig bedrohlich.

»Aber ich wollte doch nichts Böses!« Ante heulte fast, als Ullrich ihm den Stofffetzen über den Kopf zog und in den nächstbesten Mülleimer stopfte. »Bitte, Sie dürfen davon nichts meinen Eltern erzählen.«

»Benutz nächstes Mal dein Hirn, bevor du solchen Schwachsinn anstellst! Denn dafür ist das Ding in deinem Kopf da, nicht nur zur Zierde!« Damit ließ Ullrich meinen Nachhilfeschüler mit nacktem Oberkörper stehen und stapfte wutentbrannt von dannen.

Ich schluckte den Kloß in meinem Hals runter und schaute zu Peer, der vor Schreck kalkweiß im Gesicht war. Unter seinem Hemd trug er ein T-Shirt, und um die Hüften hatte er sich eine Kapuzenjacke gebunden. »Vielleicht kann dir Peer seine Jacke leihen, bis du an deinen Koffer kommst«, sagte ich mit kalter Stimme an Ante gewandt und ließ die beiden dann stehen.

Ich brauchte auf der Rückfahrt eine ganze Weile, um dieses Erlebnis zu verarbeiten, und fragte mich ernsthaft, ob die Schüler heutzutage überhaupt noch ausreichend über die Gräueltaten von damals aufgeklärt wurden oder ob sie sich dafür einfach nicht mehr interessierten. Fanden denn zwischen Kindern, Eltern und Großeltern keine Gespräche mehr über den Zweiten Weltkrieg statt? Für mich war das unvorstellbar. Einer meiner Opas hatte sogar beide Weltkriege miterlebt und mir von klein auf Geschichten darüber erzählt, wie er damals in der Kavallerie gedient hatte. Und meine Oma, die damals aus Ostpreußen geflüchtet war, hatte mir einmal berichtet, wie auf ihrer Flucht die Leichen aus den überfüllten Zügen geworfen wurden und sie vor Hunger Schnee gegessen hatte. Natürlich, die Großeltern der Kids waren viel jünger und vermutlich nicht mehr direkt mit dem Zweiten Weltkrieg in Berührung gekommen, doch was war mit deren Eltern? Diese Generation hatte den Krieg miterlebt und bestimmt auch davon erzählt! Deswegen konnte ich nicht begreifen, wie Ante dieses Shirt mit einer Chuzpe, die ihresgleichen noch suchte, und offensichtlich völlig ohne Hintergedanken tragen konnte. Durfte ich es überhaupt verantworten, seinen Eltern nichts davon zu erzählen?

Als wir in die Rolandstraße zum Musiktheater einbogen, hatte ich die unschöne Begebenheit auf der Fähre fast wieder vergessen. Und dann folgten typische Szenen nach einer Studienfahrt: Glückliche Eltern nahmen ihre Kinder in Empfang. Es wurde sich umarmt, gelacht, gescherzt und auch ein bisschen geweint. Ein Bild des Friedens. Bei derartiger Harmonie war ich jedes Mal wieder aufs Neue gerührt und ergriffen. Um mein Herz breitete sich ein wohlig warmes Gefühl aus, und auf einmal war all der Ärger vergessen, und die Fahrt erschien mir in einem romantisch verklärten Licht.

Joschas Eltern gesellten sich zu mir. »Das wäre dann ja geschafft! Ich hoffe, es hat sich wenigstens ein bisschen für ihn gelohnt, und die nächste Englischnote wird besser.« Joschas Mutter wuschelte ihrem Sohn mütterlich durch die Haare.

»Bestimmt. Bestellen bei McDonald's kann er jetzt jedenfalls.«

»Da bin ich richtig gut drin«, nickte er und fügte eifrig hinzu: »We speak the best English what it gives!«

19

Für immer hochbegabt

Das Geschäft mit der Nachhilfe hat eigentlich das ganze Jahr über Konjunktur. Zurückhaltend läuft es lediglich in den ersten Wochen nach den Sommerferien. Während dieser Zeit betreuen Nachhilfelehrer meist ihre Bestandsschüler aus dem vorherigen Schuljahr. Doch kaum tauchen die Herbstferien verschwommen am Horizont auf und mit ihnen die ersten Klassenarbeiten, steht das Telefon bei den Nachhilfeschulen und Agenturen nicht mehr still. Plötzlich brauchen alle Schüler ganz dringend Nachhilfe und am besten sofort. Doch das ist erst der Anfang. Die Nachfrage steigert sich mit jedem Monat kontinuierlich, je weiter das Schuljahr voranschreitet. Wie es ein paar Wochen vor den Sommerferien zugeht, kann man sich ja denken. Ich bin jedes Mal froh, wenn Eltern nicht erst darauf warten, bis das berühmte Kind in den Brunnen gefallen ist, sondern möglichst frühzeitig auf schlechte Noten reagieren und mit der Nachhilfe starten. Dann besteht meist eine reelle Chance, dass sich der Schüler bis zum Ende des Schuljahrs verbessern kann, um die Versetzung zu schaffen. Meistens. Aber nicht immer.

Ich erklärte gerade den Aufbau einer Erörterung, als mein Handy klingelte. »Hier spricht die Nachhilfe-Agentur, Evers am Apparat. Hallo, Frau Janz, ich habe einen neuen Schüler für Sie. Haben Sie noch Kapazitäten frei?«

»Hallo, Frau Evers. Aha, sind die ersten Klassenarbeiten zurückgegeben worden?«

»Ja, genau. Ist jedes Jahr das gleiche Spiel, Sie kennen das ja schon.«

»Moment mal eben … Christian, gib mir bitte mal einen Stift und ein Blatt Papier. Sie erwischen mich nämlich gerade mitten in einer Nachhilfestunde.«

»Oh, Entschuldigung.« Frau Evers tat so, als wenn das was völlig Neues wäre. Dabei wusste sie genau, dass sie mich ab 12:30 Uhr so gut wie immer während einer Nachhilfestunde erreichte. Christian schob mir einen abgekauten Bleistift und ein Löschblatt rüber.

»So, kann losgehen, ich habe etwas zum Schreiben.«

»Okay. Es geht um einen Schüler aus der Klassenstufe 7 an einem Gymnasium. Pierre hat eine Sechs in Englisch zurückbekommen und soll zweimal in der Woche Nachhilfe bekommen. Können Sie das übernehmen?«

Ich konnte. Schnell notierte ich mir Adresse und Telefonnummer von Familie Lehmann und machte für den nächsten Tag bereits den ersten Nachhilfetermin aus. Pierre wohnte mit seinen Eltern in einem kasernenähnlichen Neubaugebiet, in dem sich ein genormtes weißes Reihenhaus an das andere schmiegte. In solchen Wohnanlagen schienen ausschließlich Familien mit maximal zwei Kindern und einem Golden Retriever zu wohnen, der meist ein geknotetes Tuch um den Hals trug. Typisch für solche Wohnparks war auch, dass es keine erkennbare Logik bei der Verteilung der Hausnummern gab. Oftmals lag die Nummer 115 direkt neben der Nummer 79, und man lief sich erst mal eine halbe Stunde orientierungslos die Hacken ab, bevor man zufällig das richtige Haus fand. So war es auch in jener Siedlung, in der mein neuer Schüler Pierre mit seiner Familie lebte. Nach einer gefühlten Ewigkeit fand ich endlich das Haus mit der Nummer 16. Neben der weißen Holztür war ein Messingschild angebracht, auf dem in kursiven Lettern stand: »Hier wohnen Saskia, Stefan, Pierre und Maurice Lehmann«.

Ich klingelte und putzte mir vorsorglich schon mal meine Turnschuhe auf der Willkommen-Fußmatte mit den putzigen Gänsen ab, um nicht den vermutlich hell gefliesten Flur mit Fußabdrücken von mir zu verunstalten. Es gibt keine zweite Chance für den ersten Eindruck. Die Tür öffnete sich, und im Rahmen erschien eine groß gewachsene, sportlich gekleidete Frau mit praktischem Kurzhaarschnitt.

»Hallo, Frau Lehmann. Ich bin Tanja Janz, ich komme wegen der Nachhilfe für Pierre.«

»Hallo, Frau Janz! Schön, dass Sie da sind!« Pierres Mutter schüttelte mir so beherzt die Hand, dass ich fürchtete, sie wollte mir die Schulter auskugeln. »Kommen Sie rein! Wir haben schon auf Sie gewartet, und Pierre ist auch ganz gespannt. Er hatte nämlich noch nie Nachhilfe, müssen Sie wissen.«

»Ach, das ist nicht schlimm. Da gewöhnt er sich ganz schnell dran.«

»Wir sind wirklich verzweifelt. Jetzt hat er doch tatsächlich eine Sechs zurückbekommen. Keine Fünf, eine Sechs! Stellen Sie sich das mal vor. Das ist ja fast so, als wenn er gar nichts könnte. Und dabei haben wir noch vor der Arbeit zusammen geübt. Ich weiß wirklich nicht, woran das liegt. Eigentlich ist er ein ganz aufgeweckter Junge.« Frau Lehmann verschränkte die Arme vor der Brust und schüttelte betrübt den Kopf. Dann machte sie auf dem Absatz kehrt und führte mich durch den wie erwartet hell gefliesten Flur. Im Haus roch es nach Eintopf und Spülmaschinendampf. Über eine Holztreppe gelangten wir in die erste Etage.

»So, das ist Pierres Reich«, sagte Frau Lehmann und bog in den Raum rechts neben der Treppe ein. Pierres Zimmer war mit hellen Ahorn-Möbeln eingerichtet, verdächtig aufgeräumt und mit bunten Manga-Postern an den Wänden verziert.

»Guck mal, Pierre, ich bring dir die Frau Janz mit«, flötete Frau Lehmann betont motiviert.

Ich folgte ihrem Blick zu dem Schreibtisch, unter dem gekippten Velux-Fenster. Dort saß ... ein Hobbit. Der kleine Halbling wendete mir sein pausbackiges Gesicht zu und beäugte mich durch runde Brillengläser. Feuerrote Locken kräuselten sich auf dem Kopf des Kindes, bei dem es sich zweifelsohne um meinen neuen Schüler Pierre handeln musste, dessen Äußeres er eindeutig nicht von seiner Mutter geerbt hatte. Seine Körpergröße unterschritt die Norm für Jungs in seinem Alter um mindestens zehn bis fünfzehn Zentimeter. Dieses Defizit machte auch sein imposanter Bauch nicht wieder wett, über den sich ein kariertes Hemd und ein brauner Pullunder spannten. Die Kombination aus Körpergröße und Wampe ergab circa einen Quadratmeter Kind.

»Ich bin deine neue Nachhilfelehrerin in Englisch«, erklärte ich und setzte mich auf den zweiten Stuhl neben dem Schreibtisch.

»Hallo«, quetschte Pierre hervor, und im Gegensatz zu seiner Mutter klang er wenig motiviert.

»Die letzte Klassenarbeit habe ich Ihnen kopiert!« Mama Beutlin reichte mir drei Blätter. »Wenn was ist, ich bin unten in der Küche. Viel Spaß!«

»Danke.« Ich schaute zu Pierre und fügte für mich in Klammern hinzu: Spaß wird ihr Sohn wahrscheinlich nicht haben. Während ich mir Pierres Klassenarbeit ansah, dämmerte mir, dass bei dem Hobbit nicht nur Lücken zu füllen waren, sondern ganze Krater. Mir war klar, dass ich das gesamte Fundament neu gießen und noch mal von vorne beginnen musste, mit dem Stoff aus der fünften Klasse. Ob er in seinem Leben überhaupt schon mal Vokabeln gelernt hatte? Laut der Englischarbeit, nein. Von der englischen Grammatik hatte er allem Anschein nach nicht mal den

Hauch einer Ahnung. Das hatte ich aber auch gar nicht erwartet. Die Sechs war vermutlich nicht nur aus Jux und Dollerei gegeben worden.

»Guck mal Pierre, hast du eine Idee, warum das hier falsch ist und es nicht *she have cats* heißen kann?«, versuchte ich einen Einstieg ins Thema.

Pierre starrte angestrengt auf das Blatt Papier, kaute auf seiner Lippe herum und zuckte nervös mit den Augen.

»Hört sich das denn richtig an? *She have cats*«, probierte ich es noch mal und betonte das ›have‹ dabei wie verrückt.

Pierre zuckte mit den Schultern und blickte mich tumb durch die dicken Brillengläser an.

»Gut. Dann gebe ich dir mal einen Tipp. Es müsste eigentlich *she has cats* oder *she has got cats* heißen. Kannst du dir denken, warum?«

Pierre schnaufte angestrengt und schüttelte schließlich den Kopf. Der Gesprächigste war er jedenfalls nicht.

»Hast du schon mal was von der Regel ›He, she, it, das S muss mit‹ gehört?«

»Ach ja. Ich vergess das immer.« Nach der Begrüßung war dies der erste vollständige Satz, den Pierre mit mir gewechselt hatte. Ich gratulierte mir innerlich.

Pierre hingegen kratzte sich am Kopf und schaute mich aus leeren Kulleraugen an: »Ich werde das nie lernen.«

»Ach, klar wirst du das lernen! So schwer ist das gar nicht«, ermutigte ich ihn und ahnte nicht, wie recht der Kleine mit seiner Prognose noch haben würde.

Statt mit der Vorführung weiterzumachen, überlegte ich, wie ich Pierres unerwartete Redseligkeit nutzen und das Eis zwischen uns brechen konnte. Ich schaute mich in seinem Zimmer um und entdeckte ein Regal, in dem DVDs standen. Neben Anime-Filmen reihten sich (Überraschung!) die »Herr der Ringe«–Trilogie und alle acht Harry-Potter-Filme.

»Ah, du bist also ein Harry-Potter-Fan?«

»Ja, ich hab die alle gesehen. Und das hab ich von meiner Oma zu Weihnachten bekommen«, sagte Pierre, hievte sich vom Stuhl hoch und wackelte quer durch den Raum zu seinem Bett. Er deutete auf ein Riesenfilmplakat des Films »Harry Potter und der Halbblutprinz«.

»Cool!« Ich nickte ihm anerkennend zu.

»Und wissen Sie was? Ich hab die Harry-Potter-Filme nicht nur auf DVD, sondern sogar auf Buch!«, verkündete der Mensch gewordene Quadratmeter sichtlich stolz und zeigte mir zum Beweis sieben Bücher.

»Ah«, sagte ich wenig einfallsreich und bemühte mich, mein Erstaunen über die Tatsache zu verbergen, dass man Filme »auf Buch« haben konnte. »Und? Haste die auch schon alle gelesen?«

»Nee. Die sind voll lang, die Bücher!«

»Auf Englisch gibt's die übrigens auch. Vielleicht wirst du ja durch die Nachhilfe so gut, dass du die ganzen sieben Teile mal auf Englisch lesen kannst.«

Im Moment konnte ich mir das zwar selbst noch nicht wirklich vorstellen, aber es ging doch nichts über den festen Glauben an seine Schüler.

Ein Schuljahr vergeht schnell. Aber für Schulkinder ist es eine gefühlte Ewigkeit, und oftmals verändern sie sich und ihre Gewohnheiten innerhalb von zwölf Monaten rapide. Pierre entdeckte im Laufe des Schuljahres neben weiteren Anime-Filmen die japanische Kochkunst und den Kampfsport Karate für sich, was den netten Nebeneffekt hatte, dass sein Bauch schrumpfte und sich bald nicht mehr ganz so herausfordernd über seinen Hosenbund wölbte. Zu Beginn jeder Nachhilfestunde musste ich ein neues Gericht probieren, das der angehende Asia-Chefkoch zuvor mit dem Wok zubereitet hatte. Aus dem kleinen Hobbit war Karate Kid geworden. Nebenher verbesserte sich Pierre zwar um eine Note in Englisch, aber verschlechterte sich gleichzeitig von einer Drei auf eine Vier in Französisch – da half ihm auch sein französischer Vorname nichts.

Eine Note besser in Englisch war allerdings kein Grund zum besinnungslosen Freudentaumel, denn es bedeutete, dass er jetzt auf einer Fünf stand und meilenweit von einer glatten Vier entfernt war, die er so dringend für seine Versetzung gebraucht hätte. Zu der Fünf in Englisch gesellte sich nämlich eine noch viel unnötigere Fünf in Religion. Und eines Tages geschah das, was für mich schon Wochen vorher absehbar gewesen war, für Frau Lehmann aber eine vollkommen unerwartete Überraschung zu sein schien. Pierre bekam einen blauen Brief.

»Wie konnte das denn passieren?«, klagte sie fassungslos und wedelte mit dem Schrieb durch die Luft. Pierre starrte betreten zu Boden und ließ die Schultern hängen. »Pierre kriegt doch zweimal in der Woche bei Ihnen Nachhilfe!«

Am liebsten hätte ich gesagt: Das liegt daran, dass ihr Sohn ein Gedächtnis wie ein Sieb hat und nie Vokabeln lernt! Und wenn ich nie sage, dann meine ich auch NIE! Außerdem scheint Karate Kid auch während des Unterrichts geistig nicht anwesend zu sein, sondern vielmehr von seiner zukünftigen Ninja-Karriere zu träumen!

»Na ja, er hat sich immerhin um eine Note verbessert«, versuchte ich es stattdessen auf die diplomatische Art. Im Zweifelsfall immer für den Schüler. Außerdem war ich Dienstleister. Ich würde einen Teufel tun und meine eigene Leistung mit dem schlechten Abschneiden Pierres in Verbindung bringen! »Ich bin mir sicher, dass er es mit der Zeit auf eine glatte Vier schaffen wird«, schwindelte ich. »Aber viel Zeit bleibt uns nicht. Bald sind schon Zeugniskonferenzen. Das muss jetzt ganz flott gehen.«

Mein Blick fiel auf Pierre. Hätte er ein Kunstwerk dargestellt, so wäre der passende Titel »Ein Häufchen Elend« gewesen. Auf seinen Schultern schienen die gesamte englische Grammatik und das Elend der Welt zu lasten.

»Ich rufe gleich mal die Klassenlehrerin an und mache einen Termin aus«, schlug Frau Lehmann vor. »Würden Sie dann auch mitkommen?«

Ich nickte. Pierre schaute wie ein Huhn, wenn's donnert, zwischen mir und seiner Mutter hin und her. Ihm schien es überhaupt nicht zu behagen, dass ich seine Mutter zum Gespräch mit der Klassenlehrerin begleitete.

Frau Baumgardt, Pierres Lehrerin, hatte schon zwei Tage später einen Termin für uns frei. Das Gespräch fand in einem muffigen Besprechungszimmer neben dem Schulsekretariat statt. In dem Raum befanden sich ein runder Holztisch mit vier Stühlen, ein Holzregal mit Aktenordnern und ein Kopierer. Auf der Fensterbank vegetierten einige halb vertrocknete Zimmerpflanzen vor sich hin, die vermutlich schon vor fünfzehn Jahren dort gestanden hatten. Wir setzten uns an den Tisch, und ich war gespannt auf die Dinge, die nun kommen würden.

»Tja, bei Pierre sieht es, wie Sie ja wissen, im Moment nicht gerade berauschend aus«, begann die Lehrerin das Gespräch. Sie war ungefähr in meinem Alter, Anfang dreißig, schätzte ich, und machte einen netten und aufgeschlossenen Eindruck auf mich. Um ihren Hals baumelte eine lange Kette mit einer dunkelbraunen Holzscheibe.

»Wie kommt das denn? Ich meine, er war doch sonst immer so gut«, wollte Frau Lehmann wissen.

»Ihr Sohn ist sehr ruhig und beteiligt sich nicht am Unterricht.« So viel zum »aufgeweckten Kerlchen«. »Und wenn ich ihn dann von mir aus drannehme, weiß er meistens nicht, wo wir sind. Das ist in Englisch und in Französisch so. Von Frau Schaller weiß ich, dass sie das gleiche Spiel mit ihm in Religion hat. Daher auch die Fünf.«

»Aber merkt man denn gar nicht, dass er Nachhilfe bekommt? Frau Janz lernt zweimal in der Woche mit ihm«, sagte Frau Lehmann und schaute mich dabei erwartungsvoll an.

»Nun ja. Pierre hat sich schon gesteigert, aber es reicht eben noch nicht für eine glatte Vier«, zuckte Frau Baumgardt mit den Schultern. »Haben Sie denn das Gefühl, dass Pierre über die Inhalte im Unterricht Bescheid weiß?«, fragte sie mich.

Oh, oh! Böse Falle! Was sollte ich darauf antworten, ohne Pierre in die Pfanne beziehungsweise den Wok zu hauen und ihm eine völlige Talentlosigkeit zu attestieren? Zumal er meistens gar nicht wusste, was in den Stunden gelaufen war und wir ständig erst irgendwelche Klassenkameraden anrufen mussten, die mir dann erklärten, was in der letzten Englischstunde durchgenommen worden war und was Pierre als Hausaufgabe aufhatte. Natürlich passierte das alles heimlich. Denn Pierre war vollkommen klar, dass er ansonsten einen Riesenärger mit seiner Mutter kriegen würde.

»Pierre versteht manche Dinge besser und manche schlechter. Wir gehen grundsätzlich immer alle Lerninhalte der vorherigen Stunde durch und wiederholen neben der Grammatik auch die Inhalte von den Texten«, drückte ich mich vor einer konkreten Aussage.

»Gut«, nickte Frau Baumgardt.

»Vielleicht liegt es einfach am Unterricht?«, warf Pierres Mutter ein.

Frau Baumgardt hob die Brauen und wirkte sehr britisch »not amused«. Ich verdrehte innerlich die Augen, denn dieser Satz war genau das, was man als Elternteil *never ever* zur Klassenlehrerin seines Kindes sagen sollte. Es sei denn, man legte keinen gesteigerten Wert darauf, dass das eigene Kind jemals wieder einen Stich bei der Lehrkraft tat, eventuell sogar den Schulabschluss machte. Doch Frau Lehmann schien Frau Baumgardts Missfallen überhaupt nicht zu registrieren und plapperte munter weiter.

»Pierres Grundschullehrerin hat damals zu mir gesagt, dass er ganz klar ein Gymnasiumkind ist. Und die Frau hat ja schließlich Erfahrung, sonst hätte sie ihm die Empfehlung niemals gegeben.«

»Nun ja, so eine Empfehlung gilt nicht automatisch bis zum Abitur, wie man ja sieht«, entgegnete Frau Baumgardt unterkühlt. Ich ordnete ihre Antwort als klassische Retourkutsche ein und verfolgte gespannt das kleine Machtspiel zwischen den beiden Frauen.

Frau Lehmann schüttelte den Kopf. »Nein, nein. Ich glaube, Sie verstehen nicht ansatzweise Pierres Problem. Wissen Sie, mein Sohn interessiert sich für ganz andere Dinge. Hat er Ihnen erzählt, dass er Karate macht?«

»Ja. Das ist mir bekannt. Schön, dass er einen Sport für sich entdeckt hat.«

»Ja, aber es ist nicht nur der Sport. Er saugt förmlich die japanische Kultur ein. Pierre kocht japanische Gerichte und hat mittlerweile auch damit angefangen, japanische Schriftzeichen zu lernen. Er ist also durchaus wissbegierig und interessiert!«

»Das bezweifelt auch niemand, Frau Lehmann. Aber hier geht es nun mal um Englisch, Französisch und Religion. In allen Fächern bringt Pierre leider keine ausreichenden Leistungen. Und falls er sich in den nächsten Wochen nicht deutlich verbessert, können wir ihn leider nicht mit in die nächste Klasse nehmen. Aber ich denke, gerade in so einem Fach wie Religion sollte es doch für Pierre machbar sein, auf eine glatte Vier zu kommen.«

»Er findet Religion eben langweilig. Fanden Sie Religion mit fast vierzehn Jahren interessant?«, wandte sich Pierres Mutter mir zu.

»Äh … ich habe Religion früh abgewählt«, gab ich zu.

»Sehen Sie! Aber es ist ja noch nicht mal so, dass Pierre sich für gar keine Religion interessiert. Buddhismus findet er ganz toll …«

»Das ist alles schön und gut, aber unsere Schule bietet weder Unterricht in Japanisch noch Buddhismus noch asiatischer Kochkunst an! Im Klartext heißt das, dass Pierre sich trotz Desinteresse im Religionsunterricht beteiligen sollte, wenn er in die achte Klasse möchte. Und das sollte wirklich zu schaffen sein!« Frau Baumgardt schaute sichtlich genervt auf ihre Armbanduhr. »Ich muss gleich wieder in den Unterricht. Ich denke, wir haben alles geklärt. Falls Sie noch Fragen haben sollten, dann können Sie mich gerne noch mal anrufen«, beendete sie das Gespräch, bevor Pierres Mutter erneut Luft holen konnte.

Frau Lehmann und ich verließen das Schulgebäude und liefen zum Schulparkplatz. »Ach, es ist wirklich so schade, dass Frau Baumgardt gar nicht versteht, was Pierre an der Schule fehlt.«

»Ich fand es aber ganz gut, dass sie klar gesagt hat, dass er die Versetzung schaffen kann, wenn er sich in Religion jetzt anstrengt«, gab ich zu bedenken, um das Positive aus dem Gespräch hervorzuheben.

»Na ja, das schon. Aber eigentlich sollten an einer Schule doch Pädagogen dafür ausgebildet sein, um auch Kinder wie Pierre fördern zu können. Oder was meinen Sie, Frau Janz?«

»Ja, sicher …«, antwortete ich, ohne zu ahnen, worauf Frau Lehmann hinauswollte.

»Wissen Sie, Frau Janz, Pierre ist ein ganz besonderes Kind, und das müssen auch die Lehrer endlich mal verstehen.« Pierres Mutter schloss die Fahrerseite ihres Golfs auf und schaute dann über das Autodach zu mir. »Der ist ja nicht doof, nur irgendwie hochbegabt«, sagte sie versonnen. »Bis morgen zur Nachhilfestunde.«

»Ja … bis morgen dann.«

Sie winkte mir zu und brauste mit ihrem Wagen vom Parkplatz. Ich blieb noch eine Weile ratlos und perplex vor meinem Auto stehen und versuchte zu begreifen, was sie mir gerade mitgeteilt hatte. Pierre, der Hochbegabte. Eine ganz neue Erkenntnis, die weltfremder nicht hätte sein können. Ich fragte mich, welche Drogen Frau Lehmann eingeworfen hatte, dass sie an so was ernsthaft glauben konnte.

Ich musste an Dustin denken, den kleinen Jungen, dem man so bereitwillig ADHS diagnostiziert und Tabletten gegen seine »Krankheit« verschrieben hatte. Offensichtlich, so stellte ich fest, gibt es in unserer Gesellschaft ein gesteigertes Bedürfnis für Diagnosen und Behandlungen. Ist man überarbeitet, leidet man an Burn-out – nicht an dem Druck, den man sich selbst macht, um auf der Arbeit allen eine Nasenlänge voraus zu sein. Ist man zu dick, isst man zu viel und bewegt sich nicht, hat man vermutlich die genetische Voraussetzung zum Fetteln und eine Schilddrüsenunterfunktion – und kein Problem mit seinem Essverhalten. Und bezeichnet man sein Kind, das in der Schule eher den intellektuellen Sonnenuntergang als das Morgengrauen symbolisiert, eher als hochbegabt denn als faul, dann tut man das vermutlich auch deswegen, weil man sich um Gedeih und Verderb nicht eingestehen will, dass man als Eltern versagt hat. Dass man die falschen Anreize gesetzt, die falschen Werte vermittelt, das Falsche vorgelebt hat, oder – noch schlimmer – schlicht und ergreifend eben kein Genie geboren und erzogen hat, sondern einen ganz normalen Sohn oder eine durchschnittlich intelligente Tochter mit ganz profanen Problemen in der Schule. Ich habe in meiner Zeit als Nachhilfelehrerin einige sogenannte »Hochbegabte« kennengelernt, und tatsächlich war nur ein Bruchteil dieser kleinen Einsteins intelligenter als der gleichaltrige Rest der Klasse. Das hätte man natürlich leicht mit einem diesbezüglichen Test überprüfen können – den lehnten viele Eltern aber ab, mit der einfachen Begründung, ihrem Kind nicht zu viel zumuten zu wollen.

Zu viel zumuten? Mehr zumuten, als als Hochbegabter abgestempelt zu werden und damit jedes Recht auf eine echte intensive Betreuung mit Erfolgsaussichten zu verwirken?

Die Wahrheit ist: Nicht alle faulen Schüler sind hochbegabt. Das ist ein ausgemachter Etikettenschwindel nach bester Gammelfleisch-Manier. Wir leben in einer Gesellschaft, in der die Verantwortung von einem zum anderen geschoben wird, vom Lehrer zu den Eltern, von den Eltern zum Nachhilfelehrer – nur der Schüler selbst bleibt meistens davon verschont, irgendeine Verantwortung übernehmen zu müssen. Es ist wahrscheinlich nicht mehr »in«, seine Kinder zu vernunftbegabten und verantwortungsvollen jungen Menschen zu erziehen, die für ihre Taten geradestehen und die Konsequenzen ihres Handelns tragen. Und am Ende bleibt der große Haufen der nicht verarbeiteten Verantwortung irgendwo im Nichts hängen, wabert im Nirwana herum, wächst an und quillt über, bis das ganze marode System irgendwann über uns zusammenbrechen und uns alle unter sich begraben wird.

20

Endlich Lehrerzimmer

Ich hatte in der letzten Nacht vor Aufregung kein Auge zugetan. Heute würde ich meine Drohung wahr machen, die ich damals meinem Direktor gegenüber ausgesprochen hatte. Hasta la vista, Baby. Oder: I'll be back!

Um halb sieben hätte mein Wecker geklingelt, wenn ich nicht ohnehin schon wach gewesen wäre und den Alarmknopf eine Minute vorher auf aus gestellt hätte. Ich betrachtete die übernächtigte Gestalt im Badezimmerspiegel. Mein verquollenes Gesicht zierten dunkelgraue Augenringe. Ich sah aus wie ein Pandabär, der in der letzten Nacht im Gelsenkirchener Zoo eine wilde Party geschmissen hatte. Da versagte selbst der beste Abdeckstift. Mein erster Praktikumstag am Schalker-Gymnasium fing schon gut an.

Ich war für acht Uhr mit meinem einstigen Klassenlehrer, der auch für die Betreuung von Referendaren und Uni-Praktikanten zuständig war, im Sekretariat verabredet. Kalter Februarregen klatschte mir ins Gesicht, während ich den Schulhof überquerte. Die Fenster der Klassenräume überzog ein milchiger Schmierfilm, und der alte Hausmeister hockte wie gewohnt in seinem Kabuff. Viel hatte sich auf den ersten Blick seit meinem Abitur nicht verändert. Als ich durch das Foyer schritt und rechts zum Lehrerzimmer abbog, roch es sogar genauso wie früher. In meinem Magen rebellierte die Tasse Kaffee, die ich am Morgen mit Mühe und Not heruntergequält hatte, und forderte ihre sofortige Freilassung.

Es war ein eigenartiges Gefühl, als Beinahe-Lehrer an diesen vertrauten Ort zurückzukehren, an dem ich früher selbst täglich die Schulbank gedrückt hatte.

»Dann haste die Drohung tatsächlich wahr gemacht! Du musst mich übrigens jetzt nicht mehr siezen, ich bin der Jochen«, verkündete mir mein ehemaliger Klassenlehrer, mit dem ich in einem schlecht gelüfteten Besprechungszimmer beisammensaß, an dessen Fensterscheiben die Regentropfen bräunliche Schlieren hinterließen. »Pass mal auf, das ist hier alles ganz einfach. Am Anfang hospitierst du nur. Du sitzt hinten im Klassenraum und machst in Ruhe deine Unterrichtsprotokolle. Später kannst du auch mal eine Stunde unterrichten.«

Unterrichten? Äh … Wollte ich das überhaupt?

Jochen fischte einen Zettel aus einer Mappe. »Du bist übrigens Herrn Spielberg und Frau Sauerlich zugeteilt.«

Das freute mich. Frau Sauerlich war meine erste Englisch- und Deutschlehrerin, und in der Oberstufe war Herr Spielberg mein Englisch-LK-Lehrer gewesen, den er unter dem Motto »This English-LK is a *real* English-LK« führte, was übersetzt bedeutete, dass wir pro Woche zehn Seiten aus dem Buch »Thematischer Grund- und Aufbauwortschatz Englisch« auswendig lernen mussten. Das entsprach ungefähr dreihundertfünfzig Vokabeln, aus denen er sich zwanzig Vokabeln für unangemeldete Tests herauspickte. Auf Deutsch: Wer hier nicht lernte, war am Arsch! So lästig ich die Vokabelbüffelei damals als Schülerin empfand, umso dankbarer war ich später dafür, wenn Kommilitonen sich darüber beschwerten, dass sie die englischsprachigen Dozenten an der Uni nicht verstanden, was für mich dank des vorangegangenen Vokabeldrills kein Problem war.

Die Hospitationsstunden waren easy. Während ich mir akribisch Notizen über Inhalte und Didaktik der Deutschstunde in der 6b machte, lieferte Frau Sauerlich vorne den gewohnten Unterricht ab. Nach der Schulstunde folgte ich Frau Sauerlich ins Lehrerzimmer, wo sie mir einen Kaffee anbot und sich mit mir an einen Tisch setzte.

»Was studierst du außer Deutsch noch?«

»Englisch.«

»Doch nicht auf Sekundarstufe II?«

»Doch. Fürs Gymnasium eben. So wie Sie«, erwiderte ich motiviert.

»Mach das bloß nicht! Weißt du eigentlich, worauf du dich da einlässt?«, fragte sie mich entgeistert.

Meine Motivation sank. »Äh, Sie sind doch auch Englisch- und Deutschlehrerin am Gymnasium ...«

»Für jede Klausur benötigst du locker drei bis vier Stunden Korrektur! Dann Unterrichtsvorbereitung, Klassenarbeitskorrekturen, Elterngespräche, Sprechtage und ständig neue Lehrpläne, Fortbildungen und steigende Anforderungen. Von dem G8-Blödsinn mal ganz zu schweigen. Und dann gleich zwei Hauptfächer! Da kannst du dir Wochenenden und Ferien von der Backe putzen. Als ich angefangen habe, waren das andere Zeiten. Mitte der Achtzigerjahre hat der Lehrerjob noch Spaß gemacht. Da waren die Schüler auch noch nicht so gestört. Heute würde ich mir das nicht mehr freiwillig antun, dann lieber einen netten Bürojob oder so. Ich sag dir eines: Mit deiner Fächerkombination bist du mit vierzig fertig und kannst dich auf die Couch legen. Überleg dir das besser noch mal!«

Daraufhin schnappte sich Frau Sauerlich ein Buch und verschwand damit im Kopierraum. Ich blieb mit offenem Mund und völlig desillusioniert zurück im Lehrerzimmer. Dass sich meine Fächerkombination in der Realität als eine der größten Schnapsideen überhaupt herausstellte, musste ich erst mal sacken lassen. Hello reality and goodbye fantasy. Willkommen im harten Lehreralltag.

Hätte man mir das vielleicht mal früher sagen können?

Zum Beispiel zu Beginn meines Studiums! Bis vor ein paar Minuten war ich mir noch sicher gewesen, eine richtig gute Lehrerin werden zu können, die den gleichen Arbeitsaufwand wie jeder andere Kollege haben würde. Und jetzt? Jetzt stand ich da. Ratlos. Verunsichert. Und überfordert, wie ich mit Frau Sauerlichs gut gemeintem Einblick in den echten Berufsalltag eines Lehrers umgehen sollte.

In der Zwischenzeit hat sich das Studienfach Lehramt verändert. Die Studenten werden in sogenannten Fachpraktika schon früh im Studium auf die Schüler losgelassen, um ihre grundsätzliche Befähigung, aber auch die weniger schönen Seiten der Beamtenmedaille kennenzulernen. Darüber hinaus quälen sie sich nicht mehr durch ein umfassendes Germanistik-, Anglistik- oder Mathematikstudium wie all diejenigen, die nicht auf Lehramt, sondern auf Magister oder Diplom studierten, sondern werden nach dem Grundstudium in vertiefender Didaktik und Bildungswissenschaften ausgebildet. Das ist eine positive Entwicklung, denn im Gegensatz zu mir sind die heutigen Studenten auf das vorbereitet, was nach dem Studienende und dem Referendariat auf sie zukommt.

Ich hingegen stand immer noch im Lehrerzimmer und versuchte, die Ansprache von Frau Sauerlich zu verarbeiten. Doch bevor ich zu einer weiterführenden Erkenntnis gelangen oder die Frage beantworten konnte, ob ich mich gleich jetzt oder erst nach dem Praktikum erschießen sollte, klingelte es. Die Pause war vorbei, und Herr Spielberg erwartete mich abmarschbereit an der Tür zum Flur. Weiter ging's zum Englischunterricht der 8a.

Die Sitzbänke waren in fünf Reihen mit jeweils drei Tischen frontal zur Tafel aufgestellt. Die sechste Reihe bestand aus nur einem Tisch, an dem sich ein bemützter Typ breitmachte, der den separaten Platz vermutlich nicht ohne Grund zugewiesen bekommen hatte. Ich schnappte mir einen Stuhl und setzte mich ebenfalls nach hinten. Links von mir flegelte sich der Kappenträger auf seinem Sitzplatz und führte angeregte Handygespräche. Herrn Spielbergs oder meine Anwesenheit störte ihn dabei offensichtlich nicht im Geringsten. Der Rest der Klasse schien ebenfalls nicht mitzubekommen, dass die Stunde längst angefangen hatte.

»So! Geht jetzt los«, verschaffte sich Herr Spielberg Gehör und klopfte aufs Pult. Das hatte er bei uns früher nicht nötig gehabt. Sobald ein Lehrer im Klassezimmer erschien, waren wir still gewesen. »Anna, pack deine Schminksachen mal weg. Fabrice, in der Pause kannst du weiteressen. Leonie, setz dich auf deinen Platz. Holt mal die Hausaufgaben raus.«

Die Geräuschkulisse senkte sich. Nur der Lümmel aus der letzten Bank quasselte munter weiter: »Kraaaaasssss Alter! Das wird voll fett!« Ich guckte zu ihm rüber. Vielleicht fiel es ihm von alleine auf. Aber nichts da, als er meinen Blick bemerkte, grinste er mich bloß freundlich an, ohne auf die Idee zu kommen, sein Privatgespräch zu beenden. Ich zog die Augenbrauen hoch, zeigte auf sein Handy und nach vorne auf Herrn Spielberg. Zuerst blickte mich die Mütze verwirrt an, doch dann bemerkte er was. »Ey Atze, ich muss mal Ende machen, bevor ich Anblöke krieg.«

Das Thema der Stunde war »California – land of dreams«. Ich schrieb konzentriert den Ablauf der Englischstunde mit, bis mich ein Knistern aus meiner Konzentration riss. Ich traute meinen Augen nicht, als ich entdeckte, woher das Rascheln kam. Die Mütze hatte es sich bequem gemacht. In seinen Ohren steckten die Stöpsel eines iPods, und auf dem Tisch war der Sportteil der aktuellen Ausgabe der BILD-Zeitung großzügig ausgebreitet, in den er vertieft war. Ich rechnete damit, dass Herr Spielberg gleich ausrasten würde, ihm die Stöpsel aus den Ohren rupfen, die Zeitung in den Papierkorb feuern und dies mit einem Tadel im Klassenbuch vermerken würde. Doch nichts von alldem geschah, obwohl mein ehemaliger Lehrer eindeutig gesehen hatte, womit sich Mr. Supercool beschäftigte.

Ich war ratlos und verstand nicht, warum Herr Spielberg sich ein derart respektloses Verhalten bieten ließ. Schließlich war er der Lehrer und damit auch der Chef im Klassenraum, der Notenboss, der über versetzt und nicht versetzt entschied.

Aber konnte überhaupt ein respektvolles Verhalten von Schülern erwartet werden, die vermutlich noch nicht einmal gelernt hatten, die eigenen Eltern zu respektieren? »Meine Mutter ist eine Schlampe« oder »Mein Vater ist voll der faule Sack, der hängt den ganzen Tag vor der Glotze ab und säuft Bier« – diese Sätze hatte ich während meiner Zeit als Büroleitung beim Lernzirkel häufiger zu hören bekommen und mich darüber gewundert, wie Eltern ihren Kindern ein derart negatives Bild von sich vermitteln konnten. Da war es wahrscheinlich kaum verwunderlich, dass Schüler unter diesen Voraussetzungen vor einem Lehrer nicht den nötigen Respekt aufbrachten.

Nach dem Unterricht nahm ich meinen ganzen Mut zusammen und sprach Herrn Spielberg auf die Mütze an.

»Tja, das mit Paul ist eine schwierige Sache. Er sitzt absichtlich auf einem Einzelplatz in der letzten Reihe, damit er die anderen nicht ablenkt. Da haben bis jetzt keine Elterngespräche was genutzt. Sein Verhalten ist gleich geblieben. Und solang er damit die anderen Schüler nicht stört, lass ich ihn in Ruhe.«

»Aber dann ist doch schon vorprogrammiert, dass er die Versetzung nicht schaffen wird, wenn er im Unterricht Zeitung liest und Musik hört«, schlussfolgerte ich und rechnete natürlich mit Herrn Spielbergs Zustimmung. »So einen möchte ich nicht als Nachhilfeschüler haben!«

Herr Spielberg schüttelte den Kopf. »Das wird wohl nicht

passieren. Paul ist nämlich hochbegabt und hat einen IQ von 160 wie Einstein, Stephen Hawking oder Bill Gates.«

Da wäre ich ja nie drauf gekommen – die Mütze ein Genie?! Unglaublich.

»Ach was! Mir kam er vorhin überhaupt nicht besonders schlau vor. Eher im Gegenteil«, gab ich zu und dachte an die Gesprächsfetzen des Handytelefonats, in denen es von Ausdrücken wie krass, Alta, Atze und Co. nur so wimmelte. Bei Paul traf der Spruch von Pierres Mutter »Der ist ja nicht doof, nur irgendwie hochbegabt« den Nagel auf den Kopf.

»Er lässt das nicht raushängen. Wir vermuten, dass er sich bewusst danebenbenimmt, damit er von den anderen nicht ausgeschlossen wird und als Freak gilt. Die Mr.-Cool-Nummer kommt natürlich auch viel besser an als der Ruf des durchgeknallten Genies.«

Ich schämte mich ein bisschen, weil ich Pauls offensichtlichem Possenspiel selbst auf den Leim gegangen war. Wie sehr doch die oberflächlichen ersten Eindrücke täuschen konnten … Wieder einmal musste ich an den Test denken, den ich in meiner ersten Woche an der Universität gemacht hatte, und der mir eindrucksvoll bewiesen hatte, wie sehr unsere Wahrnehmung unser Urteil beeinflusste – gleich ob positiv oder negativ. Und obwohl ich meinte, mittlerweile davor gefeit zu sein, war ich selbst Opfer meiner eigenen Vorurteile geworden. Prima!

»Wie fallen denn seine Klassenarbeiten aus, wenn er nicht im Unterricht aufpasst?«

»Alle Eins. Volle Punktzahl. Paul muss sich eine Seite nur angucken, und schon beherrscht er den Inhalt. Deswegen lassen wir ihn in Ruhe Zeitung lesen und iPod hören. Sein Abitur macht der mal mit links.«

Während meines achtwöchigen Praktikums fragte mich Herr Spielberger, ob ich eine Vertretungsstunde in Pauls Klasse übernehmen würde. Natürlich sagte ich sofort zu. Wir einigten uns darauf, dass ich während seiner Abwesenheit mit der Klasse am Hörverstehen arbeiten würde. Dazu führte ich mir die aktuellen Charts zu Gemüte und wählte ein englisches Musikvideo aus den Top Ten aus, das die Kids vermutlich kennen würden. In Phase 1 meines Unterrichts sollte sich die Klasse zuerst den kompletten Clip anschauen und später, in Phase 2, noch mal in Sequenzen, wobei die Schüler die Aufgabe hatten, einzelne Teile herauszuhören, die ich an die Tafel schreiben würde. Phase 3 bestand daraus, den Songtext mit der Klasse auf Deutsch zu übersetzen. So weit der Plan.

Als ich mich am Montag zu meiner ersten Vertretungsstunde aufmachte, war ich innerlich erstaunlich ruhig. Ich schob das auf meine Nachhilfeerfahrung und darauf, dass ich die Schüler aus der Klasse mittlerweile ziemlich gut kannte. Merle half mir dabei, den Fernseher mit DVD-Player auf einem Rollregal in den Klassenraum zu schieben, während ich den geplanten Unterrichtsablauf in Gedanken nochmals durchging.

Im Klassenraum tobte derweil das Chaos. Die Jugendlichen warfen einen vor Nässe triefenden Tafelschwamm durch den Raum und hatten sich offenbar auf eine Freistunde eingerichtet und nicht die geringste Lust, sich auch nur ansatzweise mit der englischen Sprache zu beschäftigen. Nachdem ich im Schweiße meines Angesichts den Klassenschwamm aufgefangen hatte, schrieb ich meinen Namen an die Tafel.

»Guten Morgen, ihr habt heute Englisch bei mir, und ich habe mir was Tolles für die Stunde ausgedacht«, rief ich vergebens gegen den Lärmpegel an. »Setzt euch mal hin, damit wir anfangen können!«

Keiner reagierte.

»Ich wollte eigentlich mit euch ein Musikvideo gucken. Wir können aber auch einen Test schreiben, wenn euch das lieber ist«, bluffte ich pseudo-autoritär.

»Jaja, schreiben Sie mal schön einen Test. Viel Spaß«, lachte mich ein schlaksiger Schüler mit Brillantenohrringen an. Oder lachte er mich aus?

»Der wird dann auch benotet«, setzte ich mit erhobenem Zeigefinger oberlehrerhaft nach und kam mir sofort äußerst beknackt vor. Ich war das beste Beispiel dafür, dass sich das in der grauen Theorie des Didaktik-Seminars Vermittelte nicht eins zu eins auf den Schulalltag übertragen ließ, und dass selbst die höchste Motivation nicht davor bewahrte, die dämlichsten Anfängerfehler zu machen.

»Wer soll den denn benoten? Der Spielberg ist doch nicht da«, nahm mir in verächtlichem Ton eine Kaugummi kauende und stark geschminkte Frühreife mit hörbarem Migrationshintergrund den Hauch eines Windzuges aus meinem Segel. Es hätte nicht viel gefehlt, und ich hätte aus purer Verzweiflung *bitte, bitte, bitte* gesagt. Ich war die lebende Personifizierung des Opfer-Abos in freier Wildbahn. Wie einfältig von mir, zu denken, dass eine Aushilfslehrerin mit einem 08/15-TV-Gerät und einem lächerlichen Musikvideo es schaffen könnte, durchdrehende pubertierende Halbstarke zu beeindrucken! Das hatte schon damals zu meiner Schulzeit nicht mehr funktioniert. In einem Cartoon würden über den Schülern Denkblasen mit dem Wort »Chef« aufpoppen. Wohingegen über mir ein schwaches Bläschen mit nur drei Buchstaben hängen würde: »Nix«.

»So, ich fang jetzt an«, versuchte ich doch noch die Kurve zu kriegen und schaltete demonstrativ den Fernseher an, unterdessen Paul in der letzten Reihe unbeteiligt aus dem Fenster starrte, wobei sein Kopf zu den Bässen wippte, die aus seinem iPod drangen. Wenigstens die Klassenstreber hatten Erbarmen mit mir, hockten sich auf die vorderen Plätze und sahen mich erwartungsfroh an, während hinter ihnen weiter die Post abging und der Tafelschwamm längst durch ein Federmäppchen ersetzt worden war. Aber wenigstens die erste Reihe, dachte ich und versuchte mein geknicktes Ego aufzurichten.

Nachdem ich dem ausgewählten Publikum auf den Plätzen an der Sonne erklärt hatte, was sie in der bevorstehenden Englisch-Stunde erwartete, schaltete ich den Musikclip an, was eine Gruppe von Mädchen in Reihe vier zum Anlass nahm, den Songtext auf Fantasie-Englisch lauthals mitzugrölen. Textsicher war anders, aber zumindest reagierten sie. Wenngleich nicht direkt auf mich, so immerhin auf die Flimmerkiste. Mit einem Mal dachte ich wehmütig an den guten alten Oberst Stahl. Derartiges Sodom und Gomorra hätte es bei ihm nicht gegeben. Selbst in der 8b nicht.

»Tja, Tanja, für den Lehramtsberuf ist nicht jeder geeignet. Und schon gar nicht *jede*«, hörte ich ihn im Geiste zu mir sagen. »Probier es doch besser mal bei Karstadt in der Putzkolonne. Vielleicht haben die für dich ein Plätzchen frei. Immerhin hast du Abitur!«

Die Beteiligung sowie die Aufmerksamkeit an meinem Unterricht hielten sich für den Rest der Stunde in überschaubaren Grenzen. Ich fühlte mich in meiner Lehrerrolle ungefähr so wohl wie Florian Silbereisen beim Wacken-Open-Air. Mir kamen ernsthafte Zweifel, ob dies wirklich der richtige Beruf für mich war. War ich in der Praxis wirklich so schlecht? Und wenn dem so war: Was blieb mir dann noch? Nachhilfelehrerin auf Lebenszeit? Niemals in den Genuss einer sicheren Verbeamtung und des dazugehörigen Lehrergehalts kommen? Drei Monate bezahlter Urlaub – ade?!

Als es zum Unterrichtsende klingelte, prangte wie zum Beweis meines glorreichen Versagens gerade mal die erste

Strophe des Liedes an der Tafel, wovon wir kein Wort übersetzt hatten. Na bravo! Die Klasse leerte sich in Windeseile. Selbst die noch vor der Stunde so hilfsbereite Merle war verschwunden. Ich stöpselte gerade den Stecker des Fernsehgeräts aus, als mir jemand einen zusammengefalteten Zettel vor die Nase hielt. Paul.

»Hier. Für Sie. Den hab ich auch auf meinem iPod. Cooler Song. Aber nicht weitersagen. Tschüss dann.« Paul schlenderte aus der Klasse, und ich schaute ihm verdattert hinterher. Neugierig faltete ich den Zettel auseinander und las:

Für Frau Janz
Translation: Limp Bizkit »Behind Blue Eyes«

Während ich davon ausgegangen war, dass Paul vor sich hin dümpelte, hatte er den kompletten Liedtext fehlerfrei übersetzt. Die Spur eines Lächelns stahl sich auf mein Gesicht. Ich drehte mich zur Tafel und glotzte auf die sechs Zeilen der ersten Strophe des Liedes. Dann nahm ich den Tafellappen und wischte sie energisch weg. Und mit einem Mal ging es mir besser. Ich hatte in der Vertretungsstunde wahrlich keine Glanzleistung vollbracht, und die Massen hatten nicht begeistert an meinen Lippen gehangen, doch vermutlich wäre es einem anderen Praktikanten ähnlich ergangen. Und Schüler, die sich nicht interessieren *wollten*, konnte man ohnehin zu nichts zwingen. Das musste schon freiwillig passieren.

Ich steckte Pauls Übersetzung in meine Tasche. Ihn hatte der Song interessiert. Ihn hatte ich mit meiner Idee erreicht, wenngleich er es im Unterricht nicht gezeigt hatte. Aber er wollte, dass ich es wusste, sonst hätte er mir die Übersetzung nicht nach dem Unterricht in die Hand gedrückt. Ich rollte den Fernseher zurück in den Medienraum und schloss die Tür ab. Und wenn ich nur einen einzigen Schüler erreichen konnte, nur einer Freude an meinem Unterricht hatte und etwas für sich daraus mitnehmen konnte, so hatte es sich für diese eine Person gelohnt und war nicht für die Katz gewesen!

21

Freizeit-Vampire

Ich bin Nachhilfelehrerin. Den Job mache ich seit mittlerweile zwanzig Jahren, und zwar einzig und allein, weil er mir Spaß macht. Zwei Jahrzehnte, tagein, tagaus, engagierte ich mich von Montag bis Sonntag für gute Noten meiner Schüler und ließ mich dabei nicht einmal von Nachhilfestunden an Samstagen zur besten Sendezeit oder sonntags um sieben Uhr in der Früh abschrecken.

Doch dann, als sich mein Studium langsam dem Ende zuneigte, beschloss ich, dass es höchste Zeit war, mal was ganz Neues, total Verrücktes einzuführen: das Wochenende. Sich samstags auch mal verabreden und sonntags ausschlafen zu können, das wollte ich mir nach zwei Dekaden im Dienste des Schülers mal gönnen.

»Das war aber immer so schön praktisch, wenn am Montag eine Arbeit geschrieben wurde«, maulten einige Eltern, wenn ich sie von meinen neuen Arbeitszeiten in Kenntnis setzte.

»Geil! Wochenende frei!«, oder nicht ganz uneigennützig: »Ja, Sie müssen sich auch mal entspannen …«, jubelten hingegen meine Schüler.

Natürlich versuchten manche Eltern trotzdem weiterhin Nachhilfetermine am Wochenende bei mir zu bekommen. Mit Bitten wie »Nur ausnahmsweise!« oder Argumenten wie »Die Arbeit am Montag muss aber eine Drei werden!« versuchten sie mein Herz zu erweichen. Doch ich blieb konsequent bei meiner neuen Arbeitswoche von Montag bis Freitag. Nach einer Weile akzeptierten es die meisten Eltern und zeigten durchaus Verständnis dafür, dass selbst eine Nachhilfelehrerin ein Recht auf Freizeit und Privatleben hatte. Neben den »normalen« Eltern existierten aber auch Extremformen, die einen 24-stündigen Bereitschaftsdienst und einen flexiblen Zugriff auf den Nachhilfelehrer generell voraussetzten. In einschlägigen Kreisen sind diese Individuen als Freizeit-Vampire legendär. Im Gegensatz zu Helikopter-Müttern mutierten durchschnittliche, bis dato unauffällige Mütter zu Super-Muttis, wenn ihr Kind plötzlich schlechte Noten nach Hause bringt. Solche Super-Muttis schlüpfen bei spontanen Panikanfällen ihrer Brut in elastische Superman-Kostüme, um die Schulkarriere ihres Kindes zu retten, was besonders wochentags ab acht Uhr abends und am Wochenende rund um die Uhr passiert. Manchmal wünsche ich mir, das Super-Mutti-Gen auf den ersten Blick erkennen zu können, um wenigstens in Erwägung ziehen zu dürfen, ob ich mir das wirklich antun möchte. Doch die Erfahrung hat mich gelehrt, dass man den Leuten selbst nach Jahren nur vor den Kopf schauen kann und der erste Eindruck häufig trügt. Oftmals fängt alles völlig harmlos an, und auf einmal entpuppen sich augenscheinlich vernünftige Vertreter der Mutterschaft als wahre Vollfreaks. Zu allem Überfluss scheint das Phänomen ausschließlich in der weiblichen Ausprägung zu existieren. Super-Vatis sind mir bis jetzt noch nicht begegnet. Und falls es sie dennoch geben sollte, ist die Super-Mutti trotz allem der Part, der beim Nachhilfelehrer in Aktion tritt.

Mit Familie Schweik hatte ich eigentlich keine Probleme. Sohnemann Thore erhielt einmal wöchentlich rein präventiv Nachhilfe in Deutsch bei mir. Er stand nie schlechter als Drei, bis seine Deutschlehrerin in den Mutterschutz ging und durch einen Lehrer älteren Semesters ersetzt wurde, der als zweites Fach Latein unterrichtete und sein Faible für mythologische Heldenepen gerne im Deutschunterricht auslebte. So kam es, dass Thore sich auf einmal mit selten spannenden Büchern wie »Aeneas – Sohn der Göttin« auseinandersetzen musste, worin die Flucht Aeneas' aus dem brennenden Troja und seine Irrfahrt nach Italien beschrieben wird. Da ist es kaum verwunderlich, dass massenhaft Jugendliche in Umfragen angeben, nie Bücher zu lesen, wenn sie sich im Fach Deutsch durch derart unspannende Geschichten quälen müssen, die die Möglichkeit, Lust am Lesen zu entwickeln, bereits auf der ersten Seite im Keim erstickten. Bei der antiquierten Sprache und dem trockenen Inhalt verging selbst mir der Spaß an der Lektüre. Und erst recht Thore, der jedes zweite Wort nicht verstand, die Bedeutung im Lexikon nachschlagen musste und nach drei Sätzen längst vergessen hatte, was eigentlich im ersten stand. Die entspannte Nachhilfeatmosphäre bei Thore entwickelte sich immer mehr zum Krampf, nachdem er schon eine Gedichtinterpretation in den Sand gesetzt hatte und keinen Zugang zur Sagenwelt fand.

»Sie können Thore ruhig Hausaufgaben aufgeben. Die nächste Arbeit muss besser werden. Wir sind schließlich im zweiten Halbjahr«, machte Frau Schweik Druck, obwohl Thore für mich längst zusätzlich ein Lesetagebuch führte, in dem er jedes Kapitel schriftlich zusammenfasste, jede Person detailliert beschrieb und in einem Schaubild mit Pfeilen die jeweiligen Figurenkonstellationen darstellte.

»Thore kann seine Deutschlektüre gerne weiterlesen und das Lesetagebuch ergänzen«, schlug ich vor, um Frau Schweik zu besänftigen, die sich seit dem Lehrerwechsel von einer entspannten zu einer verbissenen Mutter entwickelt hatte. Aber egal. Bei der Lektüre schadete es auf keinen Fall, wenn Thore beim Inhalt ein Kapitel weiter als die

Klasse war, um sich mehr im Unterricht beteiligen zu können, denn seine mündliche Mitarbeit hatte ebenso nachgelassen wie die schriftlichen Ergebnisse. Damit war für mich das Thema gegessen. Für Frau Schweik hingegen noch lange nicht.

Ich freute mich auf mein freies Wochenende. Inzwischen genoss ich die zwei freien Tage in vollen Zügen, und meine anfängliche Befürchtung, mir könnte die Nachhilfe fehlen, erwies sich als unbegründet. So gern ich auch Nachhilfe gab, ich hatte gelernt, dass es Grenzen gab. Mittlerweile war ich sogar so weit, dass ich mein Handy von Freitagabend bis Montagfrüh auf lautlos schaltete, ohne ein schlechtes Gewissen zu haben, dadurch Anrufe und Nachrichten von Eltern oder Schülern verpassen zu können. Als ich Freitagabend nach dem Sport auf mein Handydisplay schaute, ploppten drei Anrufe in Abwesenheit, zwei SMS und eine Rückrufaufforderung in der Historie auf. Alle von Familie Schweik.

Nö, ich habe jetzt Wochenende, dachte ich. Thore war mit Aufgaben versorgt, und die Deutscharbeit war erst in zwei Wochen. Ab Montagmittag gerne wieder! Ich fühlte mich selbstbestimmt und erwachsen und gut und stellte mein Handy aus. Zu Hause blinkte mein Telefon. Familie Schweik natürlich. Ich überlegte, ob ich vielleicht doch kurz zurückrufen sollte. Unschlüssig nahm ich den Hörer in die Hand, besann mich dann aber wieder darauf, dass auch ich lernen musste, frei zu haben.

Nachdem ich ausgiebig geduscht hatte, checkte ich meine Mails. Auch hier war Familie Schweik nicht untätig gewesen. Drei Mails von Thores Mutter. Sollte ich sie trotz Wochenende lesen? Oder erst am Montag? Mein Gewissen meldete sich wieder. Könnte ja doch was Wichtiges sein. Na gut. Ich öffnete die erste Mail.

Von: Britta Schweik
Gesendet: Freitag, 4. Mai 2012 20:13
An: Tanja Janz
Betreff: Lesetagebuch

Hallo Frau Janz,
anbei sende ich Ihnen das Lesetagebuch, das ich komplett eingescannt habe. Ich habe mir Gedanken gemacht, wie Thore seine Note verbessern könnte, und da ist mir die Idee gekommen, dass er doch das Lesetagebuch, das er extra für Sie führt, bei seinem Lehrer einreichen könnte. Dann sieht er, dass Thore gewillt ist, hart für eine gute Note zu arbeiten. Bitte überprüfen Sie bis Sonntagnachmittag um 16 Uhr das Tagebuch, und ergänzen Sie alle noch fehlenden Aspekte.
Beste Grüße,
B. Schweik

Alles klar. Sonst noch Wünsche? Frau Schweik schien zu denken, dass ich Langeweile hatte. Und Thores Deutschlehrer auch. Solche übereifrigen Elternaktionen waren bestimmt gut gemeint, gingen aber oftmals nach hinten los, weil sich der jeweilige Fachlehrer dadurch bedrängt fühlte, zusätzliche Arbeiten zu korrigieren, die er gar nicht angefordert hatte. Von der erwarteten guten Note mal abgesehen. Da könnte dann ja jeder kommen. Und wie sollte ein Lehrer das bei durchschnittlich dreißig Schülern pro Klasse zeitlich gebacken kriegen, wenn jeder mit einer Extrawurst um die Ecke kam?

Ich klickte auf die zweite Mail.

Von: Britta Schweik
Gesendet: Freitag, 4. Mai 2012 20:27
An: Tanja Janz
Betreff: Lesetagebuch, fehlende Seiten

Hallo Frau Janz,
hier kommen noch die restlichen Seiten vom Lesetagebuch. Es haben nicht alle in die erste E-Mail gepasst.
Beste Grüße,
B. Schweik
PS: Bitte denken Sie an Sonntag um 16 Uhr!!!

Langsam war ich genervt. Ich hatte nicht übel Lust, Frau Schweik darauf hinzuweisen, dass Sie mich wenigstens vorher hätte fragen können, ob ich überhaupt Zeit hatte, das Lesetagebuch zu überarbeiten, bevor sie mir Arbeitsaufträge erteilte, die ich natürlich für lau erledigen sollte. Stattdessen stand ich vom Stuhl auf und ging in die Küche, wo ich meinen Ärger mit einem Glas Mineralwasser herunterschluckte, bevor ich mir die dritte Mail von Frau Schweik antat.

Von: Britta Schweik
Gesendet: Freitag, 4. Mai 2012 21:46
An: Tanja Janz
Betreff: Interpretation

Hallo Frau Janz,
ich habe gerade im Internet auf einer zahlungspflichtigen Seite eine Deutscharbeit zu unserem Buch gefunden. Die könnten wir doch perfekt in das Lesetagebuch einfügen! Die Aufgaben beschäftigen sich mit Interpretationen von Textstellen aus dem Buch. Das würde

Thores Lehrer bestimmt gefallen, wenn er ihm die korrekten Lösungen zeigen würde.
Also bitte bis Sonntag um 16 Uhr die Korrektur und die fehlenden Ergänzungen vom Lesetagebuch machen und die richtigen Interpretationen aufschreiben.
Beste Grüße,
B. Schweik
PS: Den Ausdruck der Deutscharbeit bringe ich Ihnen morgen persönlich vorbei.

Hilfe! Jetzt wurde mir die Sache aber wirklich zu bunt! Fehlte nur noch, dass sie sich zu Kaffee und Kuchen bei mir einlud, um mir zwei Stunden lang das Ohr über die schwierige Situation ihres Sohns im Deutschunterricht abzukauen und mir weitere Anweisungen zu geben. Eine Antwort auf ihre Mail, um sie freundlich aber bestimmt in ihre Schranken zu weisen, würde kaum auf fruchtbaren Boden fallen. Da half nur eins: ignorieren.

Als ich Samstagmittag voll beladen mit Einkäufen nach Hause kam, prangte ein Zettel an meiner Haustür.

Hallo Frau Janz!
Ich wollte Ihnen doch die Deutscharbeit vorbeibringen.
Aber Sie sind nicht da?! Ich habe Ihnen die Kopie in den Briefkasten gesteckt.
Bis morgen!
B. Schweik

Für meinen Geschmack standen auf dem Zettel ein paar Ausrufezeichen zu viel. Und warum sollte ich den ganzen Tag darauf lauern, dass mir Frau Schweik Deutscharbeiten vorbeibrachte, die ich gar nicht haben wollte? Ich schüttelte den Kopf, während ich die Kopie aus dem Briefkasten nahm, die aus drei Blättern bestand, auf denen sich sechzehn Aufgaben befanden. Im Leben nicht! Ich nahm mir vor, Frau Schweik beim nächsten Termin klarzumachen, dass es für ihre ausgedachte Zusatzarbeit keinen Abgabetermin gab, ich aber gerne die Arbeitsblätter zusammen mit Thore in der Nachhilfestunde bearbeiten könnte, um sie dann vor der Klassenarbeit beim Deutschlehrer einreichen zu können. In meinen Augen war das zwar weiterhin eine blödsinnige Idee, die bei Thores Lehrer bestimmt nicht gut ankommen würde, doch Frau Schweik würde sich ohnehin nicht davon abbringen lassen.

Samstagabend fühlte ich mich schlapp und energielos. Mein Kopf pochte, und der Kiefer schmerzte. Ich legte mich früh ins Bett. Mitten in der Nacht weckten mich starke Kopfschmerzen. Ich hatte das Gefühl, mir würde gleich der Kopf platzen. Die Schmerzen wurden immer schlimmer, sodass ich Sonntagmorgen in die Ambulanz taumelte. Der diensthabende Arzt diagnostizierte eine starke Nasenneben- und Stirnhöhlenentzündung und verordnete mir Antibiotika und eine Woche strikte Bettruhe. Nachdem ich die Medikamente geschluckt hatte, wanderte ich gehorsam ins Bett und schlief wie eine Tote.

Ich erwachte erst dreizehn Stunden später, mitten in der Nacht von Sonntag auf Montag. Die Schmerzen hatten zwar etwas nachgelassen, aber ich fühlte mich nach wie vor ziemlich krank. Auf leeren Magen wollte ich kein Antibiotikum schlucken, also taperte ich auf wackeligen Beinen in die Küche, um mir ein Brot zu schmieren. Im Wohnzimmer blinkte mein Telefon hektisch. Die Liste zeigte vierzehn verpasste Anrufe an. Zwölf davon gingen auf das Konto von Frau Schweik. Um 23:46 Uhr hatte sie das letzte Mal angerufen. Verrückt! Frau Schweik hatte augenscheinlich kein Problem damit, so lange Telefonterror zu betreiben, bis ihr Gegenüber einknickte.

Ich spürte, wie sich in meinem Magen ein Klumpen bildete. Mich erschütterte die Bedingungslosigkeit, mit der Thores Mutter ihren Willen durchzusetzen versuchte. Ich unterrichtete Thore nun schon seit über einem Jahr, und bis vor Kurzem hätte ich mir dieses Verhalten bei seiner Mutter nicht vorstellen können. Meine Nachhilfetermine für die kommende Woche würde ich krankheitsbedingt absagen müssen. Auch bei Schweiks. Ich fuhr meinen PC hoch, um Thores Nachhilfestunde per E-Mail gleich abzublasen und um innerlich zur Ruhe zu kommen. Bei allen anderen Schülern reichte es, wenn sie Montagmorgen Bescheid bekämen.

Die fünf neuen E-Mails von Frau Schweik las ich nicht. Ich schrieb ihr eine kurze Nachricht, in der ich ihr mitteilte, dass ich krank war und diese Woche nicht arbeiten konnte.

Frau Schweiks Antwort ließ natürlich nicht lange auf sich warten.

Von: Britta Schweik
Gesendet: Montag, 7. Mai 2012 6:36
An: Tanja Janz
Betreff: Krankmeldung

Hallo Frau Janz,
ich wünsche gute Besserung. Da hätte ich ja noch lange anrufen und mailen können, wegen des Abgabetermins der Deutschzusatzaufgaben. Ich habe ab 16 Uhr darauf gewartet.
Haben Sie meine Mails denn gelesen? Können Sie die Aufgaben dann bitte bis heute um 16 Uhr nachreichen?!
Beste Grüße,
B. Schweik

Äh – bitte wie? Was hatte Frau Schweik an »Ich bin krank und kann diese Woche nicht arbeiten« falsch verstehen können? So viel Ignoranz und fehlende Empathie hatte ich selten erlebt, und langsam verging mir auch die Lust, unter den Umständen weiterhin bei Schweiks Nachhilfestunden zu geben. Ich schrieb eine E-Mail an die Nachhilfeagentur, in der ich mich krankmeldete und auf die angespannte Situation mit Thores Mutter hinwies. Glücklicherweise hatte die Agentur kein Problem mit meinem Krankenstand und schickte einen Ersatzlehrer zu Thore. Bald darauf erhielt ich eine weitere E-Mail von der Nachhilfevermittlung.

Von: Julia Evers
Gesendet: Mittwoch, 9. Mai 2012 12:14
An: Tanja Janz
Betreff: Thore Schweik

Hallo Frau Janz,
ich hoffe Ihnen geht es schon etwas besser. Ich wollte Sie darüber informieren, dass Familie Schweik sich dazu entschieden hat, mit dem Ersatzlehrer auch künftig weiterzuarbeiten. Es tut mir leid, dass Ihnen dadurch nun ein Stammschüler verloren gegangen ist, aber ich bin mir sicher, Ihnen schnell einen Ersatz anbieten zu können.
Viele Grüße und weiterhin gute Besserung.
J. Evers, Nachhilfe-Agentur

Ich fand das überhaupt nicht schlimm. Im Gegenteil! Mir tat es zwar leid, Thore nicht mehr zu sehen, doch man musste seine Schüler auch loslassen können, wenn die gemeinsame Zeit abgelaufen war. Mit einem Mal fühlte ich mich wesentlich gesünder, und der Klumpen im Magen löste sich auch wie durch Zauberhand auf. Und da sollte einer noch sagen, dass Super-Mutti keine magischen Kräfte hatte.

22

Die Ernst-Oliver-Diaries (Wer reitet geschwind durch Nacht und Wind)

Es gibt aber auch Menschen, die dürfen mich immer um einen Gefallen bitten, egal um welche Uhrzeit, egal ob an Weihnachten, Neujahr, Ostern, meinem Geburtstag oder alles zusammen. Meine Schüler wissen, dass ich immer für sie erreichbar bin. Und zwar nicht nur in Schulfragen. Es war Samstagnacht, als plötzlich mein Handy klingelte. Der Klingelton trieb mich aus dem Bett, während meine inneren Alarmglocken schrillten: Niemand rief mich sonst nachts an. Ich war mir sicher, es musste etwas Schlimmes passiert sein! Das Handy lag auf meinem Schreibtisch. Ich griff danach, ohne vorher nachzuschauen, wer mich anrief. »Hallo?«

»Ja, äh … Tanja? Ich bin's, Ernst-Oliver.«

Das konnte doch nicht wahr sein! Ungläubig rieb ich mir die Augen und schielte auf die Digitalanzeige der Wohnzimmeruhr: 4:37 Uhr! »Weißt du eigentlich, wie spät es ist?«

»Ja. Entschuldigung, ich weiß. Wo bist du?«

Wo bist du? Wo sollte ich schon sein? »Zu Hause?!«

Und normalerweise tief schlafend im Bett, wenn mich nicht muntere Nachhilfeschüler mitten in der Nacht anrufen würden, dachte ich. »Du wirst es nicht glauben, Ernst-Oliver, aber die Zeiten, in denen ich mir die Nächte auf wilden Partys um die Ohren geschlagen habe, liegen schon etwas zurück. Eigentlich schlafe ich um diese Uhrzeit.«

»Boah, ich wusste nicht, wen ich anrufen soll. Ich sitze hier voll in der Scheiße!«

Als wenn das was Neues war. Ernst-Olivers Dauerzustand. »Wo ist *hier?*«

»Rombacher Hütte.«

Das Bochumer Gewerbegebiet Rombacher Hütte war am Wochenende ein beliebtes Ziel für unzählige Nachtschwärmer, die dort eine international bekannte Großraumdisco besuchten. Doch warum trieb sich Ernst-Oliver dort herum? »Was um alles in der Welt machst du mitten in der Nacht in der Rombacher Hütte?«

»Ich war in der Disco.«

»Aha? Mit deinen Eltern?«, fragte ich ungläubig.

»Quatsch! Die sind zu Hause und schlafen. Die wissen nicht, dass ich hier bin.«

Mich wunderte es nicht, dass Ernst-Oliver heimlich am Wochenende auf die Piste ging, dafür kannte ich ihn zu gut. Das konnte aber nicht der Grund sein, weswegen er mich anrief. Es musste noch etwas anderes hinter seinem Anruf stecken. Etwas, das mindestens drei Nummern zu groß für ihn war. »Okay, sag schon. Was ist los? Hast du Ärger?«

»Noch nicht. Aber wahrscheinlich bald.«

»Hör mal, Ernst-Oliver, ich bin wirklich ziemlich müde. Lass dir nicht alles aus der Nase ziehen. Entweder du sagst jetzt, was Phase ist, oder ich leg auf und geh wieder ins Bett.«

»Nein, bloß nicht! Nicht auflegen«, rief er aufgeregt. »Ich erzähl dir alles, und dann musst du mir bitte, bitte helfen.«

Oh, er hatte *bitte, bitte* gesagt. »Na schön.«

»Fuck ey, ich bin hier mit dem Auto meiner Eltern hingefahren, und jetzt springt die Karre nicht mehr an.«

»Du bist mit dem Auto deiner Eltern von Gelsenkirchen nach Bochum gefahren? Ernst-Oliver, du bist vierzehn!« Mein Mund war vor Entsetzen ganz trocken.

»Ja, ich weiß«, piepste er kleinlaut.

Das wurde ja immer besser. Dass er überhaupt lebend

dort angekommen war, grenzte schon an ein Wunder. Ich durfte gar nicht daran denken, was alles hätte passieren können. Massenkarambolagen auf der Kurt-Schumacher-Straße. Ernst-Oliver, der Geisterfahrer auf der A40. Oder eine spontane Polizeikontrolle und lebenslängliches Fahrverbot, was vermutlich das kleinste Übel gewesen wäre. Jetzt bloß einen kühlen Kopf bewahren. Vorwürfe halfen im Moment nicht weiter.

»Gut, ich ziehe mich an und komme dann zum Parkplatz der Disco. Und du bewegst dich nicht vom Fleck. Hast du verstanden?!« Leise fluchend zog ich mir Jeans, Pulli und Turnschuhe an und machte mich auf den Weg nach Bochum. Auf der Fahrt zur Rombacher Hütte fragte ich mich unentwegt, ob mir das wirklich gerade passierte oder es sich bloß um einen dieser abgefahrenen Träume handelte.

Und vor allem fragte ich mich, was *ich* hier überhaupt tat. Immerhin war ich nicht seine Erziehungsberechtigte, ja, noch nicht mal seine Mutter! Und trotz der fehlenden Blutsverwandtschaft rief Ernst-Oliver mich, seine Nachhilfelehrerin, als Retter in der Not herbei, anstelle sich einer anderen Person anzuvertrauen. Das konnte ich einerseits als absoluten Vertrauensbeweis in meine Person und als riesiges Kompliment verbuchen, andererseits stimmte es mich auch nachdenklich und ein wenig traurig – denn wen hätte Ernst-Oliver angerufen, wenn es mich nicht geben würde? Seinen Fußballtrainer?

Als ich auf den Parkplatz der Disco einbog, erkannte ich Ernst-Oliver schon von Weitem an seiner blauen Kappe und der leicht gekrümmten Haltung. Er ging mit seinen 1,90 Metern Körpergröße locker als Achtzehnjähriger durch und hatte dementsprechend keine Probleme beim Einlass in Discos. Ernst-Oliver wartete am Straßenrand, und als er mich erkannte, winkte er hektisch mit den Armen, als hätte er Angst, dass ich vorbeifahren könnte. Ich fuhr auf den Parkplatz.

»Boah, endlich bist du da. Ich hatte Schiss, dass du doch nicht kommst.«

Ich zog die Augenbrauen nach oben. »Wann habe ich dir schon mal etwas versprochen und nicht gehalten?«

»Nie.«

»Also! Wo ist das Auto deiner Eltern?«

Ernst-Oliver deutete auf einen dunklen Sportwagen, nur wenige Meter neben uns. »Wenn meine Eltern das rauskriegen, bringen die mich um«, fing er zu piepsen an.

»Nein, das werden sie nicht machen.«

»Meinste nicht?«

»Nö, weil ich das nämlich vorher tun werde.« Ich nahm ihm den Schlüssel ab, stieg in den Wagen und startete den Motor ohne Probleme. »Alles in Ordnung. Du hättest die Kupplung fester durchtreten müssen.«

»Danke«, sagte er und machte Andeutungen, als würde er sich hinter das Steuer setzen wollen.

Ich tippte mir mit dem Zeigefinger an die Stirn. »Das kannste dir abschminken. Du setzt dich schön auf den Beifahrersitz, und dann bringe ich dich nach Hause.«

Ernst-Oliver kauerte reglos auf dem Beifahrersitz neben mir. »So, Freundchen, dann erzähl mal, wie du auf den Klops gekommen bist, dir den Wagen deiner Eltern für nächtliche Fahrten zur Rombacher Hütte auszuleihen.«, begann ich das Verhör. »Und erzähl mir keinen Blödsinn.«

»Woaaaah, ey, ich hatte ein Date.«

»In Bochum?«

»Jaaaaaa. Die kommt aus Bochum.«

»Aha. Und du hättest sie nicht in Gelsenkirchen treffen können? Tagsüber?«

»Nee. Die hat doch keinen Führerschein«, klärte mich Ernst-Oliver auf.

»Du hast auch keinen Führerschein, Ernst-Oliver«, stellte ich sachlich fest. Und wenn er so weitermachte, bekam er ihn auch nie!

»Aber ich hab schon oft meine Brüder von Partys abgeholt, wenn die was getrunken haben. Ich bin daran gewöhnt, ich kann Auto fahren.«

»Anscheinend nicht. Sonst hätte ich dich wohl kaum gerade abholen müssen. Und dass du dich und andere Menschen mit deinem nächtlichen Ausflug in Gefahr gebracht hast, muss ich dir wahrscheinlich nicht extra sagen, oder?«

»Jaja. Ist schon gut.« Wir schwiegen eine Weile. »Hat sich die Aktion wegen deines Dates denn wenigstens gelohnt?«

»Ach was«, schnaubte er. »Die blöde Kuh hat mich verarscht und ist gar nicht gekommen.«

»Ups!«

»Weiber eben«, sprach der Fachmann.

Eine halbe Stunde später waren wir da und bogen in die Siedlung ein, in der mein Schüler wohnte. Alles war still. Ernst-Olivers Eltern schienen das Verschwinden ihres Sohnes samt Auto nicht bemerkt zu haben. Ich parkte den Wagen exakt so, wie er laut Ernst-Olivers Aussage zuvor gestanden hatte. Danach rief ich mir ein Taxi, um mein Auto aus Bochum abzuholen. Ernst-Olivers Eltern haben nie etwas über den nächtlichen Ausflug ihres Sohnes erfahren.

Ernst-Oliver sollte nicht der Einzige bleiben, dem ich bei seinen heimlichen Eskapaden freundschaftlich zur Hand ging. Egal wie sehr ich mich bemühte, meine Nachhilfestunden abwechslungsreich und bunt zu gestalten, meine Schützlinge hatten selbstverständlich Hobbys, für die sie sich, im Gegensatz zum aktuellen Schulstoff, tatsächlich interessierten. Was für den einen Schalke 04 war, war für Sandra Mitte der Neunzigerjahre die englisch-holländische Boyband Caught in the Act, unter Insidern besser bekannt als

CITA. Das Internet existierte für den privaten Haushalt noch nicht als Informationsquelle, und deswegen sammelte Sandra alles über ihre Lieblinge, vom Bravo-Starschnitt über TV-Mitschnitte des Musiksenders VIVA bis zum kleinsten Zeitschriftenartikel. Ihr heimlicher Schwarm in der Band war Benjamin Boyce, ein Engländer mit typischer Neunziger-Haarlack-Föhnwelle. Als Caught in the Act für 1995 eine Weihnachtstour durch die größten Hallen Deutschlands ankündigten, hatte Sandra ein Problem.

»Ich darf nur zum CITA-Konzert, wenn ein Erwachsener mitkommt. Und meine Eltern wollen da nicht mit mir hingehen«, erzählte sie nach einer Nachhilfestunde entrüstet. »Sie haben aber gesagt, wenn ich jemanden finde, der mich begleitet, würden sie auch beide Konzertkarten bezahlen.«

Ich konnte verstehen, dass Sandras Eltern nicht sonderlich erpicht darauf waren, ihre Tochter zu einem Plastik-Pop-Konzert zu begleiten, von dem am nächsten Tag die BILD mit der Überschrift »Teenies außer Rand und Band« berichten würde. Schallplatten von Caught in the Act suchte man nämlich auch in meinem Plattenregal vergeblich.

»Hm ... und wen kannst du deswegen noch fragen?«, stellte ich mich ahnungslos, wohlweislich, dass Sandra bestimmt an mich gedacht hatte.

»Keinen. Nur dich!«, verkündete sie mir die zweifelhaft frohe Botschaft.

»Aha, ich soll also mit dir zum CITA-Konzert gehen?«

»Genau.« Sandra strahlte mich an.

Du lieber Himmel, jetzt musste ich schon Nachhilfeschüler in ihrem nicht vorhandenen Musikgeschmack unterstützen und zu Konzerten begleiten, vor denen sich selbst die eigenen Eltern drückten. »Sind deine Eltern denn überhaupt damit einverstanden, dass du da mit mir hingehst?« Eine kleine Chance bestand immerhin noch, dass ich mich aus der Affäre ziehen konnte.

»Die sind damit einverstanden. Ich habe schon längst gefragt, denn ich wusste, dass du ja sagst«, erklärte Sandra eifrig, deren Wangen nun vor Aufregung glühten.

»Das ist ja schön, dass das mit deinen Eltern schon alles abgeklärt war, bevor ich zugesagt habe«, bemerkte ich.

»Aber du sagst doch ja? Oder?« In Sandras Augen blitzte Panik auf. Die Erfüllung ihres großen Traums, einmal in die Nähe ihrer Lieblingsband zu kommen, schien zum Greifen nah und doch am seidenen Faden zu hängen.

Ich erinnerte mich an meine eigene Jugend. Ich war dreizehn und schwärmte für das britische Pop-Trio Bros, eine Band, die aus den Zwillingsbrüdern Matt und Luke Goss und ihrem Freund Craig Logan bestand. Die Londoner Band gab damals ein Konzert in der kleinen Dortmunder Westfalenhalle, und ich hatte das große Glück, dass meine beste Freundin ebenfalls für die Band schwärmte und unsere Eltern uns erlaubt hatten, das Konzert zu besuchen. Sogar ohne Begleitung eines Erwachsenen. Mein Vater brachte uns damals nach der Schule zur Westfalenhalle und holte uns abends wieder ab. Ich wäre unter Garantie gestorben, wenn ich dort nicht hätte hingehen dürfen. Wie hätte ich da die Bitte meiner Schülerin abschlagen können, die keine beste Freundin für gemeinsame Konzertbesuche der Lieblingsband hatte? Wenngleich man von dieser Musik Ohrenkrebs bekam und die Chancen auf Schmerzensgeld äußerst schlecht standen.

»Na klar komm ich mit«, nickte ich ergeben.

Sandra hüpfte wie ein Flummi auf und ab. »Echt? Echt jetzt? Wirklich?«

»Ja, versprochen. Kannst dich drauf verlassen.«

Sandras Freude war riesengroß, und ihre Eltern waren erleichtert, dass sich eine Dumme gefunden und freiwillig bereit erklärt hatte. Der Kelch war noch mal knapp an ihnen vorbeigegangen.

Kurz vor Weihnachten war es dann so weit. Caught in the Act gaben sich in der großen Dortmunder Westfalenhalle die Ehre. Zwei Stunden vor Konzertbeginn holte ich meine aufgeregte Schülerin von zu Hause ab, was mir damals beim Bros-Konzert viel zu spät gewesen wäre. Ich hätte anno dazumal am liebsten schon eine Woche vor Konzertbeginn ein Zelt am Eingang zur Halle aufgeschlagen, um ganz vorne zu stehen.

»Was für Karten haben wir eigentlich?«, fragte ich Sandra auf dem Weg nach Dortmund.

»Zwei Sitzplatzkarten.«

Und Sitzplatzkarten wären für mich als junges Mädchen gar nicht gegangen. Das war was für Gruftis! Schließlich wollte ich so nah wie möglich an »meine« Band rankommen. Dem Himmel sei Dank, schien Sandra genügsamer zu sein. So würde es ein gesitteter Konzertabend werden, ohne Quetschereien und erbitterte Kämpfe im Innenraum, um in die erste Reihe direkt vor die Bühne zu gelangen.

Als wir am Haupteingang zur Halle ankamen, erinnerten nur noch zerdrückte Plastikflaschen und kaputte Regenschirme auf dem Boden bei den Absperrgittern an die Menschenmassen, die zuvor geduldig im eiskalten Dezemberregen auf den Einlass gewartet hatten.

»Hallo, wir suchen zwei Leute, mit denen wir unsere Innenraumkarten tauschen können«, stoppte uns ein Mädchen mit Gipsarm am Eingang der Halle. »Ich kann mit meinem Arm nicht in den Innenraum, das ist viel zu gefährlich.«

»Bitte, bitte, bitte, Tanja!«, flüsterte Sandra erregt.

»Und was ist mit deinen Eltern? Die gehen doch davon aus, dass wir beide uns das Konzert vom Rang aus ansehen«, zischte ich.

»Egal! Die müssen ja nichts davon erfahren«, flehte meine Schülerin mich an. »Sag ja. Sag ja!«

Und es kam, wie es kommen musste. Natürlich ließ ich

mich erweichen, auch wenn ich innerlich leise vor mich hin fluchte. Hätte ich den Tag mal besser nicht vor dem Abend gelobt! Von wegen »gesitteter Konzertabend« und »ohne Quetschereien«.

Und prompt wurde es doch noch ein Problem, dass wir erst kurz vor Konzertbeginn angekommen und davon ausgegangen waren, feste Sitzplätze zu haben. Um es in die erste Reihe vor der Bühne schaffen zu können, müssten wir uns durch drängelnde Menschenmassen im Innenraum kämpfen. Mir als erfahrener Konzertbesucherin war bewusst, dass dies nicht ohne Schubsen und intensiven Ellenbogeneinsatz vonstattenging. Sandra schien hoch motiviert und zu allem entschlossen, das Projekt »Erste Reihe« in die Tat umzusetzen.

»Und du bist dir sicher, dass du wirklich ganz nach vorne willst?«, vergewisserte ich mich noch mal.

»Jaaaa, gaaaaanz sicher«, rief Sandra mir über die einsetzende Musik der Vorband zu.

»Das wird aber sehr eng und warm werden«, gab ich zu bedenken.

»Egaaaaal«, schrie Sandra euphorisch zurück.

Okay, ich hatte sie gewarnt. Wir rollten das Feld systematisch von hinten auf, arbeiteten uns am Rand des Innenraums schrittweise vor und schoben uns wenige Meter vor der Bühne wieder in Richtung Mitte. Damals gab es noch keine Wellenbrecher in den Konzertsälen, deswegen wogten die Menschen um uns herum unkontrolliert hin und her wie Seegras auf dem Meeresgrund, und wir mit ihnen. Inzwischen hatte die Vorband ihr Programm, von dem wir so gut wie nichts mitbekommen hatten, beendet, und die Fans erwarteten den lang ersehnten Auftritt von Caught in the Act. »CITA! CITA!«, hallten Sprechchöre durch die Westfalenhalle, und die Stimmung heizte sich merklich auf. Die Fans drückten von hinten nach vorne. Es wurde von Sekunde zu Sekunde enger und wärmer vor der Bühne, und hin und wieder hörte ich »Aua!«-Rufe oder zickige Beschimpfungen, die sich die vornehmlich weiblichen Fans um die Ohren schlugen.

Sandra legte ihren Kopf in den Nacken und fächelte sich Luft zu.

»Ist alles in Ordnung?«

»Mir ist nur warm.«

»Wenn du rauswillst, dann sag Bescheid.«

»Nein!«

Hoffentlich geht das gut, dachte ich noch, als die Hintergrundmusik erstarb, die Hallenbeleuchtung erlosch und frenetischer Jubel aus tausenden Teenie-Kehlen aufbrandete. Ich schaute zu Sandra, die ebenfalls hysterisch quiekte, und tastete nach ihrer Hand, die ich fest mit meiner umschloss. Die ersten Akkorde des Opening-Songs ertönten, und schon drängelten und quetschten die Fans mit voller Kraft in Richtung Bühne. Als die Teenie-Stars dann endlich auf der Bühne erschienen, kannte der Pöbel kein Halten mehr und rastete völlig aus. Vor und neben mir stürzten Mädchen, fielen in Ohnmacht und wurden im Akkord von Ordnern aus der Masse gezogen. Ich umklammerte Sandras Hand noch fester. »Du darfst meine Hand nicht loslassen, egal was passiert! Hörst du?«, rief ich in ihr Ohr.

Doch Sandra starrte wie ein hypnotisiertes Kaninchen zur Bühne, auf der vier Netzhemdträger synchron ihre Münder zum Play-back bewegten und ihre albern anmutende Boyband-Tanzperformance bestenfalls an einen missglückten Auftritt der Chippendales erinnerte. Einen Vorgeschmack auf den Begriff »Fremdschämen«, der erst Jahre später in aller Mund sein sollte, bekam man zum Ticket noch gratis und ungewollt dazu.

Plötzlich spürte ich einen Ruck, der mich zur Seite zog. Sandra! Sie war ohnmächtig geworden und hing wie ein nasser Sack zwischen zwei Mädchen, die in ihrer Ekstase davon nichts mitbekamen. Glücklicherweise befand sich in dem Zwergenaufstand schräg hinter mir ein Familienvater mit seiner Tochter. Er half mir dabei, Sandra zu stützen und aus der Menge bis zu den Sanitätern zu bringen, die sie auf einer Trage in die Notversorgung vom Roten Kreuz backstage brachten, wo schon weitere Konzertopfer lagen und sich ein Arzt um meine Schülerin kümmerte.

Ich machte mir fürchterliche Vorwürfe! Sandras Eltern würden mir den Kopf abreißen. Und das zu Recht! Wieso hatte ich mich bloß auf die Schnapsidee mit dem Tickettausch eingelassen?! Jetzt hatte ich den Salat. Und Sandra entging das Konzert ihres Lebens. Alles wegen meines Leichtsinns. Das hätte nicht passieren dürfen.

»Läuft das Konzert noch?«, fragte Sandra, als sie wieder zu sich gekommen war. Sie wollte gerade aufstehen, um in die Konzerthalle zurückzugehen, als ihre Beine nachgaben. Ich hielt ihr einen Becher Wasser und ein belegtes Brötchen hin, das ich zuvor von einem ehrenamtlichen Mitarbeiter bekommen hatte. »Du trinkst und isst jetzt erst mal, und dann gucken wir weiter.«

Meiner Schülerin passte es natürlich überhaupt nicht, dass sie zuerst in Ruhe essen und trinken sollte, während die vier Plastikmänner auf der Bühne ihre Show abzogen. »Können wir wieder zurück in die Halle gehen? Ich fühle mich schon viel besser«, bat Sandra mich, als sie das Wasser hinuntergestürzt und das Brötchen mit zwei riesigen Bissen vertilgt hatte.

»Aber nur an den Rand.«

Sandra lächelte mich an, und gemeinsam gingen wir wieder in Richtung Konzerthalle – wo wir auf einen Strom von Mädchen mit verheulten Gesichtern und zerlaufener Wimperntusche stießen, der sich in Richtung Ausgang bewegte.

»Oh nein!«, jammerte Sandra. »Ich hab doch gar nichts

von dem Auftritt gesehen.« In ihren Augen sammelten sich Tränen der Enttäuschung.

Und alles wegen mir, dachte ich wieder. Das wäre nicht passiert, wenn wir wie geplant die Sitzplätze genommen hätten. »Vielleicht geben Caught in the Act bald wieder ein Konzert? Ich komm dann auch wieder mit«, versuchte ich sie vergeblich zu trösten, während wir durch die Katakomben der Westfalenhalle irrten und nach einem Ausgang suchten.

»Ich hab mich so auf das Konzert gefreut. Und jetzt …«

Weiter kam Sandra nicht, denn vor uns bogen vier Gestalten um die Ecke, die ich auf den ersten Blick als die Plastik-Boyband aus den Niederlanden erkannte: Caught in die Act! Live und zum Anfassen! Aus Sandras Gesicht wich schlagartig jegliche Farbe, sodass ich befürchtete, sie würde gleich erneut in Ohnmacht fallen. Ich stützte sie vorsorglich, um Schlimmeres zu vermeiden. Aber Sandra hielt sich tapfer und stotterte nur ein bisschen beim Reden. Denn nachdem die perfekt geschminkten Retortenjungs erfahren hatten, dass Sandra beim Konzert ohnmächtig geworden war, schrieben sie für meine Schülerin als Entschädigung geduldig Autogramme und umarmten Sandra zum Schluss, die vor Glück und Stolz fast platzte, da sie sich dank unseres englischen Sprachtrainings mit den Jungs tatsächlich unterhalten konnte.

»Das war der beste Tag meines Lebens. Ich werde mich nie wieder waschen! Mein Gott, die haben mich in den Arm genommen! Und ich habe auf Englisch mit denen geredet!« Sandra konnte auf der Rückfahrt ihr Glück immer noch nicht fassen.

»Trotzdem werden wir Ärger von deinen Eltern bekommen, weil wir die Karten ohne ihr Wissen eingetauscht haben.«

»Das müssen wir doch nicht erzählen. Ist schließlich nix passiert!«

»Na ja, nix ist gut … du warst bewusstlos und musstest ärztlich versorgt werden.«

»Mir geht's doch wieder gut«, entgegnete Sandra. »Wenn die das erfahren, darf ich auf keinen Fall mehr zum nächsten Caught-in-the-Act-Konzert! Selbst dann nicht, wenn du mitkommst. Bitte, sag es nicht.«

»Hm …«, brummte ich wenig begeistert. Einerseits fühlte es sich absolut falsch an, den Eltern den Vorfall zu verheimlichen. Andererseits konnte ich Sandra verstehen. Sehr gut sogar. Es ging ihr wieder prächtig. Genau genommen hatte sie nicht einen verräterischen Kratzer abbekommen, der ihre Eltern hätte misstrauisch machen können. Warum also Ärger heraufbeschwören und ein lebenslängliches Caught-in-the-Act-Konzertverbot riskieren?

»Na gut, das bleibt unser Geheimnis«, willigte ich ein. »Aber eines verstehe ich trotzdem nicht so ganz. Warum war kein einziges Instrument auf der Bühne?«

Sandra winkte ab. »Ach, das brauchen die Bands heutzutage nicht mehr.«

Ach so. So war das also …

Im Laufe der Jahre tauchten immer wieder neue Teenie-Bands im schnelllebigen Pop-Business und im Leben meiner Nachhilfeschüler auf. So wie im Sommer 2005, als es für meine Schüler von heute auf morgen nur noch ein Thema gab: Tokio Hotel! Eine deutsche Band, deren Musikvideo »Durch den Monsun« im Vorfeld der CD-Veröffentlichung für derartige Furore gesorgt hatte, dass sie in aller Munde war. Die Mädels waren völlig hingerissen, die Jungs komplett entnervt. Aber jeder sprach über diese Band. Ich hingegen machte, zumindest in den Augen meiner Nachhilfeschüler, meinem Status als uncoole Erwachsene mal wieder alle Ehre, denn ich kannte weder das Lied noch die Bandmitglieder mit Namen, und das blieb auch lange Zeit so.

Bis zum Winter 2007. Tokio Hotel hatte sich erstaunlicherweise nicht als Eintagsfliege erwiesen, sondern sich zu einem erfolgreichen Musik-Act entwickelt, der über die Grenzen Deutschlands hinweg bekannt und erfolgreich war. Ich hatte davon gehört, dass sich ausländische Tokio-Hotel-Fans sogar für Deutschkurse bei den Goethe-Instituten einschrieben, um die Texte der Band verstehen zu können. Das Engagement erstaunte mich, hieß es doch nicht umsonst: deutsche Sprache, schwere Sprache. Die Tokio-Hotel-Fans hingegen ließen sich davon nicht abschrecken.

Den Beweis für diese besondere Fan-Liebe lieferte mir auch Kim. Eine Hardcore-Anhängerin im angesagten Emo-Look, mit schwarz gefärbten Haaren und dunkel geschminkten Augen, und natürlich eine Nachhilfeschülerin von mir. In Kims Zimmer existierte keine freie Stelle an der Wand, alles war zugeklebt mit Tokio-Hotel-Fahnen, Tokio-Hotel-Postern, Tokio-Hotel-Spiegeln und Tokio-Hotel-Jahreskalendern. Kims Leben drehte sich seit besagtem Video aus dem Jahre 2005 ausschließlich um die aus Magdeburg stammende Band. Ihre Eltern hatten längst resigniert und eingesehen, dass sie bei ihrer sechzehnjährigen Tochter gegen eine Wand redeten, wenn sie versuchten, ihr begreiflich zu machen, dass Schulnoten wichtiger waren als Tokio Hotel. Kim und ich hatten die Vereinbarung getroffen, ich würde sie, im Gegensatz zu ihren Eltern, nicht mit »schlauen Sprüchen« nerven, solange sie sich in den Nachhilfestunden anstrengte und ihre Zusatzaufgaben erledigte.

Bis auf wenige Ausnahmen klappte es einwandfrei. Da hatte ich schon undisziplíniertere Schüler erlebt. Aber Ende Oktober 2007 war Kim mit ihren Gedanken überall, nur nicht bei der Nachhilfe. Sie starrte Löcher in die Luft, kaute auf ihrem Kugelschreiber herum und träumte vor sich hin, statt einen Aufsatz zum Thema »Genetic Engineering« abzufassen.

»Ist das zu schwer?«, fragte ich sie.

»Öhm, nö … ich kann mich heute irgendwie nicht konzentrieren.«

»Wie kommt's? Hast du schlecht geschlafen?«

»Nein, aber nächste Woche ist doch das Konzert.« Kim schloss ihre Kinderzimmertür und fuhr im Flüsterton fort. »Du weißt schon, DAS Konzert!«

Ich wusste nicht, was DAS Konzert war, doch der Verdacht lag nahe, dass es sich nur um einen Auftritt von Tokio Hotel handeln konnte. »Von Tokio Hotel?«

»Ja. Am vierten November in der Essener Grugahalle. Das ist das Abschlusskonzert von der Europa-Tournee.«

»Warum flüsterst du eigentlich?«, flüsterte ich.

»Meine Eltern sollen das nicht wissen!«

»Was nicht wissen? Dass Tokio Hotel in Essen ein Konzert gibt? Na, das dürfte wohl kaum ein Geheimnis sein, und in der Zeitung wird darüber vermutlich auch was stehen«, stellte ich fest.

»Das ist mir auch klar«, zischte Kim. »Meine Eltern haben mir verboten dahinzugehen, weil meine letzte Mathearbeit eine Fünf war.«

»Ach so?« Kim bekam von mir nur Englischnachhilfe. Für Mathematik war ich nicht zuständig. Gott sei Dank! »Davon hast du mir gar nichts erzählt. Und jetzt?«

Ich konnte mir nicht vorstellen, dass sich Kim wegen einer Fünf in Mathe davon abhalten lassen würde, zum Konzert zu gehen. Sie schaute mich verschwörerisch an und holte aus einer Schreibtischschublade ein abschließbares Tagebuch, das sie mit einem kleinen goldenen Schlüssel öffnete. Dann blätterte sie in dem Tagebuch und förderte eine Eintrittskarte zu Tage, die zwischen den Seiten gesteckt hatte. Die hielt sie mir vor die Nase. Ich runzelte die Stirn.

»Du hast schon eine Eintrittskarte? Was machst du jetzt damit?«

»Schon ist gut! Die habe ich bestimmt seit vier Monaten

oder so. Die Tickets muss man total früh kaufen, sonst kriegt man keine mehr.«

Ich nickte. »Aber was passiert nun damit? eBay?«

Kim riss die Augen entsetzt auf. »Quatsch! Nie im Leben! Ich geh natürlich hin.«

Natürlich. »Und wie willst du das anstellen, ohne dass deine Eltern das mitbekommen?«

Kim erzählte mir, dass es unter den Tokio-Hotel-Fans üblich war, bereits eine Woche vor dem Konzert vor der jeweiligen Halle zu campieren. »Das liegt daran, dass wir untereinander Nummern verteilen«, erklärte mir Kim. »Der Erste in der Schlange kriegt die Nummer 1, der Zweite Nummer 2 und so weiter. Die Zahlen werden bei den Fans auf die Hände geschrieben, damit die Leute am Einlass in der richtigen Reihenfolge drankommen. Deswegen muss man auch eine Woche vorher schon da sein, um eine niedrige Nummer zu bekommen und überhaupt eine Chance zu haben, nach vorne zu kommen.«

Ich war baff. Von den Fans organisierte Einlassregeln hatte es während meiner Teenie-Konzert-Phase nicht gegeben! In der ersten Reihe standen grundsätzlich die, die beim Einlass am schnellsten laufen und sich an der Bühnenabsperrung festkrallen konnten.

»Aber wie stellst du dir das vor? Du kannst doch nicht eine Woche vor der Grugahalle campieren! Es sind keine Schulferien.«

»Ist schon alles geplant. Pass auf, das Konzert ist an einem Sonntag, und ich treffe mich eine Woche vorher mit Isa aus dem Tokio-Hotel-Forum an der Grugahalle. Die ist schon achtzehn und baut ihr Zelt vor der Halle auf. Ich hole mir dann die Nummer ab, und Isa hält für mich in der Woche dann den Platz frei.«

Auch wenn sich das reichlich abenteuerlich anhörte, war ich erleichtert, dass Kim nicht vorhatte, die Schule zu schwänzen, denn in der Woche stand eine wichtige Englischarbeit an. Trotzdem vergewisserte ich mich: »Dann gehst du also in die Schule?!«

»Ja, klar. Aber ich will nach der Schule immer sofort nach Essen. Mama und Papa sind eh bis abends arbeiten, die merken das nicht. Ich muss einfach dabei sein und mit den anderen Fans vor der Halle warten. Das ist so eine spezielle Atmosphäre, weißte?«

Ich schaute aus dem Fenster. Oh ja, ungemein spezielle Atmosphäre. Sich bei regnerischem Pisswetter und Minusgraden gemeinsam den Hintern abfrieren, und das alles nur für ein paar geschminkte Jungs in Gruselklamotten – romantischer ging's kaum!

»Und wie willst du dich auf die Englischarbeit vorbereiten, wenn du jeden Nachmittag vor der Halle abhängst?«

»Ich nehme meine Schulsachen mit und lerne dann mit Isa, die schon in der Oberstufe ist und das alles kann. Isa kann mich dann abhören.«

Kims gute Vorsätze in allen Ehren, aber ich zweifelte ein bisschen daran, dass sie ihr Versprechen tatsächlich halten würde. »Okay – ich finde es zwar nicht gut, dass du deine Eltern anflunkerst, aber immerhin klingt der Plan einigermaßen vernünftig. Was machen wir mit unserem Nachhilfetermin?«

»Könntest du zur Grugahalle kommen?« Kim klimperte bittend mit den Wimpern. Wollte sie mich auf den Arm nehmen? »Nicht dein Ernst!«

»Warum denn nicht? Bitte, bitte, bitte. Wir können doch dann zum Lernen in Isas Zelt gehen.«

Na klar! Wieder mal war ich nicht nur Mitwisser, sondern Mittäter, und meine Nachhilfeschüler fanden das allem Anschein nach vollkommen normal. Super. Ich war mir unschlüssig, ob ich Kims Pläne von pädagogischer Seite unterstützen konnte, und bat mir Bedenkzeit aus.

Es war am frühen Mittwochnachmittag, als ich mich auf den Weg zur Grugahalle nach Essen machte. Nach reiflicher Überlegung hatte ich dem gemeinsamen Lernen vor der Konzerthalle zugestimmt. Was wäre die Alternative gewesen? Kim wäre mit oder ohne meine Zusage jeden Tag nach Essen gefahren, da konnte sich die Situation durch meine Einwilligung eigentlich nur verbessern. Außerdem hatte sie bitte, bitte gesagt.

»Wir sind im blauen Zelt ganz weit vorne«, hatte mir Kim per SMS geschrieben. Auf dem Radweg vor der Halle erstreckte sich eine bunte Iglu-Zeltstadt. Zwischen den Zelten lagen Taschen, Koffer, Müllsäcke und ein paar schlafende Mädchen mit Amy-Winehouse-Frisuren und kajalumrandeten Augen. Fans schleppten geschäftig Lebensmittel heran, aus Gettoblastern schallten Tokio-Hotel-Lieder, und eine Dreier-Mädchentruppe brutzelte Würstchen auf einem Holzkohlegrill. Ich schaute mich um und entdeckte Kim weiter vorne bei einem blauen Iglu-Zelt.

Im Zelt roch es nach durchnässter Kleidung und Essensresten. Isa teilte sich nachts das Iglu-Zelt mit vier Mädchen, zum Duschen gingen sie in ein öffentliches Schwimmbad. Kim hatte den Lernplatz im Zelt schon vorbereitet. Auf der Isomatte lagen unzählige Tokio-Hotel-Kuschelkissen, in der Mitte die Englisch-Schulbücher und Hefte. Kim hatte das Buch bereits aufgeschlagen und schien es wirklich ernst zu meinen mit dem Lernen. Sie wiederholte konzentriert den Stoff für die Englischarbeit mit mir, während Isa vor dem Zelteingang hockte, damit uns niemand stören konnte.

Ich war beeindruckt. Kim beherrschte – zum ersten Mal, seit ich denken konnte – die relevante Grammatik und die Vokabeln einwandfrei. Natürlich gab mir das auch zu denken, weil Isa ihr innerhalb weniger Stunden etwas erklärt und eingetrichtert hatte, was ich seit Monaten bei ihr probiert hatte. Aber meine Nachhilfeschülerin versicherte mir, dass es nichts mit mir, sondern allein mit ihrem Willen, eine gute Note zu schreiben, zusammenhing.

Und da der Glaube bekanntlich Berge versetzen kann, schaffte Kim in der Arbeit tatsächlich eine glatte Zwei. Damit rückte sie den schiefen Haussegen nach dem unerlaubten Konzertbesuch wieder gerade und machte ihre Eltern auch ein bisschen stolz. Sie hatte bewiesen, nicht nur an ihr Vergnügen zu denken, sondern dabei auch ihren Schulpflichten nachzukommen. Vielleicht sollte Tokio Hotel öfter ein Konzert in der Nähe geben.

23

Die Ernst-Oliver-Diaries (Der göttliche Funke)

»Bitte, bitte, Tanja, du muuuuusst mir das erklären!«

Ernst-Oliver blickte mich mit einem steinerweichenden Bettelblick an und ließ die Mundwinkel hängen. Er war ohne jeden Zweifel die ärmste Socke im gesamten Universum. Und über dessen Grenzen hinaus.

»Ernst-Oliver, ich KANN dir dabei aber nicht helfen«, sagte ich und schüttelte bestimmt den Kopf. »Es tut mir leid, aber das musst du schon mit deinem Mathelehrer besprechen.«

»Aber normalerweise kannst du doch auch alles!« Jetzt hörte sich mein Nachhilfeschüler fast so an, als wollte er jeden Moment losheulen. So verzweifelt hatte er nicht einmal geklungen, als ich ihn zu nachtschlafender Zeit mit dem Auto von der Rombacher Hütte abgeholt hatte. Außerdem schmeichelte mir sein Kompliment.

»Na ja, alles«, winkte ich ab und machte einen auf bescheiden. »Fast alles. Bis auf Mathe. Da kann ich gar nix.«

»Och Menno, Taaaanjaaaa! Du sagst doch immer, dass man nicht nichts können kann!« Ernst-Oliver ließ den Kopf hängen und starrte verzweifelt auf die Tischplatte. Ich war mir sicher, jeden Moment würde er sich auf den Boden werfen und weinend um sich schlagen: »Keiner hat mich liiiieb!«

»Wenn du mir nicht hilfst …« Seine Stimme versagte.

»Ernst-Oliver, bitte, spar dir die Tour«, sagte ich ruhig. »Du bist doch selbst schuld an der Misere. Wie lange weißt du schon, dass du morgen eine Mathearbeit schreibst?«

»Vier Wochen«, flüsterte Ernst-Oliver tonlos.

»Und wie lange hattest du demnach Zeit, dich vorzubereiten oder im Nachhilfeinstitut nach einem Mathelehrer zu fragen, der dir den Stoff erklärt?«

Dieses Mal schwieg Ernst-Oliver. Doch genau dieses Schweigen traf mich noch viel schlimmer als jede patzige, flehentliche oder beleidigt-nörgelnde Antwort, die er mir hätte geben können.

Ich dachte an Robert, meinen eigenen Mathenachhilfelehrer. Wie oft hatte ich ihn mit meinen einsilbigen Antworten in die Weißglut getrieben. Wie oft hatte er auf der Suche nach von mir notierten Hausaufgaben in meinem Matheheft vor und zurückgeblättert, immer wieder den Kopf geschüttelt und »Das kann doch nicht sein, dass ihr nichts aufhabt!« gemurmelt. Wie oft hatte er mich gefragt, was der Kehrbruch von ¾ war, und wie oft war ich ihm eine Antwort schuldig geblieben! Genau bis zu dem Tag, als Robert im Sekretariat meiner Schule anrief und sich den Namen und die Telefonnummer von meinem Mathelehrer hatte geben lassen. Das war der Zeitpunkt, an dem die Tage des Schulterzuckens und bedauernden Kopfschüttelns ein Ende gehabt hatten und ich Farbe bekennen musste.

Und nun saß da Ernst-Oliver, der mich darum bat, ja auf Knien anflehte, ihm zumindest eine der drei binomischen Formeln zu erklären. Ich schluckte.

Seit der elften Klasse gab ich nun selbst Nachhilfe, die meiste Zeit davon in Nachhilfeinstituten oder bei meinen Schülern zu Hause. Ich hatte die unterschiedlichsten Familien und Wohnungen kennengelernt, hatte zwischen Passé Composé und Imparfait Meerschweinchen gefüttert und war während dem Vokabelabhören mit Hunden spazieren gegangen. Ich hatte meine Abende mit der Korrektur von Arbeitsblättern und Probeklausuren verbracht, hatte Erörterungen und Diktate gegengelesen und mir die Geschichte des Hundertjährigen Kriegs im Schnelldurchlauf auf die Festplatte gespielt. Das Wohl meiner Schüler lag mir immer am Herzen, und deswegen war es noch nie vorgekommen, dass ich hatte sagen müssen: Tut mir leid, das weiß ich nicht, damit bin ich überfordert.

Natürlich tat ich das mit Absicht. Ich wollte und will meinen Schülern stets vermitteln, dass Scheitern erlaubt, Aufgeben aber strengstens verboten ist. Es ist vollkommen in Ordnung, nach einer soliden Vorbereitung eine Drei oder eine Vier zu schreiben – das ist immerhin etwas und zeigt, dass man sich bemüht hat. Außerdem kann man mit Dreien und Vieren sein Abitur bestehen – ich habe es vorgemacht, ich weiß, wovon ich rede. Legt man hingegen schon von Anfang an die Hände in den Schoß und mault: Das kann ich nicht, das mag ich nicht!, dann hat man es gar nicht erst versucht. Damals, als ich selbst noch zur Schule gegangen war, hatte ich immer geglaubt, dass mir schlicht und ergreifend das Mathe-Gen fehlte. Dass ich einfach zu dämlich war, die einfachsten Grundrechenarten ohne technische Unterstützung zu beherrschen, und dass ich mir demnach auch gar nicht die Mühe machen musste, mich mit der Materie auseinanderzusetzen. Dann kam Robert und brachte mir das Fürchten bei, außerdem die Multiplikation, die Division und die Grundregeln des Bruchrechnens. Spätestens als ich Büroleiterin des Lernzirkels wurde und mich plötzlich der Buchhaltung, dem Prozentrechnen und einfachen Kopfrechenaufgaben gegenübersah, war ich froh, nicht wie der Ochs vorm Berg vor meinen Nachhilfelehrern zu sitzen und zugeben zu müssen, dass ich von Tuten und Blasen und von all den lustigen Ziffern in der Abrechnung überhaupt keinen Schimmer hatte.

Und jetzt saß ich hier, reich an Erfahrungen, guten Absichten und pädagogischer Weisheit, und wollte mich an meinem eigenen Mogelrepertoire bedienen, wollte sagen:

Das kann ich nicht, das mag ich nicht!, und Ernst-Oliver, ausgerechnet mein Lieblingsnachhilfeschüler, sollte der Leidtragende meiner bis oben hin vollgestrichenen Hose sein! Ausgerechnet vor ihm, der sich mir in seinen größten Nöten, in seinen peinlichsten Momenten und seinen aufrichtigsten Augenblicken präsentiert hatte, wollte ich den Schwanz einziehen und kneifen. Das war natürlich inakzeptabel, und das wusste ich.

Na dann: Immer mit gutem Beispiel voraus, Frau Janz!

»Zeig doch mal her. Worum geht's da noch mal?«, seufzte ich schwer und stellte mich meinem Schicksal.

»Na, um die binomischen Formeln!«, quengelte Ernst-Oliver, den Blick jedoch hellwach auf mich gerichtet. Er wusste, dass er mich rumgekriegt hatte.

»Oje, das ist schon so lange her …«, tat ich ahnungslos, obwohl mir die Zeichen auf dem Blatt vor mir vage bekannt vorkamen. »Erklär mal, was du bis jetzt verstanden hast – vielleicht komm ich dann wieder rein.«

Das ist Trick 17 der Nachhilfe: Bei eigener Ahnungslosigkeit oder einem akuten Anfall von Unlust einfach mal den Schüler selbst erklären lassen. In den meisten Fällen ist es nämlich gar nicht so, dass die Schüler überhaupt nichts verstanden haben – meistens haben sie das sehr wohl. Sie sind aber nicht in der Lage, das vorhandene Wissen in einen größeren Zusammenhang einzuordnen; sie verstehen es am Beispiel, aber nicht im Transfer. Und oft genug steht ihnen dann auch noch das eigene angeknackste Selbstvertrauen im Weg. Mit Sätzen wie »Ich war auch immer schlecht in Mathe, das liegt in der Familie« oder »Na ja, in Deutsch bist du 'ne Null, aber in Sport kannst du das ja ausgleichen« gelingt es Eltern, die schlechte Einstellung ihrer eigenen Kinder gegenüber dem ungeliebten Fach derart festzubetonieren, dass dem Nachhilfelehrer im Anschluss nur noch brachiale Gewalt und der Vorschlaghammer bleiben. Entgegen einiger weit verbreiteter Meinungen kann ich guten Gewissens verkünden: Alle Kinder wollen lernen, ganz besonders von denen, die sie lehren. Von Lehrern, Eltern, älteren Geschwistern. Wenn diese Erziehungs(un)berechtigen zu den falschen pädagogischen Werkzeugen greifen, wie Demotivation, dem permanenten Tolerieren von Entschuldigungen oder Ausreden und Verständnis gegenüber mangelhaften Leistungen, dann werden sich die Kinder das merken und das Verhalten adaptieren. Warum auch den steinigen Weg gehen, wenn der leichte doch schon vorgetrampelt ist?

Ich habe am eigenen Leib erfahren, wie es ist, wenn man selbst zu 100 Prozent davon überzeugt ist, ein Loser in einem bestimmten Fach zu sein, und ich kann mir nur ansatzweise vorstellen, wie sich ein Kind wie Chayenne fühlen muss, das in allen Fächern versagt und in der Schule weder theoretischen noch sozialen Anschluss findet. Die Auswirkungen auf die verletzlichen Kinderseelen müssen gigantisch sein. Von meiner »Mathe-Legasthenie« sind mir zwar noch ein paar Kratzer im Lack geblieben, aber indem ich mich zu einem Zeitpunkt in meinem Leben überwunden und dazu entschlossen habe, den leidigen Ziffern und Zahlen den Kampf anzusagen, habe ich mich weiterentwickelt und mein Trauma der Jugend hinter mir gelassen.

Bis jetzt. Also dann: Ran an die Buletten.

»Also«, fing Ernst-Oliver an und malte eine Formel aufs Papier. »Es gibt drei binomische Formeln.« In seiner ungelenken Handschrift malte er mir die drei Zeichenfolgen aufs Blatt. »Und mit denen … also, was man mit denen tut, weiß ich auch nicht.«

»Man rechnet sie aus?«, vermutete ich.

»Aha. Weißt du, wie?«

Natürlich wusste ich das nicht. Jedenfalls nicht mehr.

Aber das musste Ernst-Oliver ja nicht wissen. »Klar weiß ich das! Aber es macht ja keinen Spaß, wenn ich dir alles vorsage – also, wie rechnet man das aus?«

Ernst-Oliver starrte eine Weile bewegungslos auf sein Blatt, dann stand er plötzlich auf, ging an seinen Rucksack und zog einen flachen Gegenstand heraus.

»Wozu brauchst du das iPad?«, fragte ich, denn ich befürchtete, Ernst-Oliver wollte sich schon wieder vor der Aufgabe drücken.

»Ein Klassenkamerad hat mir neulich erzählt, dass es auf YouTube so einen Kanal gibt, wo Schüler Mathesachen erklären. Muss total gut erklärt sein, denn der Typ, der mir das erzählt hat, ist 'ne Flachzange in Mathe und hat den Stoff kapiert!«

Nun, immerhin konnte ich mich damit trösten, dass es zu meiner Zeit noch kein YouTube gegeben hatte.

Ernst-Oliver tippte ein bisschen auf dem Monitor des Tablet-PCs herum, dann hatte er die betreffende Seite gefunden und spielte das Video ab. Ich saß schweigend daneben und staunte. Nicht, dass ich begriff, was in dem Video erklärt wurde – aber ich war fasziniert davon, wie einfach die Sprache der Jugendlichen untereinander war, wie kinderleicht sie sich komplexe Sinnzusammenhänge erläutern konnten. Unter dem Video standen verschiedene Kommentare, in denen die Betrachter ihre Dankbarkeit zum Ausdruck brachten. »Ey, Alter, endlich hab ich kapiert, was das mit den Quadraten auf sich hat!« oder »Danke, danke, danke und I ♥ ♥ ♥ binomische Formeln!« waren dabei nur die Spitze des euphorischen Eisbergs.

»Hmmm.« Ernst-Oliver hatte die Stirn in bester Dichter- und Denkermanier in Falten gelegt und knabberte an seinem Bleistift. »Wenn ich es richtig verstehe, bedeutet die Hochzahl 2, dass das x mit x multipliziert wird.«

Genau. X mit x multiplizieren. Ich war raus. Es fehlte

nicht viel, und ich hätte mich auf den Boden geschmissen und gerufen: »Keiner hat mich liiiieeeb!« Aber Ernst-Oliver fing meinen ratlosen Blick auf und holte tief Luft: »Ist doch ganz klar. Das $(a + b)^2$ kann man auch erst mal als x^2 verstehen. Und das x^2 heißt nichts anderes als x mal x. Alles klar?«

»Hm. Ja.« Tatsächlich. Ich hatte verstanden, was Ernst-Oliver mir zu erklären versuchte.

»Wenn nun x^2 nichts anderes als x mal x ist, was ist dann $(a + b)^2$?«

»Äh ...« Mir schwante Böses. Dunkle Bilder aus meiner Jugend schwappten an die Oberfläche meiner Erinnerung, in denen mich Oberst Stahl an der Tafel Gleichungen auflösen ließ – oder besser: es versuchte.

»Na, ist doch total logisch! $(a + b)^2$ ist nichts anderes als (a + b) mal (a + b)!«

Irgendwie konnte ich Ernst-Olivers Glückseligkeit ob dieser Entdeckung nicht so richtig verstehen. Es war ja nicht so, als hätte er die genauen Koordinaten des Bernsteinzimmers gefunden oder die Relativitätstheorie auf einem Bierdeckel widerlegt.

»Und wenn (a + b) mal (a + b) ergibt, dann muss man das nur noch ausrechnen. Warte, ich multiplizier das mal aus.«

Er beugte sich tief über sein Blatt und fing zu kritzeln an, immer wieder hielt er inne, starrte in eine Ecke des Zimmers, wo offensichtlich die Lösung stand, dann schien es irgendwo »pling« zu machen, und er fing wieder das Kritzeln an. Schließlich richtete er sich mit einem Strahlen im Gesicht auf und schob mir das Blatt Papier über den Tisch hin, auf dem stand:

$$\begin{aligned}(a + b)^2 &= (a + b) \cdot (a + b)\\ &= a \cdot a + a \cdot b + a \cdot b + b \cdot b\end{aligned}$$

»Für mich sieht das wie Buchstabensuppe aus«, gab ich zu bedenken, aber Ernst-Oliver winkte ab und zückte die Buntstifte.

»Das hat mir mein Mathelehrer neulich absolut idiotensicher erklärt, das verstehst sogar du! Pass mal auf. Stell dir vor, dass das ›a‹ Äpfel sind. Und das ›ab‹ sind Zitronen. Und das ›b‹ sind Birnen. Was kommt dann bei der Gleichung raus?«

»Obstsalat?« Ich gebe es zu: Eine Nachhilfeschülerin wie mich hätte ich an anderer Stelle vermutlich sofort wieder abgegeben. Das war ja hoffnungslos mit mir!

»Quatsch. Denk doch mal nach! Du darfst die verschiedenen Obstsorten nicht vermischen, sie müssen alle sortenrein bleiben. Aber du weißt, dass ›$a \cdot a$‹ dasselbe wie ›a^2‹ ist. Wie heißt dann der erste Teil der aufgelösten Formel?«

»Äh ... ›a^2‹?« Ich hatte nicht den Hauch einer Ahnung, wieso ich das wusste.

»Genau! Und bei den ›b‹ ist es ähnlich.«

»Auch ›b^2‹?«

»Ja, richtig! Also haben wir schon mal zwei Teile der Addition: das ›a^2‹ und das ›b^2‹. Jetzt kommt der Mittelteil, da wird es knifflig. Wie viel sind $a \cdot b + a \cdot b$?«

»$a^2 + b^2$?«

Oliver starrte mich entgeistert an. »Mann, Tanja, schon mal was von Punkt vor Strich gehört?!«

O Gott. Die Bilder aus meiner Vergangenheit kamen jetzt immer schneller, immer schonungsloser auf mich zugeschossen. Ich an der Tafel, das Stück weißer Kreide in der Hand, das sich in meinen schwitzigen Fingern langsam in seine molekularen Bestandteile auflöste. Ich bei der Mathearbeit, die Unterarme vollgeschrieben mit Formeln, die ich nicht verstand und mir noch viel weniger merken konnte. Ich im Nachhilfeunterricht, wie Robert mich auffordernd, mit einem leichten Lächeln auf den Lippen ansah und zu mir sagte: »Tanja, ich weiß, du kannst das!«

»2ab!«, purzelte es da urplötzlich aus mir heraus, und zum allerersten Mal im Leben hatte ich das sicherere Gefühl, dass es doch eine transzendente Macht im Universum gibt, die uns lenkt und führt und allem einen höheren Sinn verleiht. Ich hatte die Lösung nicht wiedergekaut, denn sie wurde mir nicht vorgesagt. Ich hatte die Lösung nicht in irgendeinem Winkel meines Hirns wiedergefunden, denn sie war von mir vergessen worden. Ich hatte sie stattdessen selbst hergeleitet, denn ich hatte sie verstanden! Ich hatte selbstständig kapiert, warum es 2ab und nicht irgendeine andere Buchstabenkombination sein musste, und eine Woge des Glücks und des Stolzes brandete wie eine gigantische Flutwelle an die Ufer meines Bewusstseins. Ich war mir sicher, ich fing jeden Moment zu leuchten an.

»Genau!«, brüllte Ernst-Oliver und donnerte mir seine Pranke auf den Rücken! »Tanja, echt, du bist die Beste! Ohne dich wär ich so was von am Arsch!«

Ich verkniff mir den Hinweis darauf, dass nicht ich ihm die Formel erklärt, sondern er Licht in mein bis dato kohlrabenschwarzes Mathe-Dunkel gebracht hatte. Denn in diesem Augenblick fiel mir eine Theorie von John Hattie ein, von der ich vor Kurzem gelesen hatte. Der neuseeländische Wissenschaftler hat in einer Art gigantischen Meta-Studie mehr als achthundert Studien zum Thema Lernerfolg miteinander verglichen und eine erstaunliche Entdeckung gemacht. Laut Hattie kommt es beim Lernen nicht auf modernes Equipment an, nicht auf immenses Fachwissen oder einen prall gefüllten didaktischen Koffer, sondern einfach auf den Lehrer selbst, der in der Lage ist, sich in seine Schüler hineinzuversetzen und individuell auf sie einzugehen. Ernst-Oliver hat mir bestätigt, dass diese These stimmt. Zum einen, weil er mir immer wieder aufs Neue beweist, dass es sich lohnt, Zeit und Geld in ihn zu investieren, weil er lernt und Fortschritte macht und sich in der Schule merklich verbessert hat, seit ich ihn in dem Maße betreue, wie er es braucht. Zum anderen war er mir gerade in dem Moment der Lehrer, den ich immer gebraucht hätte – nicht der strenge Oberst mit der Empathie einer Badezimmerfliese, nicht der knochentrockene Mathematikstudent mit dem Humor eines Aktenordners, nicht meine Mutter mit dem kilometerweiten Verständnis für meine absolute Talentfreiheit in Sachen Naturwissenschaft. Sondern einfach jemand, bei dem selbst irgendwann der Groschen gefallen und der in der Lage war, mir die Dinge auf eine möglichst einfache Art zu erläutern – nämlich so, wie er es selbst verstanden hatte.

Ich war so stolz auf Ernst-Oliver, aber auch auf mich. Wir beide waren das beste Beispiel, dass der Weg das Ziel war, dass es viel weniger um die fachliche Perfektion als vielmehr um die grundsätzliche Bereitschaft ging, sich mit einem Thema auseinanderzusetzen.

In der darauffolgenden Mathearbeit schrieb Ernst-Oliver zum Entsetzen seines Lehrers, zum Erstaunen seiner Eltern und zur großen Genugtuung meiner selbst eine glatte Drei. Als er sie mir ein paar Tage später vorlegte, war sein Blick entrückt: »Ich fühle mich richtig gut. Ich habe mich angestrengt, und das ist das Ergebnis. Danke, Tanja.«

Und mir dämmerte leise, dass der ganze Kram, gegen den ich mich meine gesamte Schulkarriere hinweg immer mit Händen und Füßen gewehrt hatte, am Ende doch für irgendwas gut gewesen war.

24

Lieber arbeitslos als Schuldienst

Es ist ja nicht so, dass mir ausgerechnet die Nachhilfeschüler am meisten am Herzen liegen, die immer ihre Hausaufgaben erledigen, durch höfliches Benehmen glänzen und mich nach jeder Stunde fragen, was sie noch zusätzlich üben können, um sich um eine weitere Note verbessern zu können. Zumal Streber meist relativ anstrengende Vertreter ihrer Zunft sind und mich mit Statements wie »Frau Janz, die letzte Deutscharbeit war nur eine Drei plus. Ich will aber unbedingt eine glatte Zwei im Zeugnis haben« eher nerven, denn positiv beeindrucken. Würde sich die Beliebtheitsskala meiner Schüler allein aus dem Kriterium der Strebsamkeit ergeben, hätte es beispielsweise für Ernst-Oliver zappenduster ausgesehen. Er wäre Daueranwärter auf den letzten Platz gewesen. In Wirklichkeit war er es aber nicht, sondern rangierte jahrelang als Tabellenführer.

Was steckt also hinter den sogenannten Lieblingsschülern? Was unterscheidet sie von anderen? Was macht sie so besonders? Und warum bedeutet der erste Platz auf Frau Janz' Liste nicht automatisch, auch für alle anderen Everybody's Darling zu sein? Ich habe da eine ganz eigene Theorie entwickelt, nach der meine Lieblingsschüler etwas von meiner Lieblingsmusik haben. Das ist Punk. Daher ist es nicht verwunderlich, dass sich meist charmante Rebellen und unangepasste Individualisten, die ihr eigenes Ding machen und sich nicht ins gängige Schema F pressen lassen, auf den vorderen Rängen in meiner Tabelle tummeln. Abgerundet wird das Ganze von mindestens einem Tadel pro Monat, den sie sich durch ironische Sprüche im Unterricht und schwarzem Humor gegenüber Mitschülern und Lehrern sicherten.

Neben Ernst-Oliver Schimski verfügte auch Oskar Lehmann über jene genannten herausragenden Eigenschaften. Dabei war Oskar ein überaus pfiffiges Kerlchen, der überall sein Skateboard mitschleppte. In der Schule führte er nicht nur unangefochten die klasseninterne Faulpelzparade an (so nannte sein Deutschlehrer die Strichliste, auf der er nicht gemachte Hausaufgaben vermerkte), sondern war gleichzeitig auch heißer Anwärter auf den Thron des Nachsitzkönigs. Mit ihm wurde es weder seinen Eltern noch mir jemals langweilig. Kaum war eine Katastrophe überstanden, bog die nächste schon um die Ecke. Zumindest darauf konnte man sich bei Oskar immer verlassen.

An Frau Lehmanns Mundwinkel konnte man die zahlreichen Eskapaden ihres Sohnes förmlich ablesen. Sie wanderten mit jeder schulischen Hiobsbotschaft ein Stückchen weiter nach unten und verliehen Oskars Mutter einen zunehmend griesgrämigen Gesichtsausdruck. Mit fünfzig wäre sie wahrscheinlich an einem Punkt angelangt, an dem ihr Oskar ein Facelifting hätte spendieren müssen. Doch dann ereignete sich eine Begebenheit, die diese Entwicklung rasant beschleunigte und sie von einem Tag auf den anderen schlimmer aussehen ließ als Angela Merkel.

»Oskar durfte heute nicht in die Schule«, berichtete sie mir, kaum dass ich einen Fuß in die Diele gesetzt hatte. »Ich erfahre morgen, ob und wann er wieder hingehen darf.«

Bislang hatte Oskar des Öfteren die durchaus zweifelhafte Ehre genossen, die ein oder andere Stunde, zuweilen auch mal ein ganzes Jahr *länger* in der Schule bleiben zu dürfen. Aber ein Schulausschluss? Das war neu.

»Und wieso? Hat er einen Schulverweis bekommen?«, erkundigte ich mich.

Frau Lehmann winkte resigniert ab. »Das soll er Ihnen besser persönlich erzählen.«

Oskar lag in seinem Bett und blätterte in einem Comicheft.

»Hi. Du machst ja Sachen«, begrüßte ich ihn und pflanzte mich auf einen Sitzsack, der in seinem Zimmer stand. »Was ist denn in der Penne passiert?«

Oskar schnaubte. »Gar nix is passiert!«

»Wegen gar nix wird man aber nicht von der Schule beurlaubt.«

»Du musst dich wirklich nicht schämen«, schaltete sich Frau Lehmann ein, die mit hängenden Mundwinkeln und verschränkten Armen neben mir im Zimmer stand. »Erzähl Frau Janz ruhig mal, was du angeblich gemacht haben sollst.«

Oskar grinste verlegen und rollte mit den Augen. »Boah, ey. Angeblich hab ich ein Mädchen aus der Parallelklasse angefasst.«

Das konnte ich mir nicht vorstellen. Oskar war überhaupt nicht der Typ für Handgreiflichkeiten. Vor allem nicht bei Mädchen. »Geschlagen?«

»Nee. So richtig angefasst eben! An die Titten … und zwischen die Beine und so.«

Ich war entsetzt. Das machte noch viel weniger Sinn. Oskar war ein Styler, dem die Mädchen wie dem Rattenfänger von Hameln hinterherrannten, ohne dass er irgendetwas dafür tun musste. Der kleine Herzensbrecher hatte es gar nicht nötig, auch nur einen Finger krumm zu machen, wenn er ein Mädel klarmachen wollte. »Aber das hast du doch nicht gemacht, oder?!«

»Nö.«

»Und warum behauptet das Mädchen es dann?«

»Weiß ich doch nicht. Die spinnt!« Oskar zuckte mit den

Schultern. »Keine Ahnung, was die denkt. Ich kenn die überhaupt nicht.«

Verwirrt schaute ich zu Frau Lehmann. »Aber Sie glauben das doch auch nicht?«

»Natürlich nicht. Aber der Glaube allein bringt uns nicht weiter«, sagte sie müde.

»Können die Oskar denn einfach so wegen der Behauptung eines Mädchens von der Schule verweisen? Ich meine, es steht doch Aussage gegen Aussage, und es ist nicht bewiesen, dass Oskars Mitschülerin die Wahrheit sagt. Immerhin gibt's auch so was wie Schulpflicht«, wandte ich mich an Frau Lehmann.

»Das Mädchen war gestern schon mit ihren Eltern bei der Polizei und hat Anzeige erstattet, die Schule wurde heute früh erst informiert. Und da hat der Direktor spontan entschieden, dass Oskar das Schulgebäude bis auf Weiteres nicht betreten darf. Und wem hier geglaubt wird, ist ja eindeutig. Bei Oskars Schulakte …«

Das durfte nicht wahr sein! Bloß weil Oskar so viel Musterschüler war wie der Vatikan der Betreiber einer Kondomfabrik, bedeutete das noch lange nicht, dass er Mädchen aus der Parallelklasse sexuell belästigte. »Unglaublich! Das ist fast wie im Fall Marco Weiss, dem Jungen in der Türkei. Dem wurde auch vorgeworfen, ein Mädchen sexuell belästigt zu haben, und am Ende gab es noch nicht einmal eine richtige Verhandlung, weil es keine Beweise gegen ihn gab.«

»Ich bin mit meinem Latein am Ende. Wir wissen, dass unser Sohn bestimmt kein Engel ist, aber so was tut er nicht. Wir haben nachher noch einen Termin beim Rechtsanwalt.«

Das Telefon klingelte. »Das ist bestimmt die Schule«, sagte Frau Lehmann und eilte hinaus.

»Und du kannst dir wirklich nicht denken, warum das

Mädchen solche Gerüchte über dich verbreitet?«, hakte ich bei Oskar nach.

»Nö.«

»Wie heißt die eigentlich?«

»Berenike.«

Doofer Name, wie ich fand. Hörte sich nach abgehalftertem Landadel an und passte vermutlich perfekt zur Namensträgerin. »Und mit dieser Berenike hast du wirklich nie was zu tun gehabt?«

»Nee. Die interessiert mich nicht.«

Und exakt da lag vermutlich der Hund begraben, überlegte ich. »Hast du denn noch nie mit ihr geredet?«

»Doch, weil die mich angequatscht hat und mir auf dem Schulhof hinterhergerannt ist. Aber die hat die ganze Zeit so albern gekichert, und das hat mich genervt, und da bin ich dann einfach weggegangen.«

Ich kombinierte messerscharf die Fakten: 1. Oskar interessiert sich nicht für Berenike. 2. Berenike hat aber offensichtlich Interesse an Oskar und sucht Kontakt zu ihm. 3. Oskar zeigt bei Berenikes Kontaktaufnahme kein Interesse an ihr und lässt sie stehen. 4. Berenikes Teenagerherz kommt mit Oskars Zurückweisung nicht zurecht und sinnt auf Rache. 5. Berenike dreht den Spieß um und bringt sich in die Position des Objekts der Begierde, das sie allzu gerne wäre. Sie stellt es nach außen aber so dar, dass Oskar sie belästigt hat und nicht umgekehrt. Und damit Oskar seine gerechte Bestrafung erhält, weil er sie, Berenike von und zu Adelshausen, zurückgewiesen hat, haut sie die Fantasiegeschichte mit der angeblichen sexuellen Belästigung raus. Und ist in ihrem endlosen Selbstmitleid sicher von der Wahrheit ihrer Geschichte überzeugt. Nur so konnte es sein. Das war typische Mädchen-Logik.

»Meinst du, es könnte sein, dass Berenike heimlich in dich verknallt ist?«

»Weiß nicht.«

»Vielleicht erzählt sie diese Geschichte nur, weil du ihr einen Korb gegeben hast und sie jetzt Liebeskummer hat.«

»Echt? Meinst du, deswegen würde die so was machen? Die Polizei anlügen und so?«, fragte Oskar skeptisch.

Männer werden Frauen womöglich nie verstehen, wenn sie nicht um die Ecke dachten!

»Na klar. Weswegen sonst? Du hast sie schließlich nicht angefasst. Wer weiß, vielleicht sieht sie ja noch ein, dass ihr Verhalten blöd ist, und zieht die Anzeige wieder zurück.«

Berenike tat aber nichts dergleichen. Im Gegenteil. Plötzlich behauptete Berenikes beste Freundin Solveig, Augenzeugin der sexuellen Belästigung gewesen zu sein und gab dies auch zu Protokoll. Oskar durfte zwar wieder in die Schule gehen, doch wurde ihm der Zugang zum Unterricht in der Klasse verwehrt. Stattdessen verfrachtete ihn sein Klassenlehrer in einen Raum neben dem Lehrerzimmer und versorgte ihn mit Arbeitsblättern, die keinerlei Bezug zum Lernstoff seiner Klasse hatten. Die Schulleitung und die Lehrer behandelten ihn wie einen Aussätzigen. Selbst die Pausen durfte er nicht mit seinen Klassenkameraden auf dem Schulhof verbringen, sondern musste zu anderen Zeiten Pausen machen, damit eine mögliche Kontaktaufnahme zu seinen Mitschülern unterbunden werden konnte.

In der Zwischenzeit spitzte sich die Angelegenheit weiter zu. Die Anwälte beider Seiten unterhielten einen regen Schriftverkehr, und Berenikes Eltern übten Druck auf die Schule aus, indem sie sich ob des angeblichen sexuellen Übergriffs auf ihre Tochter an die regionale Presse wandten, weil Oskar weiterhin das Schulgelände betreten durfte und in ihren Augen eine »nicht kalkulierbare Gefahr« für Berenike darstellte. Was natürlich völliger Quatsch war, da kein Übergriff stattgefunden hatte und Oskar jeden Morgen von einem Lehrer am Schultor in Empfang genommen und wie ein Sträfling in das Hinterzimmer abgeführt wurde. Das ging fünf Wochen so. Währenddessen schauten sich Oskars Eltern nach einer anderen Schule um, da ihr Sohn den Wunsch nach einem Wechsel geäußert hatte, den ich unter diesen Bedingungen absolut unterstützte. Wie sollte er auch weiter in diese Schule gehen, die ihn, ohne das kleinste Indiz zu haben, als einen Schwerverbrecher abstempelte und ihm damit das Gefühl gab, nicht willkommen zu sein?

Kurz vor der Gerichtsverhandlung lagen bei allen Beteiligten die Nerven blank. Außer bei Oskar. Er hielt sich wacker und glaubte fest daran, seine Unschuld beweisen zu können, obwohl Berenikes Freundin Solveig die Tat auch vor Gericht bezeugen wollte. »Wie wollen die mir was beweisen, wenn ich es nicht getan habe?«, lautete Oskars schlichte Logik.

Mir war bewusst, dass Oskars Chancen denkbar schlecht standen. Wie sollte er das Gericht von seiner Unschuld überzeugen, wenn das vermeidliche Opfer eine Zeugin hatte, die die angebliche Tat gesehen haben wollte? Aber das konnte ich Oskar nicht sagen. Sollte er ruhig seinen unbedarften Optimismus behalten, solange es ging. Außerdem starb die Hoffnung bekanntlich zuletzt.

Zwei Tage vor der Verhandlung gab es den ersten Ruck. Auf einmal wollte Solveig nicht mehr vor Gericht aussagen. Sie zog ihre bereits protokollierte Zeugenaussage mit der Begründung zurück, dass sie bei der Tat nicht dabei gewesen sei und deswegen nichts bezeugen könne. Sie habe sich von Berenike dazu überreden lassen, zu sagen, dass sie den angeblichen Vorfall beobachtet habe, weil Berenike ihr damit gedroht habe, sonst nicht mehr ihre Freundin zu sein.

»Sag ich doch. Die kann ja auch nix bezeugen, was nicht passiert ist«, fühlte Oskar sich bestätigt.

Ich zweifelte Oskars Freispruch freilich immer noch an, doch nun stand es wenigstens wieder Aussage gegen Aussage. Außerdem war ich mir sicher, dass es die Richter stutzig machen würde, wenn die beste Freundin der angeblich Geschädigten erst eine Aussage machte, um diese dann im letzten Moment mit der Begründung zurückzuziehen, sie hätte Berenike nur einen Gefallen tun wollen.

Am Tag der Verhandlung war ich nervös. Der Termin war für elf Uhr angesetzt. Oskar hatte versprochen, mir eine SMS zu schicken, sobald es Neuigkeiten gab. Es wurde 12 Uhr. 13 Uhr. 14 Uhr. Um 14:30 Uhr hielt ich es nicht mehr aus und schrieb Oskar eine Nachricht. Die Anhörung musste längst vorbei sein.

Zehn Minuten später klingelte mein Handy. Die Festnetznummer von Familie Lehmann erschien auf dem Display. Ich schluckte, atmete tief durch und bereitete mich im Geiste auf das Schlimmste vor. Dann drückte ich auf den grünen Hörer.

»Hallo, Frau Janz«, meldete sich eine beschwingt klingende Frau Lehmann. Vielleicht stand Oskars Mutter unter Schock?

»Hallo, Frau Lehmann? Wie ist es denn gelaufen?«, fragte ich unsicher.

»Es ist super gelaufen! Die Gerichtsverhandlung hat nämlich nicht stattgefunden, und alle Aufregung war umsonst!«

»Nee, oder?! Und wieso hat die Verhandlung nicht stattgefunden?«

»Das glauben Sie alles nicht, wenn ich das erzähle. Die Story ist so haarsträubend, da kann man ein Buch drüber schreiben.« Frau Lehmann legte eine Kunstpause ein. »Die liebe Berenike hat eine halbe Stunde vor dem Termin kalte Füße bekommen und zugegeben, dass sie sich die sexuelle Belästigung bloß ausgedacht hatte, um Oskar eins reinzuwürgen.«

»Lassen Sie mich raten: Das hat sie nur getan, weil sie sich in ihren Sohn verliebt hat, aber Oskar nicht in sie.«

»Exakt. Die Schulleitung hat sich übrigens schon bei Oskar für das voreingenommene Verhalten entschuldigt.«

Wenigstens etwas.

Berenike musste sich auch bei Oskar entschuldigen, und zwar persönlich, was sie vermutlich als peinlichster Moment aller Zeiten bis ans Ende ihrer Tage verfolgen würde. Obendrauf verdonnerte sie die Schule als Disziplinarmaßnahme zu Sozialstunden. Berenike musste als Strafe ein halbes Jahr nach Unterrichtsschluss den Schulhof reinigen.

Oskar wechselte trotzdem an eine andere Schule. Dort gefiel es ihm so gut, dass er sogar regelmäßig Hausaufgaben machte, seine Noten sich verbesserten und sein Verhalten keinen Anlass mehr zum Tadeln gab.

Und auch bei mir hatten die Geschehnisse einiges verändert. In den vielen Wochen, in denen ich mit Familie Lehmann zusammen die Daumen gedrückt hatte, dass in dieser scheinbar hoffnungslosen Situation doch noch ein Wunder geschah, stellte ich mir viele Fragen. Zu dem System, in dem ich bald unterrichten würde. Zu den Menschen, die Teil des Systems waren. Den Lehrern, den Eltern, den Schülern. Ich konnte nicht auf alle meine Fragen die passenden Antworten finden, und doch kam ich für mich zu einem Ergebnis und traf eine notwendige und längst überfällige Entscheidung, deren Konsequenzen meine komplette berufliche Situation über den Haufen warf: Ich stieg aus. Ich verabschiedete mich von meinem einstigen Traumjob der Englisch- und Deutschlehrerin an einem Gymnasium. Ich sagte goodbye zu meinem anfänglichen Idealismus und so long zu Kompromissen, die ich als Lehrerin hätte eingehen müssen. Ich hatte es bei meinem Schulpraktikum schon leise anklingen hören, und jetzt plötzlich war es so laut und deutlich, dass ich es kaum überhören konnte, dass ich in dem Job nie die Lehrerin hätte sein können, die ich gerne für die Schüler hätte sein wollen, denn dafür war und ist das deutsche Schulsystem bereits zu krank und lässt zu viele Schüler einfach durchs Raster fallen. Vielleicht hätte ich es mir anders überlegt, wenn ich einen feinen Silberstreif am Horizont hätte erahnen können. Doch auch hier machte ich mir keine Illusionen mehr, dass die antiquierten und versteinerten Strukturen zu meinen Lebzeiten aufgehoben werden würden, was in letzter Konsequenz bedeutete, dem Anspruch an mich als Lehrerin nie gerecht werden zu können.

Wie sollte ich individuell und flexibel auf jeden einzelnen Schüler eingehen, wenn ich überfüllte Klassen mit drei Dutzend verhaltensauffälligen, demotivierten und massiv über- und unterforderten Schülern unterrichten müsste? Wenn das Bildungsministerium ständig neue, noch sinnlosere Lehrpläne und Schulreformen verabschiedete? Spätestens bei der G8-Regelung, das weiß ich heute, hätte ich das Handtuch geworfen. Von verkürztem Abitur konnte damals, als ich meinen Abschluss machte, noch keine Rede sein, aber ich wusste: Würde ich unter den bestehenden Voraussetzungen im Schuldienst arbeiten, würde ich vermutlich selbst zu einem dieser frustrierten Pädagogen werden, die ich immer verflucht hatte, und Schüler durchs System fallen lassen müssen. Ich war kein Robin Hood. Ich konnte sie nicht alle retten. Ich würde das System bedienen müssen oder darin verschwinden, wie Frau Sauerlich, Frau Rübenbauer und all die anderen, die sich nicht hatten widersetzen können. Welchen Einfluss konnte ich unter diesen Voraussetzungen als »einfache« Lehrerin auf meine Schüler und das Schulsystem überhaupt nehmen? Wahrscheinlich konnte ich in der Funktion als Nachhilfelehrerin wesentlich mehr für den einzelnen Schüler erreichen, weil ich mich während der Nachhilfestunde in der privilegierten Situation befand, mich der individuellen Förderung des Schülers voll und ganz zu widmen.

Drei Wochen, nachdem sich die Vorwürfe gegen Oskar

in heiße Luft aufgelöst hatten, marschierte ich ins Schulministerium in Düsseldorf und zog meinen Referendariatsantrag persönlich zurück. Nachdem ich das Amt mit der überrascht dreinblickenden Sachbearbeiterin verlassen hatte und über den Innenhof schritt, brach ein Sonnenstrahl durch die graue Wolkendecke und kitzelte mich an der Nasenspitze, und mir war, als könnte ich aus weiter Ferne ein längst vergangenes Gespräch zwischen mir und meinem ehemaligen Mathelehrer vernehmen, das wir auf der Abifeier am kalten Büfett geführt hatten.

»Ich weiß nicht, Tanja. Du und der Lehrberuf? Ich glaube nicht, dass du dich in diesem System wohlfühlen wirst. Ständig hockt man in irgendwelchen Sitzungen, bespricht irgendwelche dämlichen neuen Lehrmaterialien, telefoniert mit hysterischen Eltern und versucht ganz nebenbei, einer Kompanie Dünnbrettbohrern irgendetwas von dem zu vermitteln, was das Kultusministerium auf den Lehrplan geschmiert hat. Ich glaube, du bist dem nicht gewachsen.«

»Ach, Oberst Stahl, ein Diamant entsteht auch nur unter Druck.«

»Ja, aber bis dahin ist er nicht mehr als stinknormaler Kohlenstoff, außerdem dauert die Verwandlung mehrere Millionen Jahre!«

Touché. Hatte Oberst Stahl also doch irgendwie recht behalten.

Nachwort

Bei Karstadt in der Putzkolonne habe ich nicht angefangen zu arbeiten. Als Lehrerin am Gymnasium allerdings auch nicht. Die vielen teils lustigen, teils unglaublichen Geschichten in diesem Buch sind in der Zeit von 1994 bis 2012 tatsächlich alle geschehen. Ich selbst habe mich beim Schreiben mehr als einmal darüber gewundert, dass mir das wirklich alles passiert ist. Und dann habe ich mich gefragt: Was wäre ich ohne meine Nachhilfeschüler? Bestimmt um unzählige Erlebnisse ärmer.

Ohne euch wüsste ich bis heute nicht, wie die binomischen Formeln lauten. Ohne euch hätte ich nie dieses Buch geschrieben. Ich wäre nie in den fragwürdigen Genuss eines Caught-in-the-Act-Konzerts gekommen, hätte nie bei Nacht und Nebel Schüler von Diskotheken abgeholt, nie türkisches Baklava gegessen und vor allem nie so viel erlebt. Deshalb bin ich vor allem eines, nämlich dankbar. Dankbar, euch allen begegnet zu sein und auch erfüllt mit Stolz, zu sehen, was aus euch geworden ist.

Außerdem möchte ich dem Team vom Bastei Lübbe Verlag danken, für die Begeisterung und den Glauben an das Buch.

Anja, Lisabeth und Lisa Bitzer, ihr Textfeen deluxe, danke, danke, danke für euer Engagement, die psychologische Betreuung meiner Autorenseele, eure wunderbare Kreativität und das grandiose Lektorat, ohne welches dieses Buch nicht zu dem geworden wäre, was es nun ist.

Ein besonderer Dank geht zum Schluss an meine Eltern. Danke, dass ihr trotz schwerster pubertärer Turbulenzen und diverser fragwürdiger Entscheidungen meinerseits immer an mich geglaubt habt und mich vor allem meine Fehler habt machen lassen. Ohne eure stete Besonnenheit und euer Vertrauen in mich hätte ich wichtige Erfahrungen nicht machen können und vermutlich nie mit der Schreiberei begonnen.

Tanja Janz im April 2013

»Schockierende Erlebnisse von der Bildungsfront aus erster Hand.«

Stefan Aust

Philipp Möller
ISCH GEH SCHULHOF
Unerhörtes aus dem Alltag eines Grundschullehrers
368 Seiten
ISBN 978-3-404-60696-2

Heute ist Klassenausflug. Bowlen – damit die Kinder sich endlich mal so richtig austoben können. Als ich den Klassenraum betrete, stürmen die ersten schon auf mich zu.
»Herr Mülla, iebergeil!«, ruft Ümit. »Isch mache Strike, ja? Schwöre, schmache eine Strike!« Mit wilden Bowling-Trockenübungen steht er vor mir. Wenn er nachher tatsächlich so bowlt, nehme ich mir besser einen Helm mit.
Aushilfslehrer? Ein lockerer Job, denkt Philipp Möller – bis zur ersten Stunde in seiner neuen Klasse: Musikstunden erinnern an DSDS, hyperaktive Kids flippen ohne ihre Tabletten aus und zum Frühstück gibt es Fastfood vom Vortag. Möllers Geschichten aus dem deutschen Bildungschaos sind brisant und berührend, und dabei urkomisch.

Bastei Lübbe Taschenbuch

BASTEI LÜBBE
www.luebbe.de